중국 내 한·중 MTI 교육과정

유양(柳杨)

박문사

통번역의 시작은 바벨탑으로 거슬러 올라가지만, 지구가 글로벌화를 추진하면서 통번역은 한 나라의 정치, 경제, 문화, 사회가 발달하는 소프트파워가 되었다. 70년대 80년대 통번역학이 하나의 학문으로 우뚝 서면서 연구와 인재 양성에 주력하였다. 한국에서 외국어의 메카인 한국외국어대학교는 일반언어교육과 통번역교육의 차이점을 간파하여 1979년에 통번역대학원을 설립해 지금까지 43년 동안 8개 언어의 우수한 통번역사들을 배출하였고, 세계통번역대학원협회(CIUTI)에 최초로 가입하는 동양의 통번역대학원이 되었다. 중국 또한 개혁개방 40년 동안 정치, 외교, 경제, 문화, 과학 등 분야에서 엄청난 속도로 발전을 이루면서, 국가간 교류에서 문화장벽을 극복할 수 있는 통번역사의 중요성을 깨닫게 되었다. 따라서 그간 고급 통번역사 양성을 외교 분야에 한정해 양성하였지만 향후 더욱더 많은 분야로의 확대를 위해 2007년부터 통번역석사 전공학위 교육과정(Master of Translation and Interpretation)을 개설하였고 인재들을 배출해 오고 있다. 중국에서는 한국어가 소수언어에 속하지만, 1992년 한·중 양국이 수교이래 양국간의 교류는 전문야에서 진행되고 있다. 이에 따른 한·중 통번역사의 양성하기 위해 2009년부터 한국어 전공이 개설된 중국 대학에서 한·중 MTI 과정을 신설하여 현재 총 15개 대학에 한·중 MTI 과정이 개설되어 운영되고 있다. 한·중 통번역교육이 한국보다는 역사가 짧은 중국으로서는 인재양성의 교원, 교재, 교수방법 등 많은 분야에서 정비가 되지 않았고 체계가 미비하다. 이에 대한 문제의식을 가지고 본 연구의 저자인 유양 교수는 향후 천진외국어대학교의 MTI 교육의 활성화와 발전이라는 사명감으로 본 논문의 주제를 정하여 연구하였다. 본 논문에서는 현재 중국대학 내의 한·중 MTI 과정의 개설과목과 교육인력 그리고 커리큘럼에 대한 분석연구를 하였고, 이를 한국내 통번역대학원과의 비교분석을 통해 향후 교육목표에서 교과목 디자인까지 중국내 한중MTI 교육과정의 개선방안을 도출해냈다. 본 논문의 두드러진 점은 동양에서 지리적으로나 세계적 위치에서 가교의 역할을 담당해온 홍콩의 통번역대학원의 교육을 비교 분석하여 본 논문에서 도출한 개선방안을 입증하는데 도움이 되었다고 생각한다.

운명이라는 것이 신의 장난일까? 계획일까? 때론 참 흥미롭다고 생각이 든다. 유양 교수와는 한국외국어대학교에서 스치듯 한번 만났는데, 천진시 천인계획 임무수행을 위해 천진 공항에 처음 도착하던 날 마중 나온 사람이 유양 교수였다. 유양 교수는 당시 한국외국어대학교 박사과정에 입학한 상태였고, 잠시 중국에 들어와 본과 학생지도를 하고 있었다. 첫 만남에서부터 이 논문을 마치기까지 상호 많은 대화와 토론 속에서 느낄 수 있었던 것은 천진외국어대학교 한국어과의 MTI 과정에 대한 애정과 사명감에 불타 있었고, 그 과정의 개선방안을 모색하는 것에 몰두해 있었다. 석사 논문 연구와는 완전히 방향이 다르지만, 과감하게 도전하는 모습이 인상에 남았다. 유양 교수가 이 연구를 마칠 수 있었던 것은 장계석 총통의 좌우명인 處變不驚(어떠한 일을 당하여

도 놀라지 않는다)이라는 말처럼 중국인 특유의 기개에서 나오는 여유로움이 고통의 시간들을 헤쳐나가 오늘의 논문을 탄생시켰다고 생각한다. 논문을 연구하면서 서로가 천진에서 함께 했던 소중한 시간들과 배움, 그리고 한국에서 가졌던 시간들이 지금은 아득한 추억으로 남아 있지만 돌이켜 보면 참 소중하고 즐거웠던 시간이라고 느껴진다. 이 논문을 계기로 유양 교수님이 향후 한·중 통번역 분야에서 그의 열정과 활약만큼 커다란 연구성과가 있기를 바라며 한·중 양국의 통번역 분야에서매우 중요한 가교의 역할이 되기를 기대한다.

2021년 9월 29일
김진아

한·중 양국의 관계발전에 따라 한·중 MTI 과정이 개설되면서 한·중 통번역 전문 인재양성의 과정도 함께 시작되었다. 한·중 통번역사를 양성하기 위해 중국 대학들은 전문 통번역사 교육과정인 '한·중 통번역 석사학위 전문 교육과정'을 개설하면서 한·중 양국의 교류에 필요한 통번역인재 양성을 가장 중요한 교육 목표로 내세웠다.

한·중 MTI 과정의 운영을 위해 각 대학은 교육인력, 시설, 수업과정 등 각 분야에 많은 투자를 했지만 아직까지 큰 효과를 얻지 못하고 있으며 사회적 인재 수요를 충족시키지 못하는 실정이다. 현재 한·중 통번역 교육에는 여러 문제점이 있다. 상당수 학생들이 통번역에 대한 인식과 달성해야 할 목표를 명확히 인지하지 못하고 있으며 전문 통번역사로서 갖춰야 할 자질과 기술 등도 갖추지 못하고 있다. 따라서 한·중 양국의 관계발전과 학습자의 요구를 충족시키고 더욱 우수하고 고도로 훈련된 한·중 통번역 전문가의 양성을 위해 무엇보다 한·중 MTI과정에 나타난 문제 해결과 그의 운영에 대한 전반적인 개선이 필요하다.

본서에서는 중국 대학 한·중 MTI 과정에서 제시된 문제점과 중국 일부 대학의 인재 양성방안의 분석을 통해 한·중 MTI과정의 문제점을 찾아내고 학습자와 교육인력 대상으로 설문조사를 작성하였다. 그 후 결과를 분석하여 문제점을 다시 검증하였다. 본서는 나타난 여러 문제점 중에 개설과목과 교육인프라를 중심으로 논했다. 한·중 MTI 실제 교육과정에서 학습자를 위한 통번역 실습교육에 많은 문제점이 존재한다. 실습시간이 부족하고 실습과정 중 관리 및 실습후의 피드백 등 상세한 부분이 많이 결핍되어 있으므로 교육과정을 설정하는데 실습교육 부분이 중점을 둬서 작성해야 한다. 그밖에 AI 기술이 발달한 오늘날 통번역 미래의 발전을 위해 한·중 통번역에도 CAT 교육을 강화해야 하며 통번역 교육을 실시할 수 있는 교육시설도 개선이 필요하다.

본서를 출간하기까지 스승님과 많은 지인분들의 도움을 받았다. 본 연구의 지도와 조언을 아끼지 않았던 지도교수님 허용 교수님과 송향근 교수님, 김진아 교수님, 임형재 교수님, 이충휘 교수님, 전희수 교수님, 이소현 선생님, 김윤진 선생님, 박석수 선생님, 원선희 선생님, 서준 선생님, 자오원카이 선생님, 김성일 선생님 그리고 친구 서진을 비롯해 모두 지인분들, 사랑하는 부모님께 책출간에 즈음하여 감사의 마음을 전한다. 힘든 시기에 곁에서 격려와 따뜻함, 기쁨과 슬픔을 함께 나눠 주었던 이 모든 분에게 다시 한번 깊이 감사드린다.

마지막으로 본서가 중국 대학 한중 MTI 과정을 개선하고 한·중 통번역의 언어 특색을 살려 더욱 우수한 전문 인재를 양성하는데 힘과 도움이 되길 염원한다.

2021년 9월 16일

목
차

인사말_003
서 문 _006

I. 서론 ···011
　1. 연구 배경 ···011
　2. 연구 목적 및 필요성 ···015
　3. 연구 방법 및 범위 ···017
　4. 선행연구 ···019

II. 이론적 배경 ···033
　1. 교육과목 및 교육실습에 관한 논의 ·······························037
　2. 교육인력에 관한 논의 ···042
　3. 중국 정부의 교육정책에 관한 논의 ································045
　4. AIIC의 통역사 교육 지침에 관한 논의 ·························052

III. 중국 대학 한·중 MTI 과정의 현황 및 분석 ·······················057
　1. 교육과정의 현황 및 분석 ···060
　2. 교육 인프라 현황 분석 ···075
　3. 소결 ··080

IV. 홍콩 및 한국의 통번역과정 현황 분석 ················085
   1. 홍콩 대학의 통번역과정 현황 및 분석 ···············086
   2. 한국 대학의 한·중 통번역과정 현황 및 분석 ········116
   3. 소결 ··142

V. 홍콩 및 한국 통번역과정의 교육인프라 현황 및 분석 ··········147
   1. 홍콩 4개 대학 통번역과정의 교육 인프라 ···········148
   2. 한국 3개 대학 한·중 통번역과정의 교육 인프라 ·····155
   3. 소결 ··161

VI. 중국 내 한·중 MTI 교육과정의 개선방안 ············165
   1. 한·중 MTI 과정에 대한 수요 조사 및 결과 ··········165
   2. 한·중 MTI 과정의 개선 방안 ·······················180
   3. 한·중 MTI 과정 교육 인프라의 개선 방안 ···········198
   4. 소결 ··207

VII. 결론 ···209

참고문헌 _215
저서 _223
부록1 _224
부록2 _236
부록3 _243
부록4 _251
부록5 _254
참고 누리집 _262

서론

1. 연구 배경

　글로벌 시대의 도래와 정보통신 기술의 발달로 언어서비스 산업의
중요성이 부각되었다. 교류와 소통의 기회가 증가됨에 따라 세계 각국
은 언어서비스 산업을 전략적인 산업의 하나로 주목하기 시작했다. 이
제 언어 서비스 산업은 한 나라의 문화를 전 세계에 알리는 데 필요한
기본적인 산업이라고 말할 수 있다.

　언어서비스 산업의 핵심을 이루고 있는 통번역은 여타 분야가 쉽게
대체할 수 없는 아주 중요한 위치를 차지하고 있다. 초연결 사회(hyper-
connected society)라 일컬어질 만큼 비약적으로 발달된 정보통신 및
네트워크 기술로 인해 글로벌 언어 장벽은 점차 낮아지고 있다. 그 일
례로 구글 번역기 등 네트워크형 인공지능 언어서비스의 보급을 들 수

있다. 이와 같은 소위 기계번역 서비스 보급은 편리성이라는 큰 장점을 가지고 있는 동시에 문화적 소통 부족이라는 결점 또한 갖고 있다. 따라서 보다 원활한 언어 서비스 제공을 위해서는 아직 개선되어야 할 부분이 존재하는 것이 사실이다.

현재 통번역은 한 나라의 경제와 문화가 새롭고 창의적이며 융합적인 발전을 이루는 데에 부스터(booster) 역할을 하고 있으며, 소프트파워의 근간이라고 해도 과언이 아니다. 통번역은 전 세계 각국의 정치, 경제, 외교, 문화, 교육, 과학기술 등 분야에서 날로 그 중요성이 부각되고 있으며, 글로벌화에 지대한 공헌을 하고 있다. 그러므로 전 세계적으로 전문성을 갖춘 다양한 어종(語種)의 통번역인재에 대한 수요도 부단히 증가하고 있다.

중국은 오늘날 세계에서 가장 활발하게 발전을 이루고 있는 나라 중의 하나이며 개혁개방 40여 년 동안에 정치, 외교, 군사, 경제, 문화, 교육, 과학, 기술 등 분야에서 커다란 성과를 거두었다. 그 중에서 무엇보다도 주목할 만한 점은 엄청난 속도로 세계와 지속적인 융합과 발전을 이루고 있으며, 그 이면에는 국가 간 교류를 진행하고 문화장벽을 극복할 수 있도록 한 통번역사의 역할이 아주 크다. 이에 고급 통번역사를 양성하기 위해 2007년부터 중국에서는 전문 통번역사 교육과정인 '통번역석사 전문학위 교육과정'(Master of Translation and Interpreting 교육과정, 이하 'MTI 과정'으로 약칭)[1]을 개설하였는데 현재 전국 총

---

1) 2007년 중국 국무원 학위 위원회에서 고급 통번역사를 양성하기 위해 翻譯碩士專門學位(Master of Translation and Interpreting:MTI)를 신설했다. 이 번역석사전문학위를 위한 교육과정은 번역석사전문학위과정이라고 하고, 또한 MTI 과정이라고 한다. 여기서 翻譯를 직역하면 번역을 가리키고 있지만 중국에서는 통역과 번역 모두 翻譯에 속한다. 구체적으로 구별하자면 통역은 口译 번역은 笔译라고 칭한다.

30개 지역에 MTI 과정이 개설된 대학의 수는 모두 253개가 된다.

한국은 중국의 중요한 외교대상국으로 1992년 수교이래, 정치, 외교, 군사, 경제무역, 문화, 교육, 과학 기술 등 분야에서 풍성한 성과를 이루었다. 이 수많은 성과를 이루는 데에 통번역활동이 긍정적인 역할을 미쳤다고 해도 과언이 아니다. 한국과 중국은 모두 동양 전통 문화권에 속하지만 양국 언어는 통사체계에서 큰 차이를 보인다. 역사적으로도 양국 관계에서 통역은 중요한 역할을 해 왔다.[2] 특히 1992년 한·중 수교 이래 양국 간의 우호관계 유지와 각 분야의 협력 활동에서 통번역의 활약상을 찾아볼 수 있다. 한·중 통번역[3]사들은 1992년의 한·중 수교, 정상회담, 6자회담, 북핵 문제 해결, 한·중 FTA 협상, 2008년 베이징 올림픽, 2010년 상하이 엑스포, 중국의 일대일로(一帶一路) 전략

---

2) 이충휘(2017) 1884년에 駐扎朝鮮总理交涉通商事宜三品銜升用道 위안스카이(袁世凱)는 취임 당시에 통역사가 없어서 신의주에서 최규환이라는 조선사람을 구해서 통역을 맡겼었다. 1892년 청나라 정부에 통·번역 전문가를 양성하기 위해 한성공서에서 공식적으로 한어학당(韓語學堂)을 설립하였다. 위안스카이는 최초로 한양에서 한국어 학당 설립하여 조선에 있는 중국학생을 모집하고 전문 교육을 시켜서 통역사 양성 과정의 제안을 제시 하였다. 효율적인 교육을 위해 중국어와 한국어 각 영역별로 전공 선생을 따로 구해서 수업을 맡겼다. 교육효과를 위해 폐쇄식 교육으로 아침7시부터 오후6시까지 수업하였다. 한 달에 한번 15일에 총 두 번 테스트 한 후, 그 성적을 가지고 등급을 나누며 평가한다. 그 외에 3개월 한번 정기 고사를 통해 성적 우수자에게 상을 내린다. 강의 내용은 중문문법, 강독, 한글, 그리고《통문관지(通文館志)》설명 및 번역연습이었다.《통문관지》는 김지남의 저술로, 조선시대 사역원(司譯院)의 내력과 고대로부터 외국과의 통교(通交)에 관한 사적 및 의절(儀節) 등의 사실을 수록한 책이다.《통문관지》에서 적용하는 교육이 통·번역 전공하는 학습자에게 중한 통·번역과 외교 사무에 통·번역 능력향상에 중점을 두었다는 사실이 알 수 있다. 그 당시에 통·번역 전문 교육을 최초로 개설했을 뿐만 아니라 교육의 내용을 보면 실무, 상무 등 방면에 중점을 두어 실용적인 인재양성을 했던 것을 알 수 있다. 이에 역사상의 선례를 보면 교육자, 교육내용, 교육목표, 교재선정 역시 오늘날과 다름없다.

3) 중국 MTI교육은 출발어인 중국어에서 도착어인 한국어로의 통역이나 번역, 출발어인 한국어에서 도착어인 중국어로의 통역이나 번역으로 나누어져있다. 본고에서는 한중/중한을 구별하지 않고 한·중 통번역으로 통일하여 표시한다.

구상 등 중요한 순간마다 큰 역할을 했다.

이와 같이 한·중 통번역사의 수요가 날로 증가됨에 따라 고급 한·중 통번역사를 양성하기 위해 2009년부터 한국어 전공이 개설된 중국 대학에서는 전문 통번역사 교육과정인 '한·중 통번역 석사 전문 학위 교육과정'(이하 한·중 MTI 과정으로 약칭)이 개설되기 시작했고 현재까지 총 15개의 대학에서 한·중 MTI 과정을 설립, 운영하고 있다.[4] 이들 한·중 MTI 과정은 모두 한중 양국의 교류에 필요한 통번역인재 양성을 가장 중요한 교육 목표로 내세웠다.

중국의 한·중 MTI 과정 개설 역사는 길지 않으나 다음과 같은 주요 성과를 이루었다. 첫째, 지난 10여 년간 중국 대학의 한·중 MTI 과정을 통해 한·중 양국의 정치, 경제, 문화 분야 교류에 필요한 통번역인재들을 다수 배출했다. 이들은 한·중의 관계 발전에 크게 이바지했다. 둘째, 한·중 MTI 과정이 운영되면서 전공과 관련된 교육관리 경험도 많이 축적되었다. 이처럼 한·중 통번역인재들은 양국 관계 발전에 크게 기여하고 있고, 앞으로도 한·중 양국 간의 관계 발전에 따라 한·중 통번역사 수요가 증가할 것임은 쉽게 예견할 수 있는 부분이다.

---

4) 전국 번역 전공학위 교육 지도위원회(全国翻译专业学位研究生教育指导委员会,영문: China national committee for translation&interpreting education)에서 진행한 2019년 5월 까지의 통계와 교육부에서 지정한 석사모집 정보 사이트의 통계를 기반으로 한 결과 이다.

2. 연구 목적 및 필요성

상술한 것처럼 현재까지 중국의 통번역사들이 양국의 교류와 발전에 크게 이바지한 것은 사실이나 여전히 보완해야 할 부분이 과제로 남아 있으며, 이를 개선하면 한·중 양국 관계 발전에 또 다른 원동력이 될 것이다. 오늘날 한·중 양국뿐만 아니라 세계의 경제 및 과학 기술의 발전이 하루가 다르게 변화 또는 발전하고 있으며, 특히 제4차 산업혁명 및 5G시대를 맞이하는 상황에서 새로운 한·중 관계에 대비하기 위해 그 어느 때보다 전문성을 갖춘 통번역사의 보급이 절실하다.

우수한 한·중 전문 통번역사들을 양성하기 위해 목적으로 중국 대학에서는 한·중 MTI 과정을 다수 개설하였다. 그리고 이런 한·중 MTI 과정의 운영을 위해 중국 대학에서는 교육인력, 시설, 수업과정 등 분야에 많은 투자를 했다. 그러나 아직까지 큰 효과를 얻지 못하고 있고, 사회적 인재 수요를 충족시키지 못하는 실정이다. 그 이유는 학생들의 전공은 통역이나 번역으로 분류되어 있으나, 상당수 학생들은 통번역에 대한 정확한 인식과 달성해야 할 목표에 대한 명확한 인지가 없으며, 전문 통번역사로서 갖춰야 할 자질과 기술 등을 갖추지 못하고 있는 현실에서 찾아볼 수 있다. 따라서 한·중 양국의 관계발전과 학습자의 요구를 충족시키고 더욱 우수하고 고도로 훈련된 한·중 통번역 전문가의 양성을 위해 무엇보다 통번역사를 양성하는 한·중 MTI 과정에 나타난 문제 해결과 그의 운영에 대한 전반적인 개선이 필요하다.

중국 대학의 한·중 MTI 과정에 나타난 문제 해결과 운영 개선을 위해 중국 정부의 교육법과 정책 등에 따른 대학들의 자체적 노력도 중요하지만 세계의 우수 대학들과 국제적인 기구의 통번역사 양성과정의 운영 경험 참고도해야 한다. 특히 같은 아시아 지역에 속한 한국과 홍콩의 대학들은 일찍부터 통번역 및 한·중 통번역 석사과정을 운영하고 있다. 이들 대학은 오랜 통번역교육 역사와 합리적인 개설과목, 훌륭한 교육인력, 학생수준에 맞는 실습 교육, 우수한 교육시설 등을 바탕으로 수많은 통번역사를 양성했다.

국제회의 통역사협회(이하 AIIC로 약칭)[5]에서도 오래전부터 통역사의 훈련교육과정을 개설하고 있다. 수많은 통역사들은 이 과정을 통해 교육을 받아 훌륭한 통역사가 되었다. 이리하여 AIIC의 통역사 훈련교육과정도 많은 참조할 가치가 있다. 상술한 대학들과 AIIC의 통번역사 교육과정은 모두 중국의 한·중 MTI 과정의 운영에 여러 가지 시사점을 제공할 수 있을 것이라 기대된다.

평홍(平洪; 2016: 50~51)은 중국 교육부 2014 통번역 학위수여 대학을 대상으로 한 평가결과를 의해 MTI 과정은 모호한 교육이념, 취약한 전공 구축능력, 산만한 교육관리, 체계적이지 못한 인재양성방안, 연구/교육인력 능력 부족, 실습기지가 기준 미달, 교육인프라 부족, 교육 질이 저하 등과 같은 문제점들이 존재하다고 밝혔다.

본 연구는 중국 국내 대학에서 우수한 한·중 통번역인재의 양성 및 한·중 MTI 과정의 발전을 위해 교육학 분야의 기본 이론과 중국 정부의 교육정책 및 AIIC의 통역사 양성기준 등을 도입하고 홍콩과 한국의 통번역석사과정을 비교 분석하면서 표본 수요조사를 통해 중국 국내

---

5) 국제회의통역사협회(약어:AIIC, 영문 : International Association of Conference Interprete rs, 프랑스원문 : Association Internationale des Interprètes de Conférence)AIIC는 1953년에 설립, 현재 전 세계적으로 유일하게 인증받은 국제 통역협회. 현재는 국제사회와 통역 전문가들의 인증을 받고 있으며, 회의통역사의 전문적인 자격, 직업윤리 및 전문 인재양성 기준 등을 작성하는 기관이다. 이하 AIIC로 칭한다.

대학의 한·중 MTI 과정을 바로 잡는 큰 문제점에 대하여 합리적이고 과학적인 개선방안을 제시하는데 목적을 두고 있다. 이런 목적의 실현을 통해 한·중 양국 간의 교류에도 도움이 되고자 한다.

3. 연구 방법 및 범위

한·중 고급 통번역사를 양성하는 중국 대학의 한·중 MTI 과정의 운영과 관리는 여러 분야와 관련되어 있다. 대학, 학과 및 전공이 고등교육에 해당되며, 행정, 재정, 교육인력, 과정, 교육시설, 학생모집, 학생관리, 실습, 강의 내용 등과도 연관되어 있다. 그리하여 본 논문에서는 관련 교육 이론을 근거로 중국 교육부 및 국무원 학위 위원회 등의 규정과 정책 등에 따라, AIIC에서 제시한 전문 통역사 양성 지침을 참고하여 중국 대학의 한·중 MTI 과정에서의 문제점들을 분석함으로써 개선방안을 제시하고자 한다. 또 고등 교육과정의 구성 요소로 여러 내용들이 포함되지만 연구의 목적에 따라 본 논문에서는 그 중에 가장 중요한 개설과목 및 사회 실습과 교육 인프라 등 분야를 선택하여 논하고자 한다.

본 논문은 연구 목적에 따라 질적 및 양적인 연구방법을 같이 사용하기로 했다. 우선 아시아에서 최초로 통번역 석사과정을 개설한 한국 및 홍콩의 통번역석사 교육과정에 대해 정리하고 분석한 다음에 표본조사를 통해 현재 중국 대학의 한·중 MTI 과정의 문제점들을 지적하고 한국 및 홍콩의 사례를 기반으로 중국의 관련교육정책과 AIIC의 교육지침 등을 참조해서 합리적이고 과학적인 개선방안을 제시하고자 한다.

상술한 연구목적과 방법에 따라 구체적으로 한·중 MTI 과정 중 개설과목, 사회 실습교육, 기계번역 기술, 교육인력과 교육시설 등에 대한 구체적인 분석을 진행하면서 중국에 적합한 요소를 갖춰야 중국 한·중 MTI 과정이 운영될 수 있으며 교육성과를 얻을 수 있을 것으로 판단되므로 본 연구에서는 주로 이 다섯 개 분야의 문제점을 찾아내고 교육과정의 개선방안을 제시하고자 한다.

본 논문의 구성은 다음과 같다. 제2장에서는 교육과정이론, 중국의 교육법, 교육부 및 국무원 학위 위원회의 규정과 정책과 AIIC에서 제시한 전문 통역사에 대한 기준을 이론적 배경으로 제시하였다. 제3장에서는 중국 대학 한·중 MTI 과정의 현황 및 분석을 통해 문제점을 분석하였다. 제4장과 5장에서는 한국 및 홍콩의 통번역사의 교육과정 중 개설과목, 실습교육과 CAT 기계번역, 교육인력과 교육시설의 인프라 등 분야의 내용에 대해 정리분석하면서 중국 대학 한·중 MTI 과정과 비교 및 대조를 하였다. 제6장에서는 중국 대학 한·중 MTI 과정의 교육인력과 학습자를 대상으로 네 개 분야에 대한 수요조사를 실시하고 통계데이터를 통해서 본 논문의 연구 필요성과 개선 방향을 검증하였다. 이러한 연구과정을 통해 중국 국내 대학의 한·중 MTI 과정의 문제점들을 찾아내고 타당한 개선방안을 제시하고자 한다.

본 논문의 주로 연구 자료는 참고문헌에 언급된 자료도 있지만 대부분 자료는 각 대학 및 기관의 공식사이트에서 수집했다. 그러므로 자료 내용이 부족하거나 업데이트가 되지 않아서 최신 데이터를 구하지 못한 부분도 있다. 홍콩 대학들의 사이트나 자료들은 98% 이상이 영어로 되어 있어 우선 영어를 중국어로 번역하여 정리분석하고 다시 그 결과물을 한국어로 번역하는 작업을 했다. 이러한 과정을 거치면서 연구자의 언어 능력 한계로 표현이 명확하지 않은 부분들도 있다. 한국 자료 수집은 사이트 외에도 학교로 전화를 하거나 메일로 문의하는 방식으로 진행하였지만 충분한 자료를 확보하기에는 부족한 부분이 있었다. 특히 자료 수집과정에서 중국 대학들의 자료를 수집하는 데에도 큰 어려움을 겪었다. 중국 대학들은 제도 등의 문제로 인해 90% 이상의 대학에서 양성방안을 공개하지 않기 때문에 공식사이트 및 학교에 직접 문의하는 방식으로 자료를 확보하기 어려워 비공식적으로 부분적인 자료들을 확보하였지만 이를 공개적으로 활용하기가 곤란한 상황이다. 이런 이유에서 분석 대상으로 선정된 대학들이 그리 많지 않다.

4. 선행연구

본 논문 연구의 목적, 방법, 범위 및 내용 등에 의해 크게는 한·중 MTI 과정의 교육과정과 교육인프라 두 가지로 나누어서 분석하고 한국과 홍콩의 통번역 석사과정의 운영상황을 비교함으로써 문제점과 해결방안을 제시하고자 한다. 상술한 목적을 이루기 위해 본 논문의 선행연구도 중국 대학들에 개설된 통번역 석사과정의 교육과정, 교육 인프라 등에 대한 국내외의 연구들을 검토하고자 한다. 구체적으로 교육과정에 속한 개설과목, 통번역 실습, 컴퓨터 보조 번역 교육, 그리고 교육인프라 중의 교육인력과 교육시설 등에 대한 검토를 하고자 한다.

4.1. 중국 대학 MTI 과정 개설과목에 대한 고찰

중국 대학의 MTI 과정은 역사가 길지 않지만 새롭게 생긴 전공으로써 연구자들의 관심을 받게 되면서 많은 연구 성과들이 나왔다. 그 중에는 MTI 과정이나 한·중 MTI 과정에서 개설된 교육과목에 관한 연구들이 적지 않다.

정예·무레이(鄭曄·穆雷, 2007)는 중국 대학 교육 제도의 제약으로 각 학교의 재량 범위가 좁아 과목개설에 제한적이므로 각 대학에 전문적인 통번역석사 전문학위 교육과정과 관련 교육요강이 거의 없다고 지적했다. 이들은 교육과목이 있어야 교육 대상자와 교육 목표를 명확히 규정하고 교육을 실시할 수 있는데, 그렇지 못할 경우 교육과정의 설립 및 교재의 편찬 등에 지장을 줄 뿐만 아니라 통번역평가, 교습 방향 및 연구 등에도 부정적인 영향을 미칠 수 있다고 역설했다.

무레이·왕웨이웨이(穆雷·王巍巍, 2011)는 MTI 과정에서 개설 과목의 중요성을 지적하면서 통번역산업을 중심으로 직업 실무능력을 양성할 수 있는 실용성이 있는 과목들을 개설하고 각종 교육방법을 도입할 것에 대한 건의를 제기하면서 한·중 MTI 과정 교육 목표가 현행 대학의 교육과정에 적절하지 않다고 주장했다. 일부 대학의 한·중 MTI 과정의 교육과목은 통번역학석사(MA)의 과목과 거의 일치한데 이는 기존의 대학원생 양성 모델을 그대로 답습했다는 의미이다.

텅메이·장신(滕梅·張馨, 2013)은 우수한 영어 언어능력이 통번역의 필수 조건이지만, 외국어 능력이 곧 통번역능력은 아니라고 지적하면서, 우수한 통번역인재를 양성하기 위해서는 언어 능력을 높일 수 있는 과목을 개설해야 함은 물론, 그 밖에 다른 전공 분야의 과목도 개설하여 학습자들이 출발어와 목표어를 모두 고르게 활용할 수 있는 통번역실무 능력을 높여야 된다고 강조했다.

이와 같이 중국 MTI 과정의 개설과목의 문제점을 지적하는데 그치지 않고, 해결책을 제시하려고 노력한 연구도 있다. 먀오쥐·왕샤오쑹(苗菊·王少爽(2010)은 MTI 과정의 개설과목에 있어서 실용성이 있는 과목이 필요하다고 생각하고 번역 개론, 번역 실습, 통역 실습, 통역 기술, 번역 에이전시 관리, 컴퓨터 활용, 문헌학, 번역 감수, 번역, 편역 등 다양한 과목들의 개설을 주장했다.

차오리(曹莉, 2012)는 MTI 과정은 연구방법론, 실습수업 및 다른 전문적인 지식의 과목과 함께 합리적으로 설계하여 독립적인 교육과정, 통번역토론이나 세미나 등 다양한 형식을 통해 학생들이 학습 주도권을 갖도록 해야 된다고 하였다. 또한 차이밍쥥(柴明颎, 2012)은 '통번역교육은 학생들이 언어 능력 및 전문 영역의 지식을 모두 갖추어 언어의 상호 전환이 가능하도록 하기 위해 필수 과목 및 선택 과목의 적절한 배치가 필요하다'고 했다. 이 밖에도 챠오훙훙(矫红红, 2016), 리지민(李继民, 2019)등 MTI 과정에 대한 제언이 적지 않다.

중국 국내 대학의 MTI 과정에 대한 깊은 관심을 갖고 있는 중웨이허(仲伟合, 2014)는 개설과목의 설계에 있어서 실무 및 실습 과목의 비중을 높이고 학생의 통번역실무 능력, 혁신적 사고, 취업 및 창업 능력을 키워주어야 한다고 주장하면서, 새로운 시대에 대학은 아래와 같은 MTI 과정의 과목 체계를 구축해야 한다고 제시했다.

첫째는 과학적인 계획이다. 통번역교육에 교양 과목 및 전공 과목, 언어능력, 전공지식, 학교 교육과 실무 교육 간의 관계 등을 잘 정리해야 한다. 둘째는 국가 전략 발전에 중심을 두고 계획적으로 필요한 각종 언어 과목과 외국의 문화 과목을 신설해야 된다. 셋째는 전 방위의 교육 과목 체계를 만들어야 된다. 예를 들면 MOOC, 인터넷강의, 인터넷연수세미나 등을 통해 전통 수업 방식의 폭을 넓히며 교수와 학생 간의 교류와 상호작용을 촉진함으로써 교육의 효율성과 품질을 향상시켜야 된다고 주장했다.

이 외에 한·중 MTI 과정에 한해서 정샹란(鄭香兰, 2019)은 한중/중한 MTI 과정은 언어학에서 분리되어 나온 학과인만큼 언어학이론과 현장 실무에 관한 과목들이 누락되어 있으면 부당하다고 지적하면서, 특히 중한언어대조 과목은 번역이나 통역에 있어서 필수적이고 선행적으로 학습되어야 할 과목이라고 주장했다.

위의 선행 연구들을 통해 제시된 현재 중국 대학에 개설된 MTI 과정의 개설 과목 관련 문제들은 크게 두 가지가 있다. 하나는 개설과목 수의 부족이다. 특히 일부 대학은 통번역과 직접적으로 관련된 과목만 개설하고 이 외의 수업은 개설하지 않았다. 또 하나는 개설된 과목들이 체계적이지 못하고 비합리적이라는 사실이다. 이 문제는 근본적으로 통번역 인재 양성에 필요한 지식에 대한 연구 부족으로 인해 초래된 것으로 본다. 문제의 해결책으로 합리적이고 과학적인 과목 체계의 구축이 필요하다고 주장하지만 한국과 한국어, 중국 및 중국어의 관계 특성을 고려하여 구체적으로 어떤 과목을 개설해야 할지, 왜 그러한 과목 개설이 필요한지 등을 명확하게 제시하지 못했다.

이 외에 한·중 MTI 과정의 실습에 관한 연구들도 있다. 많은 연구자들은 통번역석사나 한·중 통번역석사 인재양성에 있어서 실습이 중요하지만 그 필요성에 비해 관련 대책은 여전히 부족한 실정이며, 대학에서 통번역실습의 기회를 찾아 제공해 주어야 된다고 주장했다.

차이밍쭝(2012)은 MTI 과정 교육은 세 가지 단계로 나눌 수 있고, 그 중에 2, 3단계는 모두 실습 교육과 관련된 것이라 했다. 여기서 2단계는 모의 통번역실습, 3단계는 실무 실습이다. 그는 교실에서의 모의 실습은 교수자 및 학생들의 평가를 실제의 고용자와 고객의 평가로 가정하여 진행함으로써 통번역의 실무 능력을 높이는데 아주 중요하다고 의견을 피력했다. 여기서 언급한 2단계의 실습교육은 현재로서 학교에서 진행 가능한 실습교육이지만, 이를 실현하려면 통번역 실습을 할 수 있는 교육시설을 갖춰야 제대로 실습효과를 볼 수 있을 것이라고 보았다.

먀오쥐 · 왕샤오솽(2010)은 한 · 중 MTI 과정 교육은 통번역산업 실정과 연계되어야 학생들이 실질적인 취업 능력을 갖추게 될 것으로 보고 있다. 따라서 실용적인 통번역교육을 강조했으며 한 · 중 통번역석사과정 교육은 다양한 교육방식으로 학생들에게 실습할 수 있는 기회를 제공해 주어야 된다고 주장한다. 그러나 실제 실습하는 과정 중에 실습기회나 비용 등 문제로 인해 통번역산업 실정과 연계되지 않은 실습 내용도 많이 존재하는데, 이 또한 향후 우리가 해결해야 할 문제 중의 하나이다.

단핑(单萍, 2016)의 연구에서는 중국 다롄(大連) 지역 6개 대학의 MTI 과정의 대학원생 110명을 대상으로 설문 조사를 진행하였는데, 그 결과 실습이 가장 중요한 문제점으로 나타났다. 예를 들면 많은 학생들이 스스로 실습 장소를 찾아야 하는 문제들이 존재한다. 학교 측에서 마련해 놓은 실습 기관이 너무 형식적이고, 대부분은 MOU(업무협약)만 체결한 상태로 제 역할을 못하고 있다고 지적했다.

둥훙쉐 · 장칭(董洪学 · 张晴, 2015)는 통번역과정의 학생 실습과 관련

첫째, 현재 중국의 대학에 설립된 실습 장소는 관리규정이 없고 또 너무 형식적이어서 학생의 통번역능력을 향상시키는데 도움이 안 되며, 둘째, 실습기관이 실제 시장의 통번역실무 능력 수요와 연관성이 많지 않고 심지어 그 설립의 목적까지 의문이 제기된다는 문제를 제기했다.

중웨이허(仲伟合, 2019)는 한·중 MTI 과정이 개설된 중국 대학의 평가 데이터에 의하면 많은 대학 실습기관의 여건이 좋지 않거나 제도가 완비되지 않았다고 주장했다. 그리고 지도교수의 자질 부족으로 실습기관의 운영 및 관리에 뚜렷한 특색이 없다고 했다. 통번역실습 과정에서 감독지도교수 인원도 부족하고 실제 실습 기관의 사용 빈도도 높지 않아 '전국 통번역전공 학위 석사 실습교육기지(기업) 인정규범'(全国翻译专业学位研究生教育实习基地(企业)认证规范)[6]의 요구에도 부합되지 않는다고 주장했다. 또 위와 같은 문제를 해결하려면 국가 차원의 정책적 지원 및 재정 지원이 필수적인 조건이라고도 했다.

이와 같은 실습 부재 문제에 대해 리지민(李继民, 2019)은 학교와 협력할 수 있는 기업 및 통번역회사 등과 같은 실습기관을 마련하여 학습자에게 통번역실습 기회를 제공해야 한다고 지적했다. 그는 외국의 교육 경험을 연구한 결과를 바탕으로 중국 대학에서도 주기적으로 통번역과 관련된 세미나 개최, 지도교수의 실습과정 관리감독, 실시간 실습 상황 평가 등을 도입할 필요가 있다고 주장하였지만 실제로 실습과정에서 관리 및 감독하는 지도교수가 없거나 본인 역할을 제대로 하지

---

6) 본 규법은 전국 번역 전공학위 교육 지도위원회(全国翻译专业学位研究生教育指导委员会)와 중국번역협회(中国翻译协会)가 공동 작성하고 2011년 7월 26일 발표되어 실습기지((实习基地)가 되고자 하는 모든 통번역과 현지화서비스기업 및 통번역기술기업에 적용된다. 여기서 실습기지는 실습기관을 가리키는 말이다. 본 논문에서는 실습기관으로 칭하였다.

못하는 경우가 많다. 정양(郑杨, 2017)은 온라인 실습환경을 만들거나 전통적인 실습환경을 온라인 실습과 연계시키면 학생들에게 더 많은 통번역실습의 기회를 제공해 줄 수 있다고 강조했다. 이러한 온라인 실습환경을 만들려면 학교와 기업 쌍방의 협력으로 세분화를 시키고 계획을 해야 하는데 구체적으로 어떻게 해야 하는지에 대한 연구 및 지도가 필요하다.

상술한 바와 같이 중국 대학의 MTI 과정은 명확한 교육목표를 달성하기 위해 과학적이며 시장수요에 맞는 교육과목 개설의 중요성과 그 중에 큰 비율을 차지하고 있는 실습교육을 강조하였다. 실습교육에서 실습기관은 학생들의 통번역실무 능력을 검증하고 향상시키는데 아주 중요한 역할을 담당하고 있다. 기존 연구들은 실습 기관의 설립, 운영 등에서 나타난 실습기관 수의 부족과 운영의 비효율성 등 문제를 지적하면서 해결책으로 실습 기관의 수를 늘리거나 운영 관리를 개선하는 등의 방안을 제시했다. 또한, 온라인 환경에 모의 실습 장소를 만들어서 학생들에게 사용하도록 하자는 제안도 나왔다. 한·중 MTI 과정 운영에 필요한 실습기관 부족 문제에서 한중 두 나라의 관계발전 특성을 고려하지 못하고 적합한 해결책을 제시하지 못했다. 그리고 많은 선행 연구는 포괄적인 시각이다. 중국 현황에 맞게 교육 인프라, 인터넷 활용, 국제교류 등의 측면에서 종합적인 해결책으로 제시할 필요가 있다.

4.2. 중국 대학 MTI 과정의 교육인력에 대한 고찰

교육인력을 주제로 한 연구들은 중국 MTI 과정이나 한·중 MTI 과정의 운영에 있어서 교수의 역할이 아주 크다고 보고, 교수의 전문성 결여나 교수 부족 등 문제들을 지적하면서 개선방안을 제시했다. 먼저 MTI 과정에 있어서 전문 강사진의 중요성을 강조한다. Li(2000, 2001, 2007)는 현재 MTI 과정이 교수들의 개인적 경험이나 견해, 통번역수업에 대한 일반적인 인식을 주된 기반으로 하고 있기 때문에 전문 통번역의 실제 업무수준이나 업계의 목소리를 충분히 반영하지 못한다는 비판을 받기도 한다고 한다.

첸둬슈·탕루(钱多秀·唐璐, 2013)는 중국 국내 대학의 교수 양성이나 능력에 관한 평가 등이 부족하며, 훌륭한 통번역교육인력은 한·중 MTI 과정 교육을 성공시킬 수 있는 관건이라고 주장하면서 통번역경험이 많은 교육인력의 확보가 아주 중요하다고 주장했다. 뤄후이팡(罗慧芳, 2018)은 통번역 또는 연구 능력을 갖춘 우수한 교수진 확보야말로 현시점에서 가장 시급한 과제이며 기본이라고 강조했다.

교육인력의 중요성 외에 교수의 각종 능력의 배양도 중요하다고 주장하는 연구도 적지 않다. 원종화(2013)는 아직도 번역 실무와 이론 사이에 존재하고 있는 거리감은 부정할 수 없으며, 실제로 번역이론을 접할 기회가 없이 오랫동안 실무에 몸담았던 전문 번역자들에 의해 이루어지는 번역 교육에서는 많은 경우 이론이 배제된 채 실무 기술을 전수하는 데에만 초점이 맞추어져 있는 것도 사실이라고 밝혔다. 그리고 단핑(2016)은 통번역교육을 담당하고 있는 교수들의 통번역경험 부족을 주장했고, 중웨이허(2019)는 통번역전공 교수의 인원이 충분하고 구조적으로 합리적이지만 전문 통번역자의 현장 실습능력부족이 큰 문제라고 주장한 바가 있다. 정샹란(2019)은 중국의 한·중 MTI 과정의 교육자는 반드시 번역 이론지식을 전제로 학생들의 번역 실습능력과 전문번역의 수양을 중점적으로 양성해야 한다고 강조했다. 이상과 같이 연구자들은 MTI 과정 교수의 이론 및 통번역실무 능력에 대해 다양한 의견을 제시하고 있다.

물론 상술한 교육인력 부족에 관한 문제들을 해결하기 위한 연구가 없는 것은 아니다. 먼저 교수의 임용부터 해결해야 된다는 주장이 있다. 차이밍쥔(2012)은 MTI 과정 교육인력의 임용은 전문적인 실습 및 교육 능력을 갖춘 인재 위주로 선발해야 된다고 강조하면서 국제 협력을 통해 통번역전문적인 교육인력을 임용할 수도 있다고 주장했다.

이민우(2012)는 MTI 과정의 강사는 각 분야를 전공한 한국어 교육자를 우선적으로 채용해야 한다고 주장했다. 중웨이허(2014)는 교육인력과 관련하여 두 가지 해결책을 제시하였는데, 하나는 각종 교육 정책이나 교육 프로젝트를 통해서 교수들에게 교육 연수 및 학술대회에 참석할 수 있는 기회를 제공하거나 해외 전문가 교육인력을 초청해서 강의하는 것이며, 또 하나는 통번역실무능력을 갖춘 교육인력을 양성하는 것이다. 그는 그러나 교육정책은 국가차원에서 나서서 교육인력양성을 위한 혜택을 만들고 학교 측면에서도 적극적으로 추진해야 효과가 있을 것이라 하였다. 이 외에 리지민(2019)은 각 대학의 교수 인력풀 공유를 제안하였다. 교육자들의 소속이 각기 다르더라도 초청 방식으로 강의를 전담할 수 있어야 된다고 주장했다.

또 교수의 언어능력의 제고, 교육 방법의 학습, 교육인력의 구축 등을 언급함으로써 교육인력에 관한 각종 문제를 해결하려고 한 연구도 있었다. 김종태(2006)는 교수들이 외국어로서의 한국어 능력을 높이고 대상국인 한국의 문화적 배경 지식을 풍부히 함으로써 번역 실무 능력, 번역 이론 소양, 이론 연구 능력을 높이고 번역 교육의 법칙과 방법을 배우기 위해 힘 써야 된다고 강조한다.

차오리(2012)는 한·중 MTI 과정 교육은 일반적인 대학원 교육의 출발점과 다르므로, 그 교육이념, 교육방법, 교육내용 및 평가 방식 등 분야에 따라 교수에 대한 요건도 달라진다고 지적했다. 특히 직업 통번역실무능력, 전공 통번역실무능력, 현대 통번역기술 능력 등을 두루 갖춘 교수의 양성을 위해 유관 교육기관의 설립이 필요하다고 주장했다. 중웨이허(2019)는 통번역의 교육인력 구축을 최적화시켜야 하며 이를 위해 학교 내에는 재직 교수의 연수에 중점을 둔 통번역교수 자기개발 프로젝트가 필요하고, 학교 밖 우수한 교수를 공유하는 체계가 마련되어야 한다고 주장했다.

상술한 선행 연구들을 보면 교육인력의 중요성을 모두 인정하면서도 교육자가 갖추어야 될 능력 평가와 관련해서는 두 가지로 의견이 나뉘는 것을 알 수 있다. 하나는 이론 중심과 통번역실무 중심의 대립이다. 이런 대립의 구체적 양상은 교수가 강의할 때 이론을 중심으로 하느냐, 통번역실무 능력의 제고를 중심으로 하느냐의 문제이다. 이에 따라 교수가 이론 지식을 많이 갖추어야 된다는 주장과 통번역실무 능력을 많이 갖추어야 된다는 주장으로 나뉜다. 또 하나는 교수의 외국어 능력 부족, 교육방법의 결여, 자기 개발의 부족 등 문제를 해결해야 한다는 주장이다. 이 외에 교육인력의 확보 문제도 제기되었다. 그러나 앞선 연구에서 언급되었다시피 한·중 MTI 과정에 필요한 교수상에 대한 토론이나 연구는 많지 않다. 또한, 상술 해결책들은 한·중 MTI 과정 교육인력 문제의 특성을 반영하지 못하고 있어 한계가 있다. 하지만 교육인력 능력양성을 위한 교육정책 및 프로그램, 유관 교육기관의 설립 등 모든 것을 대학 측면에서 해결할 수 있는 문제로 인식하기는 어렵다. 따라서 한·중 MTI 과정의 교육인력 문제의 해결을 위해 국가 차원에서 개선 방안을 마련해야 발전 가능성이 있다고 본다.

4.3. 중국 대학 MTI 과정의 CAT 교육에 대한 고찰

번역은 이 컴퓨터 시대인 현재에 있어서 이미 하나의 거대한 산업이 되었다. 업계, 특히 소프트웨어 업계에서 번역은 통상 GILT라는 축약어에 포함된다. GILT는 Globalization(글로벌화), Internationalization(국제화), Localization(현지화), Translation(번역)을 가리킨다.(제레미 먼데이, Jeremy Munday 2012: 268) 한편, CAT(Computer-Assisted Translation)은 전문 역자가 사용한 원천언어-도착어를 포함하는 배열도구이며 조회항목과 항목 추출을 위한 색인을 제공하고, 특히 번역 메모리 도구는 이전 번역 데이터베이스를 만드는 데 도움을 줄 수 있다. 이들 데이터베이스는 역자가 번역한 텍스트의 항목에 맞춤 번역문을 제공하는 데 사용 될 수 있으며 작업의 속도를 높이고 다른 역자가 서로 다른 텍스트 중 한 전문용어에 대한 번역의 일치성을 실현한다.(하틀리, Hartley 2009: 117-24)

AI시대 기계번역 기술의 발달로 중국은 CAT의 연구와 활용 면에서 많은 발전을 이루었다. 각종 컴퓨터 보조 도구는 통번역산업과 긴밀히 연계되어 그 실용성을 증명하고 있다. 중국 한·중 MTI 과정 교육지도위원회에서 제정한 인재양성 방안을 보면 통번역보조 기술과 관련된 과목이 포함되어 있으며 많은 대학이 관련 교육 과목을 신설했지만 아직까지 이에 대한 활용도는 낮다. 왕화수 외(王華樹 외 2018)의 연구에 따르면 중국 각 지역 대학의 총 224명 대학 교수를 대상으로 실시한 설문 조사 결과 125개(55.8%) 대학에서 통번역기술 과목이 개설된 반면, 99개 대학(44.2%)에서는 개설되지 못했다. 개설하지 못한 이유 중 가장 많은 비중을 차지하고 있는 56.67%가 통번역기술 과목을 개설 할 수 있는 기초시설 부족 때문이었다. 이 연구 결과만 보더라도 기초시설 이 통번역인재 양성에 매우 중요하다는 사실을 알 수 있다.

한편 중웨이허(2019)는 각 교육 기관이 광범위한 학습, 심화 학습, 평생학습 등 이념을 통합시켜 MOOC, 모의현실, 실습실 등 기술시설 장비를 활용함으로써 온라인 교육, 데이터화 교육, AI지능 교육 등을 도입하고 실시하면 전통적인 학습모드의 한계에서 벗어날 수 있다고 설명했다. 그리고 교육용 코퍼스, 온라인 학습 시스템, 온라인 연수 시스템 등을 이용해서 MTI 과정 학습자의 학습 효율성을 향상시킬 수도 있다고 덧붙였다. 뿐만 아니라 MRI, 코퍼스 분석 앱, 어휘 사용빈도수 분석 앱, 음성 전환 앱 등 첨단 기술도구를 이용해서 통번역연구의 과학적인 발전을 이룰 수 있다고도 하였지만 중국 대학은 지역별로 실제 운영상황 따라 한계가 있다. 많은 지역 대학들이 이러한 학습활동을 실시할 수 있는 시설을 갖추고 있지 않기 때문이다.

먀오쥐 · 왕샤오솽(2010)은 컴퓨터 보조 도구, 번역 기계, 각종 인터넷 번역 자원 이용, 인터넷 등 검색 앱, 코퍼스 등과 관련된 기술 번역 응용 과목을 개설함으로써 학생들에게 각종 번역 기술을 익혀 통번역 활동에 사용할 수 있도록 해야 된다고 주장했다.

쑹양(2018) 역시 CAT기술은 번역의 효율성 제고에 도움이 확실히 될 수 있다고 주장했다. 또한 CAT의 기억능력 때문에 수정한 번역내용을 다시 CAT에 입력하면 다음의 번역 활동에 매우 도움이 된다는 구체적인 건의까지 제시했다. 한쉐(韓雪, 2017)는 한중 번역 수업에서 위챗을 이용해 번역 훈련을 한 결과를 위챗으로 도입하면 학생의 학습동기를 높일 수 있을 것이며 적극적인 학습효과를 거둘 수 있을 것이라고 주장했다.

황윤정(2001)은 대학의 각종 실험실과 다양한 통번역 앱 또는 말뭉치(corpus) 등을 이용함으로써 통번역학습공간을 만들어 실습을 할 수 있다고 제안했다. 이 밖에 학교에서 통번역 에이전시 운영 관계자를 초청해 학생들을 대상으로 특강을 진행하거나 참관 수업 형식으로 학생을 지도하는 방안도 고려해 볼 만하다고 했다. 이 역시 교육 인프라 중 교육시설의 중요성을 강조하고 있다. 즉, 통번역의 실습교육효과는 교육시설에 달려있다고 해도 과언이 아니다.

선행연구의 결과와 같이 CAT의 도입은 MTI 과정 교육과 통번역산업에 새로운 변화를 일으키고 있다. 그리고 CAT에 대한 이해부터 사용까지 많은 연구들이 나왔다. 그러나 CAT기술은 어종에 따라 발전 수준이나 속도가 다르다. 중국 국내의 한·중 통번역에 관련된 CAT기술은 아직까지 상당부분 개선이 필요한 상황이다. 또는 한·중 MTI 과정에서 CAT 기술의 교육 과목, 교육자 등 인프라가 부족해 제대로 된 역할을 하기 까지는 아직 갈 길이 멀다.

한·중 MTI 과정이 포함된 MTI 과정의 운영 문제는 많은 연구자들의 관심을 끌어냈다. 한·중 MTI 과정 운영에 있어서의 개설과목, 교육인력, 실습교육, 첨단 교육기술 및 교육시설 등 분야의 많은 문제들을 찾아내고 해결책도 제시했다. 이와 같은 연구 성과들은 한·중 MTI 과정의 발전 가능성도 시사하고 있지만 중국 국내의 한·중 MTI 과정은 운영 역사가 짧고, 상술한 많은 연구 성과에도 불구하고 여전히 한·중 MTI 과정 운영에는 적지 않은 문제가 있다. 특히 그 중에 특히 한·중 MTI 과정 운영에 대한 구체적인 모델이 없다. 아울러 한·중 MTI 과정 강의를 담당할 교육인력 상황 개선책, 전공과정의 설계, 첨단 교육기술 및 CAT 교육을 실시할 수 있는 교육시설의 부족, 학습자 실습 등 여러 문제들에 대한 해결책이나 제안들은 설득력이 부족한 면이 있다.

위의 선행연구에서 지적한 대로 한·중 MTI 과정은 포함된 중국 대학 MTI 과정 운영에서 많은 문제점들이 존재한다. 이런 문제점들을 해결하기 위해 홍콩, 한국 등의 통번역사 교육과정에 대한 대조, 분석을 진행하고 본 논문의 연구 목적을 이루기 위해 교육학의 기본 이론들과 중국정부의 교육정책 및 국제적인 기준 등을 도입해서 이론적 분석틀을 살펴보고자 한다.

또한, 선행연구에서 제기된 문제점들을 그대로 받아들여 본 연구에 적용하면 문제가 없지 않다. 특히 이와 같은 문제점들을 실증적인 방법으로 더 상세하고 구체적으로 파악하고 검증하지 않으면 본 연구의 정확한 결과 도출에 큰 지장이 미칠 수도 있다. 본 연구의 목적에 따라 과학적이고 합리적인 결론을 도출하기 위해서는 선행연구에 제기된 문제점들에 대해 질적인 방법인 표본조사 방법을 도입하고 검증할 필요가 있다.

Ⅱ 이론적 배경

본 논문에서 다루는 내용은 주로 교육과정 운영 및 교육학 관련 내용이다. 교육과정의 개념은 여러 학자들에 따라 그 범위가 다양하게 정의되고 있다. 협의적 의미로는 교과목으로 구성된 교육과정을 뜻하며, 광의적으로는 일련의 교육 목표와 이들 목표에 도달할 목적으로 구성된 학습활동뿐만 아니라 학생들의 모든 경험까지도 포괄한다.(이지은 외; 2014: 53 재인용) 또한 교육과정은 '교육 목적, 교육 목표, 교육 내용, 교육 과목, 교육 방법, 교육 순서, 교육 절차, 교육 시간, 교육의 분량, 교육 평가' 등을 효율적으로 구조화한 교육 계획 및 운영 프로그램을 의미한다.(김명광; 2019: 3-4)

본 논문에서는 교육과정 중의 교과목 교육방법 등은 연구 대상으로 하고 또 교육과정 운영 중의 교육인력 및 교육시설 등도 연구 대상에 포함시켰다. 또한 중국 대학 한·중 MTI 과정에 대한 연구를 중심으로 한 본 논문은 무엇보다 교육학 이론들을 많이 도입했다.

교육학 이론의 형성은 서양이나 동양에서 모두 기원전까지 거슬러 올라갈 수 있다. 교육학 이론은 역사가 길고 질서 있게 전승발전을 해왔다. 현재, 모태교육부터 유초등, 중학 및 고교 교육, 대학교육, 성인교육에 이르기 까지, 교육 관리에서 교육재정, 교수법, 학습방법, 과정개설, 교육평가 등, 교육학부터 경제학, 심리학, 정치학, 관리학, 사회학, 재정학 등 각 연구 분야에 다양한 연구 패러다임들이 생겼고 또 각각의 패러다임마다 복잡한 이론이 있다. 이 많은 이론들은 교육학분야에서 서로 비판하면서 보완하고 발전했을 뿐만 아니라 다른 연구 분야에까지 확장되면서 교육학과 인문사회과학의 지속적인 과학발전을 추진하고 있다.

본 연구에서는 통번역 석사과정 운영에서 필요한 개설과목, 실습, 교육인력, 교육기술 및 교육시설 등이 포함되어 있어 본 연구 내용들은 하나의 이론만으로 설명하고 다루기에는 어려움이 있다. 모든 학술연구는 하나의 학설, 하나의 이론 혹은 하나의 사상만으로 지도하면 논문의 설득력이 떨어지기 쉽다. 이론이든 학설이든 모두 연구자의 개인적인 하나의 주장일 뿐이다. 대체로 이론과 학설은 편협하고 일방적이며 전체를 설명하거나 다른 이론으로 대체할 수 없다. 하나의 이론만을 가지고 학술연구를 하면 파벌이 달라서 생기는 편견만 초래하고 학술연구 범위도 좁아질 수밖에 없다. 따라서 연구목적 및 내용특성 등에 의해 과학적이고 합리적인 논증과 결론을 도출하기 위해 논문 내용을 논증하는 과정에서 관련이 있는 교육 이론들을 통해 진행한다. 특히 현대 교육연구 성과를 보면 교육의 개설과목, 학생의 실습, 교육인력, 교육기술 및 교육시설 등 분야는 모두 독립적인 연구 분야로 분립되고 하나의 학과로 성장되어 관련된 이론 연구 성과도 아주 풍부하다. 이리하여 본 논문은 연구목적과 내용에 부합된 교육학 일반 이론들과 중국 정부의 관련 교육정책 및 국제적인 경험 등을 도입하고자 한다.

먼저 교육과목 이론에서는 타일러(Tyler)의 과정설정이론이 첫째로 꼽힌다. 타일러의 과정설정 이론은 과학적이고 체계적인 교육과정을 설정하는 중요한 이론기반이다. 중국 한중 통번역사 양성과정의 개설과목에도 그의 이론적 실용성이 담겨져 있다. 그리고 중국 한·중 MTI 과정의 학습자를 위해 실습할 수 있는 기회를 제공하며 효율적인 실습을 제공할 수 있는 실습기관도 세워야 한다. 이 영역에서 듀이의 '하면서 학습한다', '사회 실습을 하면서 지식도 배우고 인격도덕도 향상시키자'는 이론은 그의 이론 설득력을 보여주고 있다. 이 외에 교육인력에 관한 이론 중에 코메디우스(Comenius), 듀이(Dewey), 디스테르베크(Diesterweg)의 이론들은 지금까지도 교육학계에서는 지도이론으로 많이 활용하고 있다. 상술한 교육학과 관련된 이론들은 모두 서양 교육사상 중에서 대표적이고 널리 사용된 사상이론이며 본 논문에서 다루는 개설과목, 실습, 교육인력 등에 관한 논증을 뒷받침하는 중요한 이론들이다.

한편, 굿래드(Goodlad)는 사회적 수준에 따른 교육과정의 결정은 지역, 주, 중앙정부의 교육 정책결정자 혹은 입법가가 행한다고 했다. 즉 정부를 교육과정의 결정자로 본다. 중국 대학들은 중국 정부의 관리 및 지도 하에 운영되는 교육기관으로서 정부의 교육 정책에 따라서 운영될 수밖에 없다. 그리하여 중국의 MTI 과정도 이러한 정책결정자의 교육과정 운영 정책에 따라서 운영해야 된다. 여기서 중국의 주요 교육 정책 결정 권한은 중국 국무원 산하의 교육부와 국무원(國務院) 학위위원회(學位委員會)에 있다.[7] 특히 중국의 한·중 MTI 과정은 중국 국무원 학위 위원회판공실(이하 학위판이라 약칭)에서 인가한 석사학위 과정 중의 하나로 설립 목적, 교육인력, 교육과목, 실습교육, 졸업, 교육시설 등 분야에 대해 모두 명확한 기준이 있다. 이러한 기준들은 모두 법적이나 행정적인 효력을 갖고 있으며 한·중 MTI 과정 운영에서 지켜야 하는 부분들이다. 이들은 중국 한·중 MTI 과정이 설립된 배경, 기본 요구, 미래 발전 등 내용들을 포함하고 있으므로 현실적이고 이론적인 가치를 갖고 있어 본 논문의 연구에 도입하기로 하였다.

　마지막으로 본 논문의 연구목적을 이루기 위해 중국 한·중 MTI 과정 교육의 특수성 및 그의 교육 현황 등을 고려하여 AIIC의 교육 지침과 기준 등을 본 연구에 도입하고자 한다. AIIC는 오랜 기간의 발전 과정을 거쳐 전문직 통역사의 직업 설계, 통역사의 교육 기준 설립, 통역사의 근로조건, 통역활동의 직업윤리기준, 통역 실습 기준 설립 등 여러 측면이 체계적으로 구성되어 있다. 이러한 지침과 기준들이 국제 통번역 시장의 요구와 변화를 잘 보여주므로 통번역사 교육에 있어서 아주 좋은 현실적인 가치가 있다. 그 중에 전문 통역사 양성과 실습 등에 관한 지침과 기준들도 포함되어 있어 본 연구에 이론적인 의미가 있다. 이리하여 본 논문에서는 이러한 AIIC의 지침과 기준들을 적용해 한·중 MTI 과정 연구에 응용하고자 한다.

---

7) 중국 국무원(國務院) 학위위원회(學位委員會)는 중국 국무원 산하 기구로 부총리급 주임위원 1인 외에 국무원에서 임명하는 부주임 위원과 위원들로 구성된다. 산하에 일상 업무를 담당하는 국무원 학위위원회판공실을 두고 모든 업무를 담당하고 있으며, 국무원의 위탁을 받아 교육부에서 관리하고 있다. 또한 교육부 학위 관리와 대학원 교육사(教育司)를 병합하여 업무를 처리하고 있다.

1. 교육과목 및 교육실습에 관한 논의

교육과목의 설계가 포함된 교육과정의 개발은 그의 과학성과 체계성 때문에 반드시 관련된 이론들에 의하여 진행해야 된다. 지금까지 교육과정개발 분야에서 가장 권위적이고 이름난 학자와 이론으로는 역시 타일러와 그의 교육과정 개발이론을 손꼽을 수 있다. 1934년에 타일러는 『성과 테스트 구축(Constructing Achievement Tests)』이란 책의 출판하면서 교육 평가원리를 수립하였다. 이어 1949년에 그는 자기의 『교육과정과 수업의 기본원리』(Basic Principles of Curriculum Instruction)에서 처음으로 교육과정 개발이론을 제시하였다. 타일러의 교육과정 개발이론은 주로 교육목표, 교육내용, 교육구성, 교육평가 등 4개의 과정으로 나누어진다. 이 이론은 서로 차원이 다르고 종류가 다른 교육과정의 개발에 있어 실천적인 의미를 가지고 있다.

타일러의 이론을 보면 교육과정 개발은 우선 교육목표를 정해야 한다. 교육목표에는 학습자에게 어떤 행위가 일어날 수 있는지, 또 이런 행위가 어떤 내용과 분야에 적용될 수 있는지를 명시해야 된다.(타일러; 1949: 47) 교육목표의 완전성을 확보하기 위해 타일러는 먼저 교육과정을 설정한 자가 반드시 교육목표와 연관된 제반 요소를 모두 탐색하고 분석해야 한다고 본다. 그 다음 철학과 학습심리학을 이용해서 교육목표를 선택해야 된다. 그래야만 교육목표의 정확성과 적합성을 확보할 수 있다고 강조한다. 학습경험과 교육에 도움이 되는 교육방식을 선택해서 상술한 교육목표를 달성함으로써 교육목표의 구체성, 실용성과 믿음직한 평가의 효율성 등을 확보해야 된다.

타일러가 상술한 교육 목표를 실현하려면 학습경험을 잘 선택해야 된다. 타일러는 본인의 책에서 학습경험이라는 개념을 아래와 같이 정의하였다. 학습경험이란 용어는 과정을 다루는 내용과 같지 않고, 교사에 의해 수행되는 활동도 아니다. 학습경험이란 용어는 학습자가 반응할 수 없는 환경 속의 외부 조건과 학습자간의 상호작용과 관련이 있다. 학습은 학습자의 활동적인 태도에 의해 이루어진다. 즉 교사가 가르치는 것을 배우지 않고 그가 하는 것을 배운다. 그리고 타일러에 의하면 선정된 학습경험은 4가지의 특징을 가지고 있어야 한다. (1) 학습자의 유효한 사고와 학습자의 사고능력의 발달을 자극하고 지도할 수 있어야 된다. (2) 학습자가 기본 지식, 기능, 기술 등을 획득하는데 도움을 줄 수 있어야 된다. (3) 사회에 필요한 학술 태도의 양성에 도움이 되어야 한다. (4) 학습자 취미 양성에 도움을 줘야 한다.(타일러; 1949)

여기서 학습경험은 교육과목이나 개설과목으로 이해된다. 이런 학습경험을 어떻게 선택할지에 대해 타일러는 일정한 기준을 꼭 지켜야 한다고 강조했다. 이를 위해 그는 학습경험을 선택할 때의 네 가지 원칙도 정했다. (1) 학습자에게 학습목표에 포함된 행위를 연습할 기회를 제공해야 한다. (2) 학습자들이 위의 행위를 실행할 때 만족감을 느끼게 해야 된다. (3) 학습자들은 반드시 학습동기가 있어야 된다. (4) 학습자는 많은 지속적인 실습이나 실습의 기회가 있어야 한다. 그러나 이런 실습이나 실습은 반복만 하면 쉽게 무효로 될 수 있다.

이런 원칙에 따라 설정된 과목은 보통 두 가지의 지식과 연관된다. 하나는 사실, 개념 및 규칙, 원리분야의 '서술형 지식'이다. 또 하나는 경험 및 전략 분야의 '과정형 지식'이다. '사실과 개념'의 대답은 '무엇인지'라는 질문이고, '이해와 원리'의 대답은 '왜'라는 질문이다. '경험'은 '어떻게 해야 하는지'의 문제이고 '전략'은 '어떻게 해야 더 좋다'는 문제를 강조하는 것이다. 그리고 타일러는 교육 계획의 지속성을 유지하려면 학습이 반드시 조직적으로 진행되어야 되고, 또 서로를 의미 있게 연결시켜야 된다고 본다. 이를 위해 학습경험조직의 연속성, 단계성, 융합성의 원칙을 제기하였다. 이런 원칙에 의하여 어떤 조직형태를 사용해야 할지 결정된다.

상술한 타일러의 교육과목의 설정 목표, 원칙 등을 따르게 되면 중국 한 · 중 MTI 과정의 개설과목도 크게 두 가지로 나누어야 된다. 그 중에 서술형 지식은 주로 언어의 기본지식, 통번역 이론들, 도덕 양성 교육, 사회과학 지식 등으로 구성하고 그에 맞는 과목들을 개설해야 된다. 과정형 지식은 주로 통번역 기술과 방법, 통번역 실습, 한국어 실력을 높이는 교육 등으로 구성하고 그에 맞는 과목들을 개설해야 된다. 그리고 개설과목의 연속성, 단계성, 융합성 등 체계성도 개설과목 설정에서 같이 고려해야 된다. 특히 과정형 과목과 서술형 과목의 비율은 교육목표에 맞게 설정해야 된다.

한편, 실습교육 이념은 미국 실용주의 교육가인 듀이(Dewey)에 의해 새로운 발전단계를 맞이하게 되었다. 듀이의 '실습하면서 배우자'는 방법은 기존의 전통적인 교육방식을 완전히 바꾸어 놓았다. 특히 그는 교육이 곧 생활이고 성장이며 경험의 개조라는 아주 중요한 교육 이론 사상을 제시했다.

듀이는 한 인간은 좋은 사람이 되는 것으로는 부족하기에 유용한 사람이 되어야 한다고 주장한다. 즉 사회의 한 구성원처럼 생활할 수 있어야 된다는 것이다. 이 과정에서 다른 사람들과 공존할 수 있고 같이 생활할 수 있으면서 자신이 사회에서 얻는 만큼 이바지해야 된다는 것이다.(듀이; 2001: 378) 이어서 듀이는 상술된 유용하고 좋은 사람이 되려면 실습교육을 통해서 실현될 수 있다고 본다. 그에 의하면 "인간 개체는 경험 속에서 배우면서 성장한다. 즉 경험을 통해서 그 사회의 언어, 관습, 가치관, 신념 등을 습득함으로써 전통적인 고유문화자산의 후계자가 된다는 것이다."(듀이; 2005: 3) 이렇게 경험 속에서 배우면서 성장하면 바로 유용하고 좋은 사람이 된 셈이다. 여기서 말하는 경험이란 것은 전통적인 학교만을 통해서 습득할 수 있는 것이 아니라 사회에 나가서 사람들과의 접촉에서도 얻을 수 있는 것이다.

듀이의 실습교육이론에 의하면 인간이 실습해야 하는 목적은 단순히 지식이나 생존의 수단을 확보하기 위한 것이 아니라 최종 목표는 유용하고 좋은 사람이 되기 위한 것이다. 즉 실습도 교육이고 생활이라고 주장하면서 지식과 도덕성을 같이 배워서 유용하고 좋은 사람이 되어야 한다는 것이다. 이것은 전통적인 교육에서의 실습 관념과 큰 차이를 보인다. 전통적인 실습교육 관념은 주로 도구주의에서 출발하여 그 목적은 지식, 직업, 경제, 성취감, 삶 등을 위한 것인데 듀이의 실습교육 관점은 인간은 실습을 위해 사회에 나와서 각종 활동에 참여하고 사람과 접촉하면서 지식도 쌓고 도덕성도 키워야 한다는 것이다.

그리하여 실습교육을 통해 학습자들은 일과 학습에 대한 열정을 가지게 될 뿐만 아니라 창조성, 능동성 등도 가지게 된다. 사회 실습교육은 종합적이고 단계가 있는 교육과정이다. 실습교육은 학교 내의 수업교육과 긴밀하게 연결이 되어 있지만 일반 수업교육과 구분해야 한다. 사회 실습교육의 실현 목표는 학습자들이 학습하고 성장하는 과정에서 전면적인 지식과 기술을 습득하고 끊임없이 전문 기술과 실습능력을 향상시켜 사회 상황도 충분히 이해하는 사회요구에 적합한 높은 수준의 전문성을 갖춘 복합형 인재를 양성하는 것이다. 그 이 외에도 사회

실습교육은 활력과 창조력을 부여해 줄 수 있기 때문에 이 과정에서 학습자들이 전문적인 기술을 배울 때 열정을 갖게 되면서 능동적으로 적극적으로 참여할 수 있다. 또 이런 과정을 통해 학습자의 창의력 향상뿐만 아니라 학습자들이 미리 사회에 적응하는 데에도 도움이 된다.

중국 국내 대학의 한·중 MTI 과정은 다른 고등교육과정과 달리 학습자의 전문적인 통번역 실무능력의 양성을 무엇보다 중요시한다. 즉 통·번역 이론지식을 통·번역 실무능력으로 전환시키고 학습자들이 더욱 강한 실무능력을 갖출 것을 요구한다. 이것이 한·중 MTI 과정이 사회 실습교육 활동 분야에 높은 요구를 제기한 이유이기도 하다. 사회 실습교육은 한·중 MTI 과정 전공자들의 학습과정 중 중요한 실습활동의 하나로 학습자들이 이론지식학습, 이론과 실습 등을 결합시키는 실용과 혁신의 활동이다. 통·번역 실습활동은 학습자들이 전면적인 훈련을 받고 교실에서 접촉하지 못한 통·번역 방법과 절차를 익히며 통·번역 실무 능력을 높이고 직업 적응능력을 향상시키는 데 도움이 된다.

그리고 중국 대학의 한·중 MTI 과정의 교육은 실천적 성격이 강한 전공이기 때문에 교육과 실습활동을 유기적으로 결합시켜야 된다. 수업시간 외의 학습활동과 실습을 수업시간의 연속과 확장으로 보고 있다. 학습자들의 통·번역 능력을 향상시키고 기술을 익히는 중요한 수단이다. 전문적인 효율성이 있는 실습은 실습장소로 적합한 기업·회사 및 기관에서 실시해야 한다. 실습 과정은 교사나 교수의 지도가 필요하다. 실습과 지도를 병행해야 학습자들이 실무 규범, 통·번역 기술 및 직업의 도덕성 등을 자연스럽게 익힐 수 있다. 실습 지도를 받게 되면 더욱 효과적인 실습결과를 얻을 수 있다. 학습자는 요구에 따라 전공과정 및 전공과 관련된 교육활동을 완성해야 하고 전공 내용의 깊이를 이해하고 체험하며 전공기술을 강화시키고 실습능력과 팀워크의 능력을 향상시켜야 한다.

2. 교육인력에 관한 논의

예로부터 교사는 교육활동에서 아주 중요한 지위와 역할을 해 왔다. 홍후저(2011: 256)에 의하면 교사들은 교육과정의 실제 운영자로서 가히 교육과정의 주인이라고 할 수 있다고 본다. 코메니우스에 의하면 "교사는 지식을 전파하는 자이며, 교육은 교사가 학생한테 지식을 가르치는 행위이라고 주장한 바가 있다."[8] 즉 이런 주장에서는 '교사를 인솔자로 가설하고, 학생은 교사의 인솔에 따라 같이 동행하는 자로 가설했다. 다시 말해 교사가 학생한테 길을 안내해 주고, 학생이 인솔자인 교사를 따라서 같이 걸어 나가야 된다는 것이다.'(코메니우스; 2006: 300) 인솔자 겸 지도자로서의 교사는 수시로 학생들을 관찰하면서 자신을 반성해야 한다. 예를 들어 학생들이 잘 따라오고 있는지, 어떻게 따라오고 있는지를 관찰해야 된다. 특히 이런 지도를 통해 '학생들이 반드시 자기의 능력과 교사의 실제 언어나 예술분야의 발전 등을 따라서 지도를 받고 이해할 수 있게 해야 된다.'(코메니우스; 1999: 132) 이렇게 되면 지도를 받는 자로서 학생의 임무는 모방이 된다. 그리고 '학생은 늘

---

8) Comenius, Johann Amos(任钟印역 2006) 『大教学论·教学法解析』, 人民教育出版社. p.293 『Great Didactic of Comenius』 J. A. Comenius 저 코메니우스의 대표적 저서인 『대교수학』은 17세기 유럽의 첫 번째로 되는 체계적인 교육이론서로서 교육의 목적 및 소용, 교수법 등 내용을 포함하고 있다. 특히 현대교육교사가 되는 일의 막대한 책임감과 특권을 깊이 실감하게 하는 고전이다. 본 논문은 중국어 번역본을 참고하였다.

누군가의 지도, 훈계, 교육이 필요하다.'(코메니우스; 2006: 293) 코메니우스뿐만 아니라 듀이도 비슷한 관점을 갖고 있다. 그에 따르면 교사는 인솔자 겸 지도자의 역할로 인해 다양한 역할을 하고 있다. 이 중에 첫째 교사는 학생들이 능동적으로 지식을 연구하고 배움으로써 문제를 해결할 수 있도록 지도한다는 것이다. 교사는 학생한테 질문함으로써 학생이 탐구하고 독립적으로 생각하는 습관을 양성하도록 지도해야 된다. 둘째, 학생들의 인격적인 성장을 도와주고 지도한다는 것이다. 교사는 학생들의 인격적인 성장의 리더가 되어야 한다. 교사는 학생들에게 질문을 제기해야 할 뿐만 아니라 학생들의 개성도 연구해야 한다. 학생의 인격적 성장을 도와주고 학생들에게 어떻게 살아야 하는지도 가르쳐 주어야 한다. 셋째는 학생의 사상을 지도하는 것이다. 듀이는 사회 요구를 만족시킬 수 있는 새 습관을 키워주어야 된다고 주장한다. 이를 위해 "학생의 본능을 지도하고 유익한 지식으로 학생을 훈련시킴으로써 그들의 사회에 유익한 행위와 품행을 길러내야 한다"고 주장한다. 즉 듀이는 학생들의 품행습관은 고정적인 것이 아니라 선으로 인도하면 선이 되고 악으로 인도하면 악이 된다고 주장하면서 이런 품행습관의 양성에는 교사의 책임이 크다고 본다.(듀이; 2008)

물론 상술한 교사로서의 역할을 다 하려면 교사 자신도 교육을 받아야 된다는 것은 일반적이고 보편적인 견해이다. 디스테르베크는 평생의 자기개발 및 교육은 교사한테 가치가 있는 행동이라고 본다. 그에 의하면 일생 동안 수양을 쌓는 것은 교사에게 아주 숭고한 임무이며, 교사가 자기개발 및 자기완성을 하는 것은 세상 모든 일보다도 신성한 일이다. 이에 따라 교사는 자신의 자리에서 노력해서 진정한 문화교육 사업을 추진하려면 평생 수양을 쌓는 것은 마땅한 의무이다. 현실 생활

중에 이 신성한 직책보다 더 중요한 것이 없다.[9] 일생 동안 수양을 쌓는 것은 자기완성에 필요하며 다른 사람을 교육할 때에도 필요한 것이다. "교사는 본인의 수양을 쌓으며 다른 사람을 교육한다. 교사는 교육사업과 스스로 수양을 쌓는 일을 평생의 직업으로 생각해야 한다. 교사는 다른 사람들이 진실된 삶을 살 수 있기를 바라는데, 이를 위해서는 우선 사람들에게 진선미를 추구할 수 있는 힘과 동력을 제공해야 한다. 그리고 사람들이 타고난 자질과 지혜를 최대한 활용할 수 있도록 도와주어야 된다. 이와 같은 숭상한 임무를 완수하려면 교사 자신의 수양 쌓기에 힘을 기울여야 한다."(디스테르베크; 2001) 즉 "끊임없이 지치지 않고 공부하고 연구해야 한다. 자신의 지식, 능력, 인품과 덕성 등을 전면적으로 향상시켜야 된다는 것이다. 교사의 직업 발전 과정을 보면 교사는 가르치는 자이며 또한 학습자이다. 이 외에 교사는 연구자도 되어야 한다." 왜냐하면 "학생의 천성, 생활, 희망을 이해하고 교육과목을 학생의 천성, 생활, 희망 등에 맞추려면 교사는 반드시 전공 지식을 갖추고 자신이 가르치는 과목에 대해 정통해야 한다."(듀이; 2008: 360)

한·중 MTI 과정은 전문성을 띠고 수준이 높은 실용형 통·번역 인재를 양성하는데 목적을 두고 있는 교육과정이다. 이러한 교육 목표를 실현하려면 한·중 MTI 과정의 강의를 담당하는 교수는 학생들의 지도자이자 인솔자가 되어야 한다. 이를 위해 한·중 MTI 과정에서 강의하는 교수자는 먼저 전문적이고 풍부한 지식과 바른 도덕품행이 필수적

---

9) 《교수지침》 프리드리히 디스테르베크(Friedrich Adolf Wilhelm Diesterweg), 袁一安, 역, 인민교육출판사, 2001, p25 독일의 교육학자 프리드리히 디스테르베크는 국민교육 및 교육인력양성 분야의 탁월한 학자였다 주요저서 〈교수지침〉 Guidance to Training Teachers in Germany.

이다. 그 다음에 한·중 MTI 과정의 양성목표에 따라 통번역 실무경험과 능력이 많아야 된다. 마지막으로 교수들은 자기계발의 능력이 있어야 된다. 특히 통번역 분야의 학술연구에 관심을 가지고 연구 활동도 많이 해야 된다.

3. 중국 정부의 교육정책에 관한 논의

최근의 연구에 따르면 교육과정을 수준으로 분류하려는 시도가 있다. 수준별 교육과정은 두 가지 의미를 함의하는데, 첫 번째는 학습자들의 수준에 따라 교육 내용과 교육시기를 달리한다는 의미에서의 교육과정이고, 다른 하나는 교육과정의 구축과 설계를 누가 담당하느냐에 따른 정책 결정자의 차이를 염두에 둔 교육과정이다. 후자(교육과정 결정자)의 의미에서 수준별교육과정의 개념을 처음 사용한 학자는 굿래드(1979)로서 사회적 수준에 따른 교육과정의 결정은 지역, 주, 중앙 정부의 교육 정책이 혹은 입법가가 행한다고 했다. 김호권(1995)은 굿래드(1984)의 수준별 교육과정을 받아들이면서 교육과정의 개념을 공약된 목표로서 다시 분류하였다. 여기서 '공약된 목표로서의 교육과정'이란 말하자면 의도된 교육과정이라고 할 수 있다. 교육부의 교육과정이 이 수준에 속한다고 밝혔다. 김종서(1997)는 국가 및 사회적 수준의 교육과정이란 국가 및 사회가 학생들에게 어떤 목적을 위하여 무엇을 가르칠 것인지에 대한 일련의 의사결정을 해놓은 문서를 말한다고 했다. 이 수준의 교육과정의 구체적 예로서 국민교육헌장, 교육법에 제시된 교육목표, 교육부령의 교육과정, 장학방침, 교과서, 교과용 교과 지

침서 등을 들 수 있으며, 문서화되어 있는 것이 그 특징이다.(김명광;
2019: 46~47) 중국 대학의 MTI 과정은 중국 정부에 의해 결정된다. 결
정의 형태로서 법령, 규정, 지침 등이 있다. 이들 중에 교육인력, 실습,
교육 인프라 등 관련 정책이나 규정 등이 포함되어 있다.

중국 정부의 교육 정책은 입덕수인(立德樹人) 이념을 목표로 하고,
사회주의 핵심 가치관 강화, 사회적 책임감의 양성, 혁신정신과 실천능
력의 교육 등이 포함돼 있다.[10] 이 밖에 국가가 사회주의 시장경제 발
전과 사회진보의 필요에 부응하여 교육개혁을 추진해야 된다고 강조한
다. 따라서 국가를 주체로 개발된 중국의 커리큘럼은 교육을 현대화,
세계화, 미래화 사상을 구현하기 위해 국가의 교육방침을 관철하고 교
육을 사회주의 건설수단으로 유지하며 교육과 생산노동을 결합하는 것
을 지도사상으로 한다. 이러한 지도사상들은 커리큘럼 설계가 사회적
요구를 충족시키는 것을 위주로 하는 경향을 나타내는데, 이는 교육의
사회적 기능의 구현이며, 교육의 존재의 중요한 가치 중 하나이다.

위와 같은 기본 교육 사상과 이념에 따라 중국 학위판에서 공포한

---

10) 『中华人民共和国教育法(중화인민공화국교육법)』총86조는 1995년 9월 1일부터 실시
하였고 본고에서 참고한 내용은 2015년 수정판이다. 제5조. 교육은 사회주의 현대화
건설에 봉사하고, 인민을 위해 봉사해야 하며, 생산 노동과 사회적 실천과 결합해
도덕, 지혜, 체육, 미술 등 전반적으로 발전된 사회주의 건설자와 후계자를 양성해야
한다. 제6조.교육은 입덕수인, 사회주의 핵심 가치관 교육 강화, 교육받은 사람들의
사회적 책임감, 혁신정신과 실천력을 길러야 한다.국가는 교육받은 자 중에서 애국주
의, 집단주의, 중국 특색의 사회주의를 교육하고, 이상과 도덕, 규율, 법치, 국방과
민족이 단결하는 교육을 한다. 제11조. 국가는 사회주의 시장의 경제발전과 사회진보
의 필요에 부응하여 교육개혁을 추진하고, 각급 각 분야의 교육조성발전과 연계하여
융통하며, 현대 국민교육 체계를 보완하고, 평생교육 체계를 건전하게 하여 교육 현대
화 수준을 제고하였다. 국가가 교육을 공평하게 하고 교육을 균형 있게 발전시키기
위한 조치를 취하다. 국가는 교육과학연구를 지원, 장려 및 조직하여 교육과학 연구
성과를 보급하고 교육의 질적 향상을 촉진한다.

《통번역석사과정학위 석사생 교육지도방안》(翻译硕士专业学位研究生教育指导性培养方案: 2011년 8월 개정)에 따르면, 설립의 목표는 상기의 중국 교육법과 중국 고등교육법의 정신에 따라 사회·경제·문화 발전에 필요한 통역 전문 인재에 대한 절박한 수요에 부응하고 통역 인재육성 체계의 정비, 인재양성 모델의 혁신, 번역·인재의 질 향상 등에 있다.

그리고 중국 학위판의 각종 관련 법규에 따르면 통번역 전문 석사학위 교육과정에는 개설과목, 교사, 인턴, 교육시설 등에 대한 구체적인 요구가 들어 있다. 이러한 요구들은 중국 정부의 교육 사상 이념을 구현하고 있으며, 중국의 번역 전문 석사학위 교육에 대한 강제적인 지도의 의미를 지니고 있고, 본 연구에서의 독립적인 변수 중 하나이기도 하다.

먼저 개설과목에 있어서 《통번역 석사과정학위 석사생 교육지도방안》에서는 필수과목과 선택과목을 모두 포함해 총학점이 38학점 이상 이수해야 한다고 규정한다. 그 중에 정치이론, 중국의 언어문화, 번역이론, 번역이론과 기술, 통역이론과 기술, 응용번역, 문학번역, 순차통역, 동시통역, 제2외국어, 중외번역약사, 번역비평과 감상, 다문화교제, 중외언어대조, 컴퓨터 보조 번역, 시역, 특집통역, 국제회의통역, 비즈니스통역, 법정통역, 외교와 외사통역, 통역견학과 감상, 통역실습, 전문기술문서작문, 과학기술번역, 국제회의번역, 비즈니스번역, 법률번역, 미디어번역, 중국전적외역, 번역실습, 번역 및 현지화관리 등 과목들이 들어 있다.

《통번역 석사과정학위 기본요구(翻译硕士专业学位基本要求)》에 따르면 통번역 석사학위 커리큘럼을 설정할 때 총 학점의 70% 정도는 실습 및 실전 모의 과목이어야 한다. 통번역 기술 훈련과 사례를 분석하는 실습과목도 포함되어야 하고 통번역 실습 훈련의 특징이 뚜렷해야 한다. 《통번역석사과정학위 설치방안翻译硕士专业学位设置方案》에서는 학습자들의 통번역 실무 능력 향상을 위해서는 교육 내용에 통번역 기술 훈련을 주된 내용으로 해야 한다고 제시하고 있다. 이 외에도 통번역 이론과 다문화교제의 능력을 양성할 것을 요구한다. 교육은 주로 과정연구토론, 모의, 실제 훈련 등 다양한 방식과 충분한 현대화 교육기술과 교육방법 및 교육 자원을 이용해서 교육을 이루고 목표를 달성해야 한다. 본 과정의 교육은 학습자의 능동성과 교육의 상호작용을 강조해야 하고 실습 교육을 강화 시켜야 한다. 학습자들은 재학 중에 일정한 양의 통번역 실무를 완성해야 한다.

그 다음 대학의 교육인력과 관련하여 중국 고등교육법 제47조에 따르면 고등교육기관의 교사는 본 학과의 기초이론을 체계적으로 파악하고 해당 직무의 교육능력과 과학연구능력을 갖추며 해당 직책의 커리큘럼과 규정시간의 강의를 담당해야 한다. 《통번역 석사과정학위 석사생 교육지도방안》에는 MTI 과정의 강의를 담당하는 교사는 통번역 실무경험이 풍부한 고급 통역사를 초빙해서 강의를 하거나 강좌를 개설해야 한다고 규정하고 있다.

중국 학위판은 《통번역(MTI) 석사생 교육과정을 증설하는 교육기관의 기본조건》(2008년 제44호) 중 제2조에 따라 교육인력에 대해 다음과 같이 요구하고 있다. MTI 과정의 교육인원 수는 전임교사는 10명 이상이어야 하고 일정의 겸임교사가 확보되어야 하며, MTI 핵심 과정 및 중요 필수과목에 있어서 2명 또는 2명 이상의 교사가 배치되어야 한다. 교사는 합리적이고 학문적인 지식구조를 갖고 MTI 과정의 직업화 특성을 구현해야 하며, MTI 과정의 교사는 석사학위나 박사학위의 소지자이어야 하며 과정개설 3년 안에 교사 중 박사학위 소지자는 전체 교사의 20% 이상을 차지해야 한다. 그리고 MTI 과정 핵심 커리큘럼과 중요한 필수과목을 담당하는 교사는 일반적으로 비교적 풍부한 교육 경험을 가져야 하며, 이 중에 부교수 이상의 교사가 강의를 담당하는 교사 수의 40% 이상을 차지해야 한다. MTI 핵심 커리큘럼과 중요 필수 과목의 교사 중에 통역과 번역 실무 경험을 가진 교사의 비율은 50% 보다 적으면 안 된다.

또한 통역 강의를 맡은 교사는 높은 수준의 통역을 20회 이상 담당했다는 증명이 있어야 하며, 번역 강의를 맡은 교사는 20만 자 이상의 번역 저서를 출판해야 한다. 또한, MTI 과정의 핵심 커리큘럼 교사는 1인당 평균 1회 이상 연수, 교육, 학술 세미나 또는 학교 간 커리큘럼 포럼 활동에 참가해야 된다. 매년 정기적으로 MTI 과정의 핵심 커리큘럼과 중요 필수 과목의 교사를 조직하여 교육 연구 세미나를 해야 한다.

그리고《통번역(MTI) 석사생 교육과정을 증설하는 교육기관의 기본조건》제4항을 보면 실습교육을 전담하는 교사는 풍부한 통·번역 실무경험이 있어야 한다. 논문 지도교수는 석사 지도 자격을 갖춘 정교수나 부교수 또는 기업이나 회사에서 고급전문기술직의 통역사여야 한다. 2014년에 통번역 전문 석사학위과정을 증설한 대학의 교사에 대해서는 아래와 같은 몇 가지 필수 조건이 있다. (1) 기업이나 회사와 협력해서 전문적인 교육 및 지도를 할 수 있는 교육인력 팀이 있어야 한다. (2) 실무능력과 이론기초를 갖춘 전임교수가 있어야 한다. (3) 전임교수와 겸임교수의 비율이 교내외 각 한명씩 두 명의 지도교수를 둘 수 있

는 비율이어야 한다.[11]

이 외에 실습에 있어서《통번역석사과정학위 석사생 교육지도방안》의 양성방법에서는 세미나 실습, 모의 직장 실습 등 방식이 있다. 통역과정은 인터넷 기술, 통역실험실, 멀티미디어교실 등 현대적인 전자정보기술로 실시할 수 있으며, 번역과정은 번역 실험실이나 컴퓨터 보조 번역 실험실을 이용하여 프로그램식 수업으로 전문번역업무 내용을 교실에 도입한다. 통역기술 훈련의 실감과 실용성을 강화하기 위해 실무 경험이 있는 고급 통역사를 초빙해 강의나 강좌를 담당해야 된다. 이 방안에서는 통번역 실습을 아주 중요시하고 있으며, 통번역 실습능력의 양성과 통번역사례의 분석, 통번역실습 등은 교육과정 전반에 걸쳐 실시해야 된다고 강조하고 있다. 또 전공실습을 통역석사 학위 교육의 필수 단계로 보고 한 학기 이상의 시간을 필요로 한다. 각 대학은 본 대학과 학과의 양성목표에 따라 학생들의 수준에 맞는 정부 부처와 기업에서 실습하도록 잘 조직하고, 지도 교사를 파견하여 학생들이 통번역 기능과 통번역 직업윤리를 향상시킬 수 있도록 지도해야 된다. 실습이 끝나면, 학생은 실습 부서가 작성한 실습 평가를 학교에 제출하여 실습 완료의 근거로 삼아야 한다. 그리고 실습은 다른 교육과정으로 대체할 수 없다.

전공실습은 학교 밖에 있는 실습 기관 및 다른 실습 장소에서 완성할 수 있다. MTI 과정의 통역과정 학습자는 25일 이상의 통역실습을 이수해야 하는데, 그 방식으로는 전시회 연락통역, 수행통역, 회의 순차통역과 동시통역 등 다양한 형식이 있다. 통역 업무가 끝나면 실습기관에서

---

11) 통번역석사전공학위 새로 증설된 언어종류 심사방안-통번역교육지도위원회(翻译硕士专业学位新增外语语种培养点审核办法 翻译教指委)〔2014〕7 号

는 실습 경력증명서를 제공해 줘야 한다. 번역과정 학습자는 10만 자 이상의 한자나 외국어 어휘를 포함한 번역 결과물이 있어야 한다. 여기는 문학작품, 자막번역, 공문서류번역, 비즈니스 홍보자료, 학술 논문 번역 등 여러 가지 형식으로 가능하다. 번역 실습도 해당 기관에서 실습 경력증명서를 제공해 줘야 한다. 실습이 끝나면 학습자는 실습기관에서 제공해준 실습경력증명서를 실습 완수 증명서류로 학교에 제출해야 한다.[12] 또한 실습과정을 다른 과목의 학점으로 대신할 수 없다.[13] 또 수업 외에 학습자가 능동적으로 또는 교수의 지도로 참석하게 된 학술대회, 전문특강, 연구세미나, 논문 심사, 프로젝트 참석, 학술집 편집 등 다양한 학술활동들은 학습자의 학습활동 평가에 들어가야 한다. 학습활동의 결과는 행사 주최 측이나 지도교사가 평가하고 그 성적을 실습 훈련 성적으로 기재할 수 있다.[14]

마지막으로 교육시설에 대해서는 아래와 같은 규정이 있다. 중국교육법 제27조에 따른 학교 및 기타 교육기관의 설립에 있어서, 다음과 같은 기본 요건을 갖추어야 하며, 규정에 맞는 교육 장소 및 시설, 설비 등이 있어야 한다. 중국 학위판의《통번역(MTI) 석사생 교육과정을 증설하는 교육기관의 기본조건》에서는 구체적으로 다음과 같이 요구하고 있다. 1. MTI 핵심 강의의 50% 이상은 멀티미디어 교육 시설을 사용하여 진행해야 된다. 2. 통역과목을 담당하는 기관에서는 디지털 음성 실험실과 동시통역실험실 등을 갖춰야 된다. 3. MTI 과정의 학생이 이용할 수 있는 충분한 수의 번역전문도서자료가 있어야 된다. 그러므로

---

12)《통번역석사전공학위 기본조건(翻译硕士专业学位基本要求》 규정된 내용을 참조한다.
13)《통번역석사과정학위 석사생교육지도방안(翻译硕士专业学位研究生教育指导性培养方案》 규정된 내용을 참조한다.
14)《통번역석사전공학위 기본조건(翻译硕士专业学位基本要求》 규정된 내용을 참조한다.

해당 학과에서는 도서실이나 자료실이 있어야 된다. 4. 모든 MTI 과정의 학생들에게 캠퍼스 네트 및 컴퓨터를 사용할 수 있게 기술을 제공해야 된다. 번역 교육을 담당하는 기관에는 전용 번역 실험실도 있어야 된다.

상술한 바와 같이 교육의 질을 제고하고 교육 여건을 정비하며 모든 사람들이 배울 수 있는 환경을 만드는 것이 교육 행정의 주된 임무이다. 중국 대학의 교육과정은 정부의 교육정책에 따라 정한 것이다. 모든 내용은 대학의 교육목표와 교육과정 등을 제공하는 지도 방안에 설정되어 있다. 이리하여 상술한 중국 정부에서 제시하고 있는 교육인력, 실습, 교육시설 등과 관련된 법률뿐만 아니라 규정이나 방법, 지침들도 중국 한중 통번역사 교육과정 운영에 있어서 모두 행정적인 역할을 담당한다. 이런 행정적 역할을 통해서 중국 MTI 과정의 운영이 보장된다. 그러므로 중국 한·중 MTI 과정의 운영에도 이런 법규와 정책들을 잘 반영해야 된다.

4. AIIC의 통역사 교육 지침에 관한 논의

본 논문에서는 AIIC의 통역사 교육 방안과 지침들을 중국 한·중 MTI 과정의 교육인력, 교육과정, 실습 등의 연구에 적용하려고 한다. AIIC는 국제에서 공인하는 전문적인 통역 기관으로서 오랜 기간의 발전을 거쳐 통역 및 통역 교육, 인재 양성 등 여러 면에서 실용적인 방법과 경험을 쌓았다. 이러한 통번역 실무자들의 자질까지 고려해 쌓아둔 방법과 경험들은 통역인재를 양성하는 필수적인 조건과 일반적 기준 등을 포함하고 있어서 이론적 가치가 있다.

먼저 AIIC의 특성에 따라 다양한 언어의 통역교육과정이 개설되어 있다. AIIC에 제시된 통역교육 기준의 교육 목표는 AIIC의 워크샵에서도 언급되었다시피 졸업생들이 전문 통역사들과 '부스에서 같이 팀으로' 일하며 같은 수준으로 통역해 낼 수 있도록 하는 데 있다고 정의하였다. 언어별 차이 때문에 수업의 구체적인 내용은 획일화하기 어렵지만 교과과정의 내용, 수업시간, 어종 등은 국제컨벤션 통역시장의 요구에 따라 설치해야 한다.

이러한 통역사 교육은 모두 비 학위의 교육이므로 그 교육과목은 각종 통역, 동시통역사, 일부 통역사의 직업윤리 과정 등을 겸하고 있다. 이러한 커리큘럼은 실용적인 인재육성을 두드러지게 한다. 특히 AIIC에 제시된 통역교육의 기준에 따르면 (1) 교과과정, 수업진행, 언어배합은 국제회의 통역시장의 요구를 반영해야 한다. (2) 순차·동시통역이 교과과정에 반드시 포함되어야 하다. (3) 수업시간에 직업윤리와 실제 통역수행조건에 대해서도 다루어야 한다. 그리하여 회의 통역사 양성 과정에 대해 AIIC는 정규 교육과정에서 제공하는 언어과목들이 시장 수요를 반영하도록 하고, 커리큘럼은 국제 컨벤션센터 또는 국제 조직에 의해 승인된 전문 회의 통역사가 직접으로 설계하고 교육을 담당하는 것이며, 커리큘럼에는 이론과 전문 실습과 통역 윤리의 등 과목들이 포함되어 있다. 그리고 이런 과목들은 모두 전문 회의 통역사가 가르쳐야 한다.

그 다음은 AIIC의 다양한 통역사 교육 프로그램에 필요한 교육인력에게 아래와 같은 방침을 명확히 요구하고 있다. 통역 교육을 진행하는 교사는 국제적인 명성을 갖고 있는 현재 활동 중인 국제회의 통역사여야 한다. 순차·동시통역수업은 활동하고 있는 국제회의 통역사에 의해 구성되고 진행되어야 한다. 이 외에 통역교육인력은 전문적인 통역교육 연수를 받아야만 교육에 투입될 수 있다. 모든 강의는 학습자의 A 언어 및 B, C 언어(모국어 및 비모국어)를 모국어로 하는 교육인력이 담당해야 한다. 또한, AIIC에서 인증하는 16개 1류 양성기관 중 11개 대학에서는 전문통역사를 교사로 임용했으며, 나머지 5개 대학의 교사도 80%이상이 전문통역사이다.15) 이처럼 AIIC의 교육인력은 통역이나 동시통역 경험이 많고 직업윤리, 과학연구 능력이 뛰어난 교사들이다. 그래서 이론적으로나 실천적으로나 모두 적합한 교육인력이다. 따라서 AIIC는 통역사 조직에 불과하나 통역사 양성에 있어서 아주 좋은 경험을 갖고 있어 본 연구에 참고할 의미가 크다.

마지막으로 실습과정은 통번역 전공 특성상 무엇보다 중요한 단계이다. AIIC는 국제회의 통역사협회라 실습 역시 통역사 양성 중의 중요한 단계이다. 실습의 목적은 통역사의 능력을 향상시키기 위한 것이다. AIIC의「학습자 회의 통역방침」에 따르면 실습은 통역 학습자에게 실제로 체험할 수 있는 진정한 환경을 제공해야 한다. 이런 실습환경 속에서 학습자들은 전문통역사의 실무 상황을 관찰할 수 있다. 통역사 및 교육담당 교사와 교류하고 의견을 수렴하며 통역을 연습해야 한다.

---

15) 이 같은 교과과정 및 인증훈련학교에 다니는 교사들은 대부분 AIIC 회원이다. AIIC는 회원제를 예비회원과 정회원으로 나누는데 각각 최소 100일과 150일의 근무경험을 필요로 동시에 최소 두 명 또는 세 명의 정회원의 추천이 필요하다. 입회를 신청하려면 일정 비용을 납부해야 하고, 회원은 매년 연간 회비를 내야 한다. AIIC는 세계 각지에 2900여 명의 회원이 있으며 이 중 언어조합에 중국어 표준어를 포함하고 있는 사람은 99명, 광둥어를 포함하고 있는 사람은 14명으로 이 중 상당수가 대학 교사들이다. 이들 회원에 대해 AIIC은 직업윤리를 고수하고 직업기준을 준수할 것을 요구하고 있다.

실습의 목적은 통역사 학습자의 훈련을 촉진하는 것이지 관련된 기관에서 이익을 취하는 것이 아니다.[16]

AIIC의 통역사 교육과정에서 실습에 대한 구체적 규정은 다음과 같다. 1. 학교 또는 학생 본인에게 배당된 모든 과제는 훈련을 목적으로 해야 하며, 실습으로 간주되어야 한다. 2. 실습생이 참가하는 활동에 전문 통역사가 통역을 제공할 수 있으며, 이 경우 실습생은 방청, 관찰 또는 통역을 수행할 수 있다. 3. 실습생이 참석하는 행사에는 설명을 해준다. 4. 실습 통역사가 참가하는 회의의 언어는 가능한 한 실습생 자신의 모국어가 포함되어야 한다. 5. 인턴십은 실습생에게 향후 주최 기관, 또는 기타 기관에서 일할 수 있는 기회를 늘리기 위해 필요한 경험을 제공해야 한다.(시험 및 인가시험이 있음에도 불구하고) 6. 현장에는 적어도 한 명의 전문 통역사(가능할 경우 통역 교육자)가 조언, 평가, 지도를 제공해 주어야 하며 업무 조건을 안내하고 모니터링 해주어야 된다. 또한, 학습자들은 충분한 수준과 능력을 갖추어야 실습에 참가할 수 있다. 실습 통역은 실습 전에 준비하며 회의 조직자는 회의 준비에 사용할 수 있도록 미리 문서를 제공해야 한다. 회의 조직자는 인턴 통역사에게 현장 브리핑을 제공하고, 회의의 배경 및 용어 등을 미리 설명해 줘야 된다.

실습인턴이 참가한 행사나 활동현장은 인턴의 능력에 맞고 교육의 목표를 달성할 수 있는 자리이어야 하고, 최대한 한 기술성이 강한 자

---

16) 회의통역에서의 학생 인턴십을 위한 AIIC 지침. 2.1 CI 인턴십은 임의의 기간 (0.5일 ~ 몇 주) 인턴십은 통역을 이루지는 상황에서 실습한다. 실습은 학생 인턴십에게 그들이 할 수 있는 실제 근무 환경을 경험할 수 있는 기회를 제공해야 한다. 전문적인 통역사가 일하는 것을 관찰하고 듣고, 그 통역사와 그들 자신의 트레이너에게 말하고 조언을 얻고, 통역을 연습하는 것이다.

리를 피해야 한다. 즉 학습자들은 충분한 훈련을 받고 수행할 능력이 있어야 기술성이 강한 과정에 참석 가능하다. 학습자가 하는 모든 통역 활동은 훈련용이어야 하며 실습으로 취급해야 한다.[17] AIIC의 실습과정 및 규정을 보면 실습전의 교육, 실습과정 중의 모니터링, 실습 마감 후의 평가 및 정리도 아주 중요한 절차이다.

중국 대학의 MTI 과정은 시작된 지 불과 10여 년밖에 안 된다. 그리하여 그의 교육과정 목표를 이루기 위해서는 중국 학위판에서도 지적했다시피 이런 분야의 국제적인 경험들이 많이 필요하다. 국제사회에서 보편적인 인증을 받는 AIIC는 역사가 오래된 국제적인 통역사 교육 기관으로서 그 동안 쌓아온 경험들이 많고 중국 MTI 과정의 운영에 방법론적이나 이론적인 예시를 제시해 줄 수 있다. 위와 같은 AIIC의 통역사 교육 기준이나 지침 및 방법들은 바로 이런 경험들의 집대성이기도 하고 본 연구에 중요한 이론적 가치를 제공해 줄 수 있는 참조자료들이다. 그래서 중국 대학의 한·중 MTI 과정에서 이런 통역사 교육지침을 바탕으로 실습을 구체적으로 어떻게 실시해야 제일 큰 효과를 얻을 수 있을지에 대한 세분화된 지도 방안이 필요하다.

---

17) 《AIIC 학생 회의통역 지침》 참고한다.

중국 대학 한·중 MTI 과정의 현황 및 분석

2007년부터 중국 대학에서 통번역대학원이 설립된 이래 현재까지 전국 30개 지역에 모두 253개의 대학에 MTI 과정이 개설되었다.[18] 이에 따라 한·중 MTI 과정도 2009년부터 한국어 전공이 개설되어 있는 대학에서 개설하기 시작했다. 중국 대학원생 모집정보 사이트[19]의 통계에 의하면 한·중 MTI 과정에 있어서 2018년도 번역과정이 개설된 대학은 13개, 통역과정이 개설된 대학은 14개, 2019년도 번역과정이 개설된 대학은 13개, 통역과정이 개설된 대학은 15개, 2020년도 번역과정이

---

18) 중국 MTI 교육지도위원회의 통계에 따르면 2009년~2014년 사이 선후 5번을 걸쳐, 2019년 5월까지 253개 대학에 MTI 과정이 개설되었다.

19) 중국 대학원생 모집정보 사이트(中国研究生招生信息网)는 교육부소속인 전국 대학원과 관련된 업무를 주관하는 사이트다. 업무 분야로는 대학원생 모집, 상담, 신청관리, 학생조절(调剂), 합격검사 등을 포함하고 있다. 주: 중국에서 대학원 진학을 위해서는 전국 단위 시험에 통과한 후 학교 전공별 면접을 치루어야 한다. 학생이 신청한 학교에 합격하지 못할 경우, 지원 학교를 변경하는 조정 기간이 있다. 이를 탸오지(调剂)라고 한다.

개설된 대학은 14개, 통역과정이 개설된 대학은 16개가 된다. 즉 해마다 한·중 MTI 과정이 개설되는 대학이 1개씩 늘어나는 상황이다. 그리고 통계에 의하면 한 대학에 통역과 번역과정을 동시에 개설하는 것이 아니라 그 중의 하나만 개설하고 집중적으로 교육하는 대학도 존재하다.

이와 같이 현재 중국에 한·중 MTI 과정을 운영하고 있는 대학들이 많지만, 본 연구의 목적에 따라 모든 학교를 연구 대상으로 삼을 수는 없다. 본 논문의 연구 목적을 실현하기 위해 중국에서 경제사회발전이 가장 활발하고 고등교육이 가장 발달된 지역의 대학들을 선택해서 분석 대상으로 삼기로 했다. 이런 선택을 하게 된 이유는 두 가지가 있는데, 하나는 연구의 현실성이다. 경제사회발전이 가장 활발한 지역일수록 한국과의 교류도 가장 빈번한 지역이고 한·중 통번역 인재도 가장 많이 필요하다. 이리하여 이런 지역의 대학들은 한중통번역 인재의 사회적 수요를 가장 잘 파악해서 한중 MTI 과정을 운영하고 있다. 이런 대학들의 한·중 MTI 과정 운영에 대해 분석하고 방안을 제시하면 바로 시장에 필요한 통번역 인재를 양성하는 데 도움이 될 수 있다. 또 하나는 이런 지역의 대학들은 대부분 중국 최고 수준의 고등교육기관으로서 교육 능력도 대단하다. 그러므로 이 지역들에서 한·중 MTI 과정을 운영하고 있는 대학들은 한·중 MTI 분야의 우수한 대학으로 인정을 받을 수 있다. 본 연구에서 이러한 대학의 한·중 MTI 과정을 선정해서 연구하면 연구문제의 진실성과 대표성, 그 문제에 따른 해결방안의 유용성과 포괄성 등을 모두 가지게 된다.

현재 중국에 한·중 통번역 인재 수요가 많은 지역은 바로 양쯔강 삼각주, 주강삼각주 등 정치, 경제, 문화가 활발한 지역들이다. 이런 지역에 베이징, 상하이, 심천, 광둥, 톈진, 항주 등 세계적인 도시들이 자리 잡고 있으며 한국과의 정치, 경제, 문화 등 교류도 활발히 진행되고 있다. 현재까지는 한국과 이런 지역들의 교류에 한중 통번역 인재들이 큰 역할을 해 왔다. 또 앞으로 한중 양국의 지속적인 관계 발전에 따라 수준이 높은 고급 한중 통번역 인재에 대한 수요도 더 크게 늘어날 수 있다.

그리고 이들 지역은 고등교육자원도 아주 풍부하고 교육의 수준도 중국의 다른 지역보다 훨씬 높다. 예컨대 중국의 우수한 대학들도 이런 지역에 많다. 그 중에는 베이징대학교, 칭화대학교, 푸단대학교, 저장대학교 등 세계적인 대학들도 있다. 이런 대학들은 2009년부터 현지에서 필요로 하는 고급 한·중 통번역 인재 양성에 나서 한중 MTI 과정을 개설하기 시작했다. 그리하여 이런 지역에 속하는 베이징(北京), 상하이(上海), 광저우(廣州), 톈진(天津) 등 4개 도시에 한·중 MTI 과정을 개설, 운영하고 있는 4개 대학을 선정해서 연구의 대상으로 삼기로 했다. 이 4개 대학은 베이징에 위치한 A대학, 상하이의 B대학, 중국MTI 교육 지도위원회 비서처(秘书处) 소재지인 광주의 C대학, 베이징과 상하이를 제외하고 외국어 어종(語種)이 제일 많은 톈진의 D대학이다.

이 대학들은 모두 중국에서 가장 처음으로 한·중 MTI 과정을 개설한 대학이며, 한중 MTI 과정 운영에 비교적 많은 경험을 갖춘 대학들이다. 또한 이 중에서 3개 대학은 CIUTI(국제번역전공 및 학교연맹)에 속한 대학이다. 따라서 이 4개 대학의 한·중 MTI 과정의 현황 및 문제점을 분석하고 개선방안을 제시하면 중국 대학의 한·중 MTI 과정의 발전을 이끌어 낼 수 있다고 본다.

1. 교육과정의 현황 및 분석

1.1. 중국 학위판의 MTI 과정 교육목표 및 개설 과목

중국 대학의 MTI 과정은 중국 정부의 교육정책인《중국 통번역석사 과정학위 석사생 교육 지도방안》에 따르면, 전면적인 발전을 실현하여 글로벌 경제사회에서 나라의 경쟁력을 향상을 시킬 수 있는 통번역인재, 나라의 경제, 문화, 사회발전에 필요한 고차원적이고, 실용성, 전문성을 갖춘 통번역인재를 양성하고자 한다. 이에 따라 한·중 MTI 과정의 교육목표는 사회에서 필요로 하는 수준이 높은 전문적인 한·중 통번역 인재를 양성하는 데 있다.

상술한 교육목표에 의해 MTI 과정의 교육과목도 정부의 정책에 의해 제정되었다. MTI 과정의 교육과목은 선택과목과 필수과목 등을 모두 포함하며 총 학점은 38학점 이상을 이수해야 하는데, 구체적인 과목 및 각 과목별 학점은 아래 〈표 1〉[20)과 같다.

〈표 1〉 중국 통번역 석사과정 개설과목

필수과목 (20학점)	공공필수과목	(1) 정치이론 3학점 (2) 중국언어문화 3학점
	전공필수과목	(1) 번역이론 2학점 (2) 번역이론과 기술 2학점 (3) 통역이론과 기술 2학점

---

20) 《중국 통번역석사과정학위 석사생 교육지도방안》 중 교과목 설정 분야와 관련된 내용이다.

		번역방향 :	(1) 응용번역 4학점 (2) 문학번역 4학점
	전공방향의 필수과목	통역방향 :	(1) 순차통역 4학점 (2) 동시통역 4학점
교양과목 (18학점 이상)	종합 분야		제2외국어 2학점 중외번역약사(中外翻译简史) 2학점 번역비평과 감상 2학점 다문화교제(跨文化交际) 2학점 중외언어대조 2학점 컴퓨터 보조 번역 2학점
	번역 분야		전문기술문서작문 2학점 과학기술번역 2학점 국제회의번역 2학점 비즈니스번역 2학점 법율법규번역 2학점 미디어 번역 2학점 중국전적외역(中国古籍外译) 2학점 번역공작방(翻译工作坊) 2학점 번역 및 현지화관리 2학점
	통역 분야		시역2 학점 주제통역(专题口译) 2학점 국제회의통역 2학점 비즈니스통역 2학점 법정통역 2학점 외교/외사통역 2학점 통역견학과 감상 2학점 통역공작방 2학점

〈표 1〉은 중국 학위관리 판공실의 위탁으로 전국통번역학위지도위원회에서 작성하고 공지한《통번역석사과정학위 석사생 교육지도방안》에 규정되어 있는 과목이다. 〈표 1〉에서 제시된 과목 외에 각 대학은 자기의 양성목표와 학과의 특색에 근거하여 일정적인 교양과목을 추가 설정할 수도 있다.

〈표 1〉 중 필수과목인 정치이론과 중국 언어문화 두 가지 과목은 중국의 정책 및 교육특색을 보여주고 있다. 이 또한 정책주도 교육과정의 특색으로 볼 수 있다. 나머지 과목은 통번역 교육에서 기본적으로 갖춰야 할 과목들이다. 전공 필수과목에 통번역의 이론과 기술이 있고, 통번역 훈련을 시키는 과목 외에 종합형 과목도 있다. 하지만 이 과목들은 언어 전반을 대상으로 하고 있기에 각 언어별 특징을 보여줄 수 있는 과목이 없다. 보충으로 각 대학에서 각자의 양성목표와 학교의 교육특색에 근거하여 일정한 교양과목을 설정 할 수 있다고 설명을 하고 있지만 전공과목에 대해서는 언급하지 않았다. 상술 과목은 모두 전면적인 발전을 실현하여 글로벌 경제사회에서 나라의 경쟁력을 향상을 시킬 수 있는 인재, 나라의 경제, 문화, 사회발전에 필요한 고차원적이고, 실용성, 전문성을 갖춘 통번역 인재를 양성하고자 하는 목표를 위해 설정된 것이다.

1.2. MTI 과정 교육목표 및 개설과목

본 논문에서 선택한 4개 대학의 MTI 과정 교육목표는 상술한 중국 정부의 MTI 과정 지도방안의 교육목표와 거의 동일하다. 각 대학교의 교육목표에 고차원적이고, 실용성과 전문성을 갖춘 통번역 인재 양성이라는 키워드가 반복적으로 나타나고 있다. 본고에서 제시하고 있는 내용들은 주로 각 대학의 통번역대학원 공식사이트와 전공사무실에 공지된 MTI교육 및 한·중 MTI 과정의 양성과정을 내용을 참조하여 분석한 결과물이다.21)

---

21) 본 논문은 중국 내 대학, 홍콩 대학, 한국 대학의 교육과정에 대한 분석을 진행하고

구체적으로 보면 중국 A대학의 인재양성목표는 국제적 감각을 갖춘 종합형, 고차원 통번역 전문 인재를 양성하는데 있다. 구체적으로는 논리적 사고, 다양한 문화적 소양, 광범위한 지식과 우수한 직업정신 및 해당 외국어의 사회 문화 전반에 대한 이해를 갖춘 인재를 양성하는 것이다. 그리고 졸업 후 정치외교, 경제무역, 문화교육 등 분야의 통역과 번역 및 문화 교류와 관련된 업무를 담당할 수 있어야 한다.

중국 B대학의 경우, 글로벌 시대에 발맞춰 국가 경쟁력을 높이고 정치, 경제, 문화 및 사회적 수요를 충족시킬 수 있는 통번역 인재양성을 목표로 하고 있다. 이 대학의 한·중 MTI 과정은 한국어와 중국어A, B 언어 외에 C언어인 영어도 교육과정에 포함되어 있다. 이는 한·중 두 언어 외에 영어도 잘할 것을 요구하고 있다.

중국 C대학의 MTI 과정 인재양성 방안을 보면 글로벌 경제체제에 적응할 수 있으며 국제 경제력 제고에 도움이 될 수 있는 통번역 인재, 국가 정치, 경제, 문화, 사회건설에 부합되는 고급 전문 통번역 인재를 양성하고자 한다.

중국 D대학의 MTI 과정 교육목표는 '일대일로'의 배경 하에 지역사회 경제발전에 도움을 줄 수 있는 직업, 도덕 및 통번역 기술을 갖춘 있는 우수한 인재를 양성하는 데 있다. 구체적으로 대상언어국의 정치, 경제, 사회, 역사, 문화 등을 숙지하고 고차원, 실용성과 전문성을 갖춘 통번역 인재를 양성하고자 한다. 상술한 4개 대학의 MTI 과정 교육목표에 의한 교육 방안들은 〈표 2〉와 같다.

있다. 따라서 각 대학의 양성과정 및 교육형황을 바탕으로 하면서 분석해야 할 부분이 많다. 그러므로 수집한 자료들은 대부분 각 대학 및 통번역대학원 공식 사이트와 학과에 연락해서 받아온 공식 및 비공식적인 자료들이다. 또 이 자료들을 대상으로 하여 정리하고 분석한 결과물을 본고에 적용하고 있다. 이러한 특징으로 인해 학교별 사이트를 각주에 제시하지 않고 부록에서 통일 정리한다.

<표 2> 중국 4개 대학의 교육 방안

학교	학제	학점	전공 학점	특징
중국 A대학	2년	48 학점	14 학점	이 중에 정치 및 외국어분야 과목이 7학점으로 약 17%를 차지하고 있다. 전공 선택과목과 필수과목 중 외사실무, 출판학, 편집학, 문화산업, 국제기관 개론 등 교양과목들이 있다.
중국 B대학	2.5년	56 학점	41 학점	전공과목이 41학점을 차지하고 있다. 한중영 통역 교육 과정을 운영한다.
중국 C대학	2년	38 학점	18 학점	석사과정이 통역연구, 번역연구, 통번역교육연구, 문학번역연구 네 가지로 나뉘며, 모든 학습자는 졸업 전에 국가인사부의 II급통역시험혹은 번역자격증시험을 통과해야 된다.
중국 D대학	2년	36 학점	통역 20/ 번역 18 학점	이 중 공동필수과목은 4개다. 다른 교양과목으로는 문화번역, 한국어, 제2외국어 등 비전공 영역 교양과목이 있다.

중국 정부의 《석사생 교육 지도방안》의 교육과정을 따른 4개 대학의 MTI 과정을 살펴보면 학제는 거의 2년 정도로 큰 차이가 없다. 그러나 각 대학의 인재 양성 목표를 실현하기에는 2년제의 학제가 모든 대학에 다 적합한 것은 아니다. 게다가 지도방안을 따르면 38학점 이상을 이수해야 하며 대학마다 자신의 양성목표와 교육특색에 따라 교양과목을 개설할 수 있다. 그리고 〈표 2〉를 살펴보면 대학의 이수 학점 차이가 크다. 지도방안에 명시된 기본 38학점과 같은 C대학을 제외한 나머지 대학들을 보면 A대학과 B대학은 학점이 더 높고, D대학은 기준 미

달이다. MTI 과정에 전공과 교양과목의 학점은 대다수 과목이 2학점이다. 대학의 총 이수학점차이가 평균적으로 4, 5개 과목 정도의 차이다. 이러한 차이점으로 인해 교육 효과가 달라질 수 있다. 한·중 MTI 과정 학생들의 기본능력이 2년간의 교육으로 통번역업무를 수행하기에는 부족하다. 때문에 대부분의 학습자는 졸업할 때까지도 통번역에 필요한 기본 언어문제를 해결하지 못하고 있다.

상술한 4개 중국 대학의 한·중 MTI 과정의 개설과목은 세 가지 영역으로 나누어 볼 수 있다. 먼저 필수과목은 공공필수, 전공필수, 전공방향필수 등이 있다. 교양 선택과목은 통역과 번역 전공은 90%가 일치하나 전공의 특성에 따라 10%의 차이가 난다. 마지막으로 필수 교육단계로 나눠진 실습교육과 논문 작성도 있다. 구체적인 개설과목들은 아래의 〈표 3)[22]과 같다.

---

22) 각 대학 한·중 MTI 과정 인재 양성방안의 내용을 참고하여 작성했다. 중국 내 대학들은 양성방안 및 관련된 자료들을 일부가 공개하지 않는 상황이라 각 대학의 한중 MTI 인재 양성과정 구체적인 출처는 밝히지 않기로 한다. 본고에서는 중국 대학 양성과정 내용에 대해 일일이 밝히지 않고, 분석하고자 하는 부분만 제시하고 또 분석 결과위주로 진행한다.

학교 / 개설과목		중국 A대학 (통번역)	중국 B대학 (통역)	중국 C대학 (통역)	중국 D대학 (통번역)
필수과목	공공필수과목	과학사회주의이론과 실천 2 마르크스레닌 전문서적 1 석사 영어/제2외국어 3-4 학위논문	중국 특색 사회주의이론과 실천연구 마르크스주의와 사회과학 방법론 외국어 I , II	정치이론 3 중국어언문화 3	중국 특색사회주의이론과 실천연구 자연변증법개론 마르크스주의와 사회과학방법론 제2외국어
	전공필수과목	학위 기초과목 학위전공과목 방향과목 (총9개, 14학점)	한중순차통역기초 I , II 영중 기초 통역 영중 전문 통역 한중 공무 및 상무순차통역 I II 중서(서양) 번역 약사 번역 이론 학위 논문 작성	번역이론 2 통역이론과 기술 2 번역이론과 기술 2	일반언어학 번역개론 한중 번역이론과 실무 한국어고급듣기 한국어 고급독해와 쓰기 한중/중한 회의통역 한중/중한 통역기술 번역비평과 감상 한중 문학번역 한중/중한 영상번역 한중 통역이론 한중 shadowing 한중/중한 시역 한중/중한 순차통역 한중/중한 repeat
	전공방향필수과목	번역방향: 14학점 번역이론과 실무 2 번역방법론 1 번역 프로젝트 4 번역A-B/B-A 2 외중 대조와 번역 2 통역방향: 14학점 번역이론과 실무 2 순차통역A-B/B-A(1,2) 2 동시통역A-B/B-A(1) 2	중국문화개요2	순차통역 A-B/B-A(1,2) 2 동시통역 A-B/B-A(1,2) 2	번역방향: 비즈니스번역 문헌번역 문학번역 논문작성 통역방향: 외사통역 2 회의통역 2 비즈니스통역 2 논문 작성

교양선택과목	통역(1,2) 문학번역 중국문화외역 경제류 번역A-B/B-A 기술류 번역A-B/B-A 법률류 번역A-B/B-A 고급 중국어읽기와 쓰기 고급 외국어읽기와 쓰기 고급 중국어 시청각 고급 외국어 시청각 문학비평과 독해 뉴스편역(编译) 번역프로젝트관리 외사실무 전문용어 국제기관개황 컴퓨터 보조 번역 통역방법론 일반적 번역A-B/B-A 동시통역A-B/B-A(2) 시역 공공스피치	국제경제개요 국제관계개요 법률 기초 전공실습	중외번역약사 번역비평과 감상 번역과 문화 국제정치와 경제 경무번역 시역 공공스피치 모의회의통역 매체번역 외교,외사통역 법률과 법규번역 법정통역 과학번역 여행번역 문학번역 중국 전적 번역 컴퓨터 보조 번역 통역 공작방 번역 공작방 고급한국어독해와 쓰기 한중 문법 대조와 번역 다문화교제 한중 작문규범과 실습 논문작성 번역프로젝트관리	제2외국어 번역이론과 기술(1,2) 한국학 강좌 번역비평과 감상 시역 중한 번역사 중서 언어문화와 영한 번역 통역이론 한국어shadowing 한중/중한 시역 한중/중한 순차통역 한중/중한 repeat
실습교육	교육실습 2 사회실습/조교/보조관리 2 학교 내 봉사활동 2	전공 실습 4	과학훈련과 실습 2 학과발전첨단 특강 1	사회 실습 1

A대학의 한·중 MTI 과정 개설과목은 전공 훈련을 중심으로 하여 개설했기 때문에 아래와 같은 몇 가지 특징이 있다. 먼저 교육실습의 시수, 사회실습은 날로 계산하고 학교 내 봉사활동도 실습교육에 포함시켜 다른 대학보다 높은 6학점을 부여하고 있다. 또 출발어나 도착어가 부족한 학습자에게 언어 능력을 향상시키는 언어 교육과정을 제공

한다. 마지막으로 통번역 시장의 수요에 맞게 기업체와 같이 개설한 과목들이 있다.

지역 경제가 아주 발달된 지역에 설립된 B대학은 중국 내 대학 중에서 외국어교육 실력은 뛰어나지만 MTI 과정으로는 한·중 MTI 통역과정만 개설되어 있다. 개설과목을 살펴보면 다른 대학 비해 전공 학점의 비율이 높다. 이런 특징을 통해 B대학은 연구보다 실무적인 인재 양성에 중점을 두고 있다는 것을 알 수 있다. 또 중국 교육부의 「MTI 과정 지도방안」에서 제시하고 있는 통번역 과정의 미래 발전에서 빠질 수 없는 컴퓨터 보조 번역과 통번역 학습 중에 필요한 통번역 비평 및 평가 등 과목들이 빠져있다.

C대학도 한·중 MTI 통역과정만 개설되어 있다. 개설과목도 《중국 MTI 과정 지도방안》에 기준점을 두고 있다. 통역 이론보다는 실무 중심으로 교육을 이루고 있다. 회의, 매체, 외교, 외사, 법률, 법정, 과학기술, 여행, 문학 등 다양한 분야의 통역과목들이 있다. 통역전공이지만 번역 과목도 개설되어 있고 번역 프로젝트 관리하는 특색 과목도 있다. 그러나 실습과목은 2학점으로 하나만 개설되어 있다. 이는 《중국 MTI 과정 지도방안》의 요건과 큰 차이를 보인다.

D대학은 한·중 MTI 통역과정과 번역과정의 전공 학점도 다르고 수강 과목 수도 다르다. 개설과목들을 보면 통번역 이론보다 실용성과 전문성을 갖춘 통번역 인재를 양성하는 데에 중심을 두고 운영되고 있다. 다른 대학과 달리 통역 과목은 일반적인 순차통역과 동시통역 과목 외에 전문 통역사를 훈련하는 쉐도잉(Shadowing)과 복술(repeat) 등 과목도 개설되어 있는 특색이 있다. 마지막으로는 실습 시수와 학점 비율이 상대적으로 낮다.

상술한 4대학의 한·중 MTI 과정 개설과목들에서 다소 차이를 보이지만 기본적으로《중국 MTI 과정 지도방안》을 따르고 있다. 예를 들면 모든 대학에 공공 필수과목으로 마르크스 레닌, 중국 특색사회주의 정치이론 등 과목이 개설되어 있다. 이는 사회주의국가의 국립대학 고등 교육의 특징으로 볼 수 있다. 이 외에도 사회과학 방법론, 제2외국어가 필수과목으로 설정되어 있다. 그리고 통번역 이론보다는 실무 중심으로 과목들이 개설되어 있다.

그러나 상술한 4대학의 한·중 MTI 과정 중 공통적으로 존재하는 문제는 실습교육의 시수가 많이 부족하다는 것이다. 당초 한국어 통·번역석사과정을 개설할 때 통역 및 번역 실습 과목의 비중을 낮게 설정하고 나머지를 교양과목에 할애했다. 이리하여 일부 대학의 통·번역 이론 교육 실정은 무레이·왕웨이웨이(2011: 30)에서 지적한 바와 같이 MTI 과정 교육목표에 부합되지 않고 있다. 이 외에 일부 대학의 한·중 MTI 과정에 개설된 과목이 학습자의 수준에 맞지 않는다. 중국어 국어 국문 강의와 고급 한국어 과목이 개설되어 있지 않는데 이는 학습자의 모국어와 외국어능력을 향상하는데 소극적인 역할을 한다.

1.3. 한·중 MTI 과정 실습과목

중국 대학 한·중 MTI 과정에 개설된 과목을 통해 실습교육의 교육 배정 비율이 전문 통번역 인재양성에 필요한 시수를 채우지 못하고 있다는 사실을 알 수 있다.《중국 석사생 교육 지도방안》에 따르면, 전공실습은 석사전공 학위교육의 필수과목으로 한 학기 동안의 사간이 필요하다.《석사생 교육 지도방안》의 제6조를 보면 "실습과정은 통번역석사과정 학위교육 중의 필수 단계다. 실습기간은 한 학기 이상이어야 한다. 각 학교는 본 학과 양성목표에 따라 학생들의 자질요구에 맞는 정부기관과 기업부문에서 실습을 하도록 하며 지도 교사를 파견하여 학생들이 효과적인 양성과 실습을 받도록 하며, 번역기능 및 직업훈련을 강화시킨다. 실습이 종료되면 학생은 실습 종료를 증명하기 위해 실습기관으로부터 평가표를 받아 학교에 제출해야 한다. 실습은 과정 학점으로 대체해서는 안 된다." 지도방안을 보면 실습교육의 시간배정, 실습목적, 실습내용, 실습지도 및 평가 등 내용에 대해 명확하게 요구하고 있다.

중국 정부의 상술한 교육 정책에 의해 본고의 분석대상이 된 4개 대학의 한·중 MTI 과정에는 모두 실습과목과 비슷한 교육과정이 개설되어 있다. A대학의 경우 통번역대학원에 일반실습, 교육실습, 사회실습, 조교실습, 보조관리 및 대학 내의 각종 봉사활동 등 다양한 방식의 실습 과정이 있다. 이 중에는 한중 통번역과 관련된 통번역 실습 및 일반적인 비 언어실습인 사회실습도 포함된다. B대학의 통번역대학원 한·중 MTI 통역과정은 한중 통역 실습을 아주 중요시한다. 이 과정의 개설과목을 보면 4학기 동안 4학점의 전공실습 과목이 들어 있다. 여기서 전공실습이란 한중 통역 실습을 말한다. C대학 통번역대학원의 한·중 MTI 통역과정은 통역 전공의 특성에 따라 과학훈련과 실습, 학과발전 첨단 특강 등 과목들이 있다. 과학훈련과 실습은 2학점으로 한중 통번역 실습을 말한다. D대학의 통번역대학원 한·중 MTI 통역과정에는 1학점의 사회실습 과목이 개설되어 있다.

한·중 통번역 실습기관으로 적합한 장소로는 통번역 관련 업무의 수요가 있는 기관이나 회사여야 한다. 다만 학교가 위치한 지역에 따라 한·중 통역이나 번역에 대한 수요가 다소 차이가 있을 수는 있다. 그러나 이 4개 대학의 한·중 MTI 과정은 학생들에게 통번역 실습기회를 제공하기 위해 협력 가능한 기업과 기관들을 한중 통번역 실습장소로 마련하고 있다. 예를 들면 A대학은 한·중 MTI 과정의 통번역 실습을 위해 정부기관, 중역회사, 중국번역협회 등과 계약을 맺고 있다. B대학 한·중 MTI 과정의 통번역 실습 기회 확보를 학생들에게 맡겼다. D대학의 한·중 MTI 과정은 소재지역의 통번역협회, 출판사, 정부기관, 국제교류대학 등을 통해 학생들에게 실습 기회를 제공하고 있다. 이와 같은 실습기회 확보 방법은 다른 두 대학 한·중 MTI 과정도 비슷하다.

그러나《석사생 교육 지도방안》에 따르면 자질이 있는 정부기관이나 기업체에서 통번역 실습을 해야 한다. 그리고 통번역 실습기관은 전국번역전공학위 교육지도위원회와 중국번역협회에서 공통적으로 작성한 실습기관 인증 기준을[23] 따라야 된다. 이 실습기관 인증 기준에 따라 인증 받은 실습기관은 중국에 등록된 회사여야 하며 통번역 및 관련 업무를 5년 이상 경영한 경력을 갖춰야 한다. 중국의 법과 규정을 준수하는 것 외에 사회적인 책임감도 있어야 하고 업계에서 성예가 높아야 한다. 통번역전공의 다양한 레벨의 학습자를 위한 실습 직무를 제공하며 능숙하게 업무를 할 수 있도록 보장해야 한다. 실습기관은 전임직원이 20명 이상 있어야 하는데, 이 20명 중에는 또 중국국가 중

---

23)《전국번역전공학위 석사생교육 실습기지(기업)인증 규범》(全国翻译专业学位研究生教育实习基地(企业)认证规范) 이 규범은 전국번역전공학위 교육지도위원회(全国翻译专业学位研究生教育指导委员会와 중국번역 협회(中国翻译协会) 같이 작성하고 발표한 인증규범이다. 이 규범바탕으로 학습자가 규칙적인 효율이 있는 실습 및 지도를 받을 수 있도록 보장하고자 하는 목적으로 작성하였다. 규범에 통번역전공학습자 실습기관의 자질 및 기본요구에 대한 명확하게 정해져있다. 학습자의 효율적인 실습 기회를 제공할 수 있도록 도와준다.

급 이상의 통번역전문기술직위, 전국 통번역자격(수평)시험2급 이상 자격증 보유자, 중국번역협회전문회원, 전국 통번역 전문학위석사교육 겸임교사자격 등을 획득한 사람이 5명 이상 있어야 한다. 회사면적은 150㎡ 갖추며 기업의 연간 턴오버는 200만 위안 이상, 현대화 통번역과 정 관리와 품질관리 체계를 갖춰야 한다. 이러한 엄격한 요건은 한중 MTI 과정 통번역 실습기관의 수요에 맞지 않은 면이 많다.

한·중 통번역실습은 일반적인 사무실무가 아닌 통역과 번역 전문분 야 실무 실습을 말한다. 한·중 MTI 과정은 학습자가 한·중 통번역 실습을 하기 전에 실습의 임무, 목표, 과정 등에 대한 명확한 설명이나 규정, 관리 등이 이루어지지 않고 있다. 특히 한·중 MTI 과정은 통번 역 실습 과정에 있어서 실습하기 전 심리적인 준비와 업무에 대한 준비, 실습을 어떻게 실시하는지의 중간 과정, 실습과정 중에 문제가 나타날 경우 어떻게 대처하고 해결해야 하는지, 실습이 끝난 후에는 결과물에 대한 평가가 어떻게 진행되는지 등에 대한 합리적인 기획들을 통번역 실습자에게 제공하지 못하고 있다. 즉 한·중 MTI 과정에서 한·중 통 번역 실습에 대한 각종 관리가 아직까지 제도화 되지 않고 있다.

또 한·중 통번역 실습의 과정을 통해서 전공분야의 능력을 향상시 키는 목적인데 실습의 내용이 한·중 통역이나 번역과 상관이 없는 업 무면 실습의 의미가 없다. 그러나 현재 일부 대학의 한·중 MTI 과정은 일반적인 업무 실습과 통번역 전공실습을 구분하지 않고 모두 인증해 주는 현상이 있다. 학습자들이 실습기관에서 전공과 다른 업무를 하는 것은 실습목표에 맞지 않다.

한중 통번역 실습은 교실을 떠나서 다른 형식을 통해 학습하는 방법 이며 통번역 전공 학습자의 통번역 능력을 향상시키고 실무를 통해 학습 목표를 달성해야 한다. 이를 위해 한·중 MTI 과정 학습자의 통번역 실습과정에 대한 감독과 지도가 있어야 된다. 중국 국문원 학위판에서 제정한《석사생 교육지도방안》을 보면 실습 지도교수에 대해 언급한 내용이 있지만, 구체적으로 어떤 지도를 해야 하는 지, 어디까지 간섭해야 하는지에 대한 명확한 규정은 없다. 실습 사전 교육, 실습내용의 검정, 실습 과정에 대한 피드백과 실습결과 평가 등 각 단계가 적절히 설계되어야 실습의 목표를 달성할 수 있다. 이하지만 4개 대학의 한·중 MTI 과정도 실습지도에 대한 구체적인 언급이 없다.

마지막으로 한·중 MTI 과정 학습자의 실습과정에 통역과 번역의 직업윤리가 포함되어 있지 않다. 통역사와 번역사의 직업윤리 역시 전공교육의 한 분야다. 다른 직업에 비하면 통번역 업무상의 특색으로 더욱더 직업윤리의 교육이 필요하다. 그러나 현재로서 학습자들 실습과정중 통역이나 번역 내용의 정확성과 오류들만 많이 고려하고 있다. 결과물뿐만 아니라 통번역 직업윤리는 통역의 효과와 번역의 완벽성에 대한 요구이며 전공 업무에 대한 책임이다.

1.4. CAT 교육 내용에 관하여

컴퓨터 보조 번역 교육과목(CAT)은 국제 통번역 교육과정 중 새로운 과목으로서 통번역의 미래를 지향한다. 현재 세계의 많은 통번역교육기관에서 이 컴퓨터 보조 번역과정을 개설하고 연구하고 있다. 중국 대학의 통번역교육도 컴퓨터 보조 번역과정에 대한 관심이 많지만 아직 시작이라고 볼 수 있다.

본 논문에서 선정된 4대학 중의 2개 대학 한·중 MTI 과정에 컴퓨터 보조 번역 교육과목이 개설되어 있다. 하나는 A대학의 한·중 MTI 과정에서 2학점의 교양 선택과목으로 컴퓨터 보조 번역과목을 개설하고 있다. 또 하나는 C대학의 한중 MTI 통역과정에 개설된 2학점인 교양 선택과목인 컴퓨터보조 번역과목이다. 나머지 B대학과 D대학의 한·중 MTI 과정에는 컴퓨터 보조 번역과목이 개설되어 있지 않다. 이런 과목개설 상황을 통해서 중국 국내 대학들의 한·중 MTI 과정은 아직까지 컴퓨터 보조 번역교육을 중요시하고 있지 않다 것을 알 수 있다. 상술한 A대학과 C대학의 한·중 MTI 과정에 개설된 컴퓨터보조 번역과목은 공동교양과목과 비슷한 특징을 가지고 있다.

그리고 이 2개 대학의 한·중 MTI 과정에 개설된 컴퓨터 보조교육과목의 내용을 보면 적용 언어가 영중이나 중영으로 제한되어 있는데, 이로부터 중한, 한중 관련된 컴퓨터 보조번역과목이 아니라는 것을 알 수 있다. 그러므로 한·중 MTI 교육에 적합하지 않는 만큼 교육의 효과가 예상대로 나오지 못할 것 같다. 한·중 MTI 과정의 교육을 발전시키기 위해 컴퓨터 보조 번역 교육 내용도 언어별로 추가해야 한다. 한·중 MTI 과정의 전공 특징을 고려해 컴퓨터 활용 번역과목을 개설하고 전문교육인력이 해당 과목 교습을 담당해야 하고 영어보다는 한국어 앱이나 컴퓨터번역의 과목을 개설하는 것이 시급하며 향후 해결해야 할 과제이다.

실제로 한중 MTI 학습자들이 컴퓨터 보조 번역 강의를 거의 듣지 않고 있다는 것이 사실이다. 컴퓨터 보조 번역과목은 일부 대학의 통번역대학원에 모든 언어전공 학습자를 대상으로 공동 교양과목으로 개설되어 있는 것이 보편적인 상황이다. 왕수화(2018)에서는 언급한 듯이 통번역 석사과정을 개설한 대학 중 44%의 대학에 이 과목이 개설되어 있지 않다고 지적하였다. 컴퓨터 보조 교육과목이 개설된 대학에도 전문교수인력과 교육시설의 부족으로 인해 깊이 있는 교육이나 연구를 진행하지 못하고 있다.

이 4개 대학의 한·중 MTI 과정에 컴퓨터 보조 번역교육과목이 모두 개설 되어 있지 않지만 일부 담당 교수는 수업 시간에 한국의 인터넷, 또는 한중관련 통번역 앱 등을 도입하여 강의 효과와 학생들의 통번역 효율을 높이기 위한 노력을 하고 있으며 적지 않은 효과를 거두고 있다. 이처럼 한·중 MTI 과정의 교수는 연구자나 개발자로서가 아니라 단순한 컴퓨터 보조번역의 교육자로서 강의에서 충분히 제 역할을 할 수 있는 것 같다.

2. 교육 인프라 현황 분석

현재의 교육행정학에 의하면 교육 인프라는 것은 크게 교육인력과 교육시설로 구성된다. 여기서 교육인력은 교육을 전담하는 교사와 교육행정업무를 전담하는 임직원 등으로 나눌 수 있다. 본 논문은 연구 목적과 내용에 따라 교육인력에 대한 분석은 교육을 담당하는 교사에만 한해서 진행하고자 한다. 교육시설은 교육에 필요한 강의실, 연구실, 행정실, 학습실, 도서관, 실험실 등 장소와 교육에 필요한 컴퓨터, 각종 소프트웨어 등 도구로 구성된다. 본 논문에서는 연구 목적에 따라 주로 각종 미디어실험실, 통번역실험실, 국제회의모의 실험실 등 첨단 실험실에 대한 분석을 하려고 한다. 중국 고등교육의 교육인프라는 주로 정부에 의해 해결된다.

2.1. 한·중 MTI 과정의 교육인력

교육인력은 교육활동에 있어서 가장 핵심적이고 능동적인 결정요소로 평가된다. 중국 대학의 통번역 과정은 생긴지 10여년에 불과한 고등교육 과정으로서 교육인력이 다른 과정보다 훨씬 더 중요하다.

본 논문에서 선정한 중국 A, B, C, D대학의 한·중 MTI 과정은 모두 생긴 지 오래되지 않아서 전임교수가 거의 없는 상황이다. 주로 타 학과 교육인력들을 초빙해서 강의와 논문지도를 하고 있다. A대학의 경우, 통번역대학원 홈페이지 교수진 소개를 보면 한·중 MTI 과정의 교수는 1명밖에 없다. 홈페이지의 소개내용에서도 알 수 있다시피 이 교수의 소속도 한·중 MTI 과정이 아니라 한국어과 소속이다. C대학의 통번역대학원 전임교수 중에도 한중 전공 교육인력은 없다. 이 대학의 한·중 MTI 과정 인재 양성방안에 등록되어 있는 교육인력의 소속은 모두 한국어학과이다. D대학의 통번역대학원에도 한중 전임교수는 1명밖에 없다. 그 외에 한·중 MTI 과정에서 강의하고 있는 교육인력은 모두 한국어학과 교수이다. 이는 평홍(2016: 50~51)에서 지적하고 있는 MTI 과정을 개설 한 많은 대학의 전임교사들은 실무능력이 떨어지고 겸임교사는 전국번역전공학위 교육지도위원회와 중국번역협회에서 작성한 인증규범[24]의 기준에 도달하지 못한다고 있다는 상황과 일치하다.

한·중 MTI 과정에 있어서 교육인력의 통번역 실무 경험이 아주 중

---

24) 《전국번역전공학위 석사생교육 겸임교사 인증 규범(全国翻译专业学位研究生教育兼职教师认证规范)》 이 규범은 전국번역전공학위 교육지도위원회(全国翻译专业学位研究生教育指导委员会와 중국번역 협회(中国翻译协会)가 같이 작성하고 발표한 인증규범이다. 이 규범을 바탕으로 통번역실무 경험이 많은 사회적 교육인력을 추천하고 시장수요를 채울 수 있는 능동적이고 전문적인 통번역인재의 양성수요를 채워준다.

요하다. A대학, C대학, D대학 한·중 MTI 과정의 겸임교수는 한국어학과의 교수로서 보편적으로 한국어 능력은 뛰어나지만 A(중국어)→B(한국어)로 또는 B(한국어)→A(중국어)로 전환하는 언어 전화 통번역 경험과 능력에 대한 평가가 없다. 통번역과정은 특징상 실용성, 기술성과 실전 경험이 중요한 전공이기에 한국어나 한국문화 등 능력만으로는 부족하다. 그러므로 한국어학과 교육인력들은 통번역대학원의 노트 테이킹(Note taking), 쉐도잉 등 전공기술 분야와 노하우가 필요한 과목을 담당하기에 어려움이 없지 않다.

이 외에 한·중 MTI 과정의 교육인력은 있어서 자기개발능력도 중요하다. 이런 자기개발능력은 주로 연구실적을 통해서 알 수 있다. 중국에서 가장 많이 사용하고 학위논문과 학술지를 포함하고 있는 학술사이트 '즈왕(知网)25)'에서 '중한통번역'을 검색하면 통계를 보면 2005년부터 2019년까지 총 144편 문헌이 검색되는데, 이 중 64편은 문헌은 학술지논문이고 나머지 80편은 모두 석사 논문이다. '한중통번역'과 관련된 논문 통계를 보면 총 문헌수는 134편이다. 이 중 학술지 논문은 24편이고 나머지 110편은 모두 석사논문이다. 이런 통계를 보면 중국 내 한·중 통번역분야의 연구 성과는 그리 높지 않다. 한·중 MTI 과정의 교육인력은 대부분 겸임교수로서 교육과 학습자 논문 지도의 임무는 있지만 연구실적에 대한 별도 요건은 없다. 게다가 자신의 소속 학과에서 교육 및 연구에 대한 요건을 충족시켜야 하다 보니, 관련 연구가 나오기 어려운 환경이다.

---

25) 즈왕(知网)은 중국 내 각 영역의 석박사논문, 학술지논문, 회의학술지, 신문 영국의 Taylor&Francis 독일의Springer, 홍콩, 마카오, 대만등 16개 데이터베이스의 자료를 찾을 수 있는 학술 사이트다. 사이트: www.cnki.net

마지막은 한·중 MTI 과정 교육인력의 대한 진급 기준에 관한 것이다. 중국 대학 교수 진급은 규정된 요건 외에 정교수나 부교수의 인원 제한도 있다. 이런 규정된 요건은 주로 등재된 논문, 연구 실적, 완성된 프로젝트의 양과 등급까지 포함하고 있다. 일부 대학에는 진급 제도뿐만 아니라 교수의 직위에 따라 해마다 완성해야 하는 연구 실적수가 있다. 이를 모두 수행해야만 한 해의 업무량을 완성하는 것으로 인정을 받을 수 있다. 하지만 통번역 실무의 비중은 평가기준에 속하지 않는다. 통번역 직위 진급 시에만 적용 가능하다. 따라서 통역의 실제 횟수 및 번역의 성과는 승진에 도움이 되지 않는다. 그러므로 자연히 교육인력들은 통번역 실무에 시간이나 경력을 많이 할애하지 않게 된다. 결국, 한·중 MTI 과정 교육인력을 포함한 통번역대학의 교육인력들은 업적 평가 시 통번역 실무성과가 적용되지 않기 때문에 오히려 손해를 보는 셈이라고 할 수 있다.

현재 한·중 MTI 과정의 많은 젊은 교사들은 석사과정학생을 지도할 수 있는 학력을 소지하고 있지만 실제로 정교수나 부교수의 직위가 없이 통번역대학원에서 교육하고 있고 석사 학습자를 지도하고 있다. 이런 점도《석사생 교육 지도방안》에 정해진 통번역 석사 지도교수의 요건에 적합하지 않다.

2.2. 한·중 MTI 과정의 교육시설

교육시설은 교육활동에 있어서 아주 중요한 물리적 뒷받침을 해준다. 교육활동에 필요한 시설들이 없으면 교육의 효과에 영향을 미칠 수 있을 뿐만 아니라 교육활동의 전개에도 큰 지장을 줄 수 있다. 특히 현대에 들어와서 교육시설은 교육에서 떠날 수 없는 필수조건으로 되었다.

중국에서는 정부의 교육정책으로 교육활동에 필요한 시설들을 보장해 준다. 중국 국문원 학위판에서 제정한 《신규 증설 통번역(MTI)석사생 교육부서의 기본요건》을 보면 MTI 과정이 갖춰야 할 필수 교육조건으로 4가지가 제시되어 있다. 첫째 50% 이상의 MTI 과정의 핵심과목은 미디어 교육시설을 이용해 교육을 실시해야 된다. 둘째 통역 교육을 실시하는 전공은 디지털화음성실험실과 동시통역실험실이 있어야 된다. 셋째 충분한 양의 통번역전공분야의 도서자료를 제공하여 전문 도서실의 설립을 권장한다. 넷째 모든 MTI 과정의 학습자에게 학교 인터넷과 컴퓨터 사용을 제공해야 하며 번역교육 전공은 전용 번역 실험실을 제공해야 된다. 즉 중국의 MTI 과정 운영은 다매체 교육시설, 통역 실험실, 전용 도서관, 번역 실험실 등 교육시설을 갖추어야 된다.

본 장의 연구를 통해 연구대상으로 선정된 4개 대학의 한·중 MTI 과정에 전용의 다매체 교육시설, 인터넷 시청각 실습실, 동시 통역실 부스가 배정되어 있지 않지만 다른 MTI 과정과 공용하는 교육시설이 있다. A대학에서 교육시설에 투자를 많이 해서 국제회의 통역실험실, 인터넷 통번역 강의실험실 등 교육 시설을 갖추고 있다. B대학[26]은 인공지능 개발업체와 함께 손을 잡고 인공지능과 데이터 과학적 응용 실습실 등을 설치하였다. 또한, C대학은 시설이 비교적 우수한 대학이다. 특히 다(多)언어서비스센터가 주목할 만하다. 다(多)언어서비스센터는

---

26) 2017년 10월에 B대학 통번역대학원과 iFLYTEK회사연구원은 공동으로 지능통번역연합실험실 (SISU iFLYTEK Lab - Artificial Intelligence for Translation & Interpreting, LAITI)을 설립하여 인공지능기술로 통번역사업의 새로운 길을 탐색한다.

광둥(廣東)에서 열린 아시안게임 기간 동안 외국어 서비스 콜센터 역할을 하며 10가지 언어서비스를 제공하였다. 컴퓨터기계 혁신 실습실에는 SDL번역시스템, spss통계분석 등 소프트웨어가 있어 다양한 전공학습자들이 이 실습실에서 교육을 받을 수 있다. 40석 규모의 3D 모의 외국어 훈련실도 있어, 최신의 VR와 MR혼합기술을 통해 학습자를 위해 다양한 장면과 상황을 제공하며 실습을 진행한다.

전용 도서관이나 도서실은 이 4개 대학의 MTI 과정에 모두 없다. 이것은 실용성 인재 양성이란 교육 이념의 영향으로 연구에 대한 관심이 없는 것으로 보인다. 따라서 한 · 중 MTI 과정에도 전문 도서관이나 도서실이 없는 것으로 보인다. 또 이 4대학의 MTI 과정에는 각종 통번역 소프트웨어나 앱을 이용하여 통번역연습을 할 수 있는 통번역 실험실도 갖추어져 있지 않다.

3. 소결

본 장에서 서술한 바와 같이 중국 대학의 한 · 중 MTI 과정은 중국 정부의 교육 사업으로서 개설된 지 오래 되지 않았지만 정부의 지원과 대학의 노력 하에 전공으로서의 운영 모델을 기본적으로 수립했다. 정부의 정책과 요구 등에 의해 만들어진 한 · 중 MTI 과정은 계획성이 가장 큰 특색이라고 할 수 있다. 이렇게 위에서 제정한 과정의 운영모델을 따라서 운영하면서 많은 성공적인 경험을 얻었다. 특히 신속한 조직, 운영을 통해 중국 경제사회에 필요한 한중 통번역인재도 많이 양성했다. 동시에 짧은 시간에 빠른 속도의 성장은 예상치 못한 결함도 동반

하고 있다.

한·중 MTI 과정은 운영에서 중국 경제사회에 필요한 고차원이고, 실용성과 전문성을 갖춘 한중 통번역 인재 양성을 목표로 한다. 따라서 개설된 과목들은 크게 전공과목과 비전공과목으로 구성되어 있는데 구성비도 중국 특색에 맞게 설정되었다. 그 중에서 정치사상교육 과목인 마르크스 공산주의 사상이나 중국 특색 사회주의 건설 등은 중국 한·중 MTI 과정 개설과목 중의 큰 특색이라고 할 수 있다.

그리고 이 4개 대학의 한·중 MTI 과정의 개설과목은 모두 중국 국무원 학위관리사무실(学位办)에서 제정한 MTI 과정 운영 지도방안을 기본 모델로 하고 있다. 이런 위에서 아래로까지의 과목설정 모델은 인재 양성에 긍정적인 영향을 미치는가 하면 부정적인 영향도 미친다. 국가의 경제사회 발전 수요에 필요한 한중 통번역 인재를 신속하게 양성해낼 수 있는 장점이 있는가 하면, 그 반면에 시대나 지역의 변화와 특색에 따라 수시로 개설과목을 조절하는 능동성이 발휘하지 못하는 단점도 있다.

통번역 실습은 이 4개 대학의 한·중 MTI 과정에서 가장 큰 관심사 중의 하나로 본다. 고차원적이며, 실용성과 전문성을 갖춘 한중 통번역 인재의 양성에 있어서 사회에 나가기 전에 어느 정도의 검정과정이 꼭 필요하다. 이런 검정과정은 바로 통번역 실습으로 확인 할 수 있다. 대학뿐만 아니라 중국 국무원 학위관리사무실에서도 MTI 과정의 통번역 실습교육을 아주 중요시하고, 통번역 실습에 관한 여러 규정을 만들었다.

학습자의 실습은 일반적인 사회실습이 아니라 통번역실습이어야 한다. 이를 위해 무엇보다도 통번역 실습장소가 있어야 된다는 것이다.

통번역 실습장소를 확보하기 위해 이 4개 대학의 한·중 MTI 과정은 모두 적극적으로 기업이나 기관들과 손잡고 실습기지를 만들고 학생들에게 실습기회를 제공한다. 그리고 모의실습과목도 개설하여 학생들에게 실습 교육을 경험하게 한다. 또 소속 대학의 번역센터 등 기관을 이용하여 학생들에게 각종 통번역 실습 기회를 마련해 준다. 이처럼 적극적으로 학생들에게 실습 기회를 마련해 주면서 통번역 실무를 높이는데 도움을 준다. 그러나 본 장에서 지적한 것처럼 이 4개 대학의 한·중 MTI 과정은 실습기지가 많지 않아 모든 학생들에게 실습기회를 제공할 수 없는 한계도 드러낸다. 이 외에 실습에 관한 각종 구체적인 관리와 규정도 제대로 정비되어 있지 않다.

컴퓨터 보조 번역 교육과목은 통번역 발전의 미래를 지향하는 교육으로 요즘 통번역 교육 분야에서 인기를 끌고 있다. 컴퓨터 통번역이 인간을 대체할 수 있을지 많은 의심을 받고 있지만 적어도 이런 컴퓨터 보조 번역은 인간들이 도구를 창조하고 발명하는 끊임없는 노력의 결과물로 인간 대체 가능성도 제기 되고 있다. 따라서 세계의 많은 과학 연구기관과 대학들은 컴퓨터 보조 번역 연구와 교육에 관심을 기울이고 있다.

그러나 본 논문에서 선정한 4개 대학의 한·중 MTI 과정의 개설과목을 보면 컴퓨터 보조 번역에 대한 관심을 전혀 보이지 않고 있다. 그중 2개 대학만 컴퓨터 보조 번역과목을 개설했다. 또 과목의 교육내용도 영중, 중영 번역에 관한 것이며 한중번역이나 중한번역과는 전혀 관계가 없다. 이런 과목의 설정은 한·중 통번역의 미래 발전에 부합되지 않는다.

교육 인프라는 주로 교육인력과 교육시설로 구성된다. 여기서 교육인력은 교육활동에 있어서 가장 능동적인 요소 중의 하나로 교육활동의 효과에 큰 역할을 담당한다. 본 장의 연구 대상인 이 4개 대학의 한·중 MTI 과정에는 모두 전임교수가 없고 겸직교수로 강의나 논문지도를 담당하고 있다. 이런 상황도 중국 대학 한중 MTI 교육의 가장 큰 특색 중의 하나로 볼 수 있다.

이 4대학의 한·중 MTI 과정의 겸직교수는 대부분 본교 한국어학과의 교수로서 언어학, 문학 등 분야의 학식이 아주 풍부하다. 그리고 모든 겸직교수는 한국어 교육이나 교육에 관한 경험도 많다. 그러나 겸직교수는 통번역 실무의 경험이 별로 없거나 통번역 연구에 대한 관심도 많지 않은 것이 사실이다. 상술한 것처럼 본교 한국어 학과 교수를 활용해서 강의를 담당하게 하는 것은 이 4개 대학의 한·중 MTI 과정뿐만 아니라 중국 내 모든 한·중 MTI 교육과정의 공통된 특징으로 보인다. 이런 교육인력의 충원 방식은 짧은 기간에 한중 MTI 과정에 필요한 교수 부족 문제를 해결하는데 큰 도움이 되었다.

교육 인프라 중 또 하나는 교육시설이다. 한·중 MTI 과정의 교육시설은 동시 통역실험실, 번역실험실, 시청각실험실, 미디어 언어 실험실, 전용 도서관 등이 있다. 본 연구에서 선정한 4개 대학의 한·중 MTI 과정은 상술한 교육시설이 따로 없고 본교의 공용 교육시설을 다른 전공과 같이 사용한다. 그러나 소속 대학도 상술한 교육시설을 다 갖추지 못하고 있으며 대학별 차이를 보인다. 하지만 중국의 경제발전과 교육 투자의 확대에 따라 상술한 교육시설들을 마련하기 위해 각 대학에서도 투자를 많이 하고 있다.

중국 내
한·중 MTI 교육과정

Ⅳ 홍콩 및 한국의 통번역과정
현황 분석

　중국 대학의 한·중 MTI 과정의 운영 개선에 있어서 오래전부터 통번역석사과정을 운영해 온 한국과 홍콩의 대학들의 경험들이 큰 의미를 가질 수밖에 없다. 그리하여 이런 경험들을 본 연구의 목적에 맞게 더 구체화시킬 필요가 있다. 그 중에 특히 교육이념, 개설과목, 실습, 컴퓨터 보조 번역 교육에 대한 정리와 분석은 중요한 것 같다. 교육이념은 정규교육과정에 있어서 인재를 양성하는데 지도적인 역할을 하는 교육목표인데, 사회적 수요와 교육연건 등에 반영하고 개설과목의 설립에 결정적인 역할을 한다. 그리하여 교육과정에 대한 분석은 무엇보다 먼저 교육이념부터 시작해야 된다. 그리고 개설과목, 실습, 컴퓨터 보조 번역 교육 등은 모두 인재양성목표를 위해 만든 것으로 교육 활동에 역할이 크다. 본 장에서 한국과 홍통의 석사 통번역과정의 교육이념, 개설과목, 실습, 컴퓨터 보조 번역 등을 분석하고 좋은 경험을 찾아냄으로써 중국 한·중 MTI 과정의 운영 개선에 도움을 제공하고자 한다.

1. 홍콩 대학의 통번역과정 현황 및 분석

홍콩은 다른 지역과 달리 특별한 역사 때문에 다양한 언어를 사용하고 다원적인 문화가 융합되는 사회이다. 홍콩은 2017년 기준 세계에서 수출은 10번째, 수입은 9번째로 큰 무역규모를 기록한 지역으로 선정되었고, 낮은 세율, 영미법 체계, 아시아에 진출하려는 해외 기업들이 홍콩을 찾고 있다. 이러한 사회 환경에서 홍콩지역은 우수한 통번역 인재의 수요가 많고 통번역 인재를 위해 수많은 기회를 제공할 수 있는 플랫폼을 갖추고 있다.

홍콩에서 통번역석사과정이 개설되어 있는 학교는 모두 4군데인데, 이들 학교는 오랜 역사, AIIC 회원 교육인력, 성숙한 교육시스템 및 부대시설, 통역방향, 번역방향, CAT 석사과정 최초 개설 등 요소를 갖추고 있다. 본 논문에서 이 4대학 통번역석사교육과정 대상으로 분석하고자 한다. 비록 영어 통번역석사과정이지만, 영어는 제일 널리 쓰는 세계 언어로 뽑히고 영·중27)의 통번역과정이 오랫동안 교육의 노하우를 통해 발전이 잘 이루어지고 있으므로 참고할 만한 가치가 있다. 다만, 홍콩은 특별한 역사적 배경으로 인해 두 가지 언어를 공식 언어로 인정하고 있다. 따라서 영어는 통용 언어로 지정되어 외국어로 취급하지 않고, 이에 따라 영어 교육은 '외국어교육'의 개념이 아니다.

---

27) 영어에서 중국어, 중국어에서 영어로 통역 또는 번역을 하는 것을 본 논문에서 영·중 통번역으로 칭하였다.

이들 대학의 통번역석사과정에 대해 기술하기에 앞서, 편의상 이들 대학을 각각 홍콩 A, B, C, D 대학으로 칭하겠다. 이 네 대학 통번역전공의 개설 모두 특징을 가지고 있다. 본 장에서 살펴보도록 한다.

1972년 아시아 최초로 번역과정 학부를 개설한 홍콩A대학은 홍콩에서 처음으로 번역 석사과정을 개설한 학교이기도 하다. 재정부족으로 인해 번역학과가 중문학과의 일부분인 번역조로 축소되면서 부전공으로 수강이 가능하였다가 다시 번역학과가 개설되었으며, 이후 석사과정도 개설되었다. 홍콩 A대학에는 번역 석사과정으로 번역문학석사(Master of Arts in Translation) 와 컴퓨터보조 번역문학석사(Master of Arts in Computer-aided Translation) 두 개 전공 과정이 있다. 이 중 컴퓨터 보조 번역문학석사는 홍콩A대학만의 특색이 있는 전공이며 전 세계에서 최초로 개설된 번역전공이다.

홍콩 B대학은 최초 설립 당시 2년제로 출발하여 통번역 '고급자격증'을 함께 취득할 수 있도록 하였으나, 이후 4년제 통번역 '고급자격증'을 함께 취득할 수 있도록 변경되었다. 4년 뒤 B대학은 2년제 '연수자격증', 1년을 수학 후 3년제 통번역석사학위를 함께 취득할 수 있는 구조로 바뀌었다. 이 석사과정에는 언어, 문화교류 및 사회에 관한 내용이 모두 포함되어 있으며, 재직 중인 번역사, 통역사 및 외국어와 관련된 일을 하는 사람들이 주요 학습 대상이다.

홍콩 C대학은 중문과 이중언어학과에 번역과 통역 문학석사과정을 개설하였고 홍콩에서 유일하게 통역 중심의 석사과정이다. 통번역학(Translation and Interpreting Studies) 전공을 처음에는 3년제 번역과 통역고급학력 학습자 형식으로 모집하기 시작하였는데 이후 언어학과는 영어와 중국어, 통번역학과(CTI)로 양분되었으며, 마지막에 CTI가

다시 중문과와 이중언어학과로 개편되었다. 이 학과는 홍콩에서 유일한 통역석사과정이다. 번역과 통역문학 석사과정의 기간은 1년 6개월이고 교육 내용에 번역과 통역의 이론지식과 전공양성 등이 포함되어 있다. 교육인력 중에 AIIC 회원 2명이 전임교수로 재직 중이며 훌륭한 교육인력들이 교육을 담당하고 있다.

홍콩 D대학의 번역과정은 문학대학 소속인 영어과에 설립되었고, 홍콩D대학 문학대학에서 번역학자 전문가를 고문으로 요청을 하여 전공의 설계와 내용을 수정하는 참여시켰으며, 영국국가학술심사국의 인증도 두 차례 받았다. 홍콩 D대학은 번역과정 학부 수업이 3년 학교 교육 +1년 실습의 구조이고, 이는 석사과정에도 영향을 미쳤다. 번역과 이중언어전공의 석사과정이 개설하며 언어문화의 소통을 중시하여 학습자에게 연구와 실습 두 가지 중 선택 가능하게 하였다. 상기 4개 대학의 통번역관련 전공 및 소속 학과는 아래 〈표 4〉와 같다.

〈표 4〉 홍콩 각 대학에 개설된 학과 및 전공

학교	학과	전공
홍콩 A대학	文学院 翻译系 (문학대학 번역학과)	1. MA in Translation(翻译文学硕士) 2. MA in Computer-aided Translation(电脑辅助翻译文学硕士)
홍콩 B대학	人文社科学院 翻译及语言学系 (인문사회과학대학 번역 및 언어학과)	1. MA in Language Studies (Translation & Interpretation) (语言研究-翻译及传译文学硕士)
홍콩 C대학	人文学院 中文及双语学系 (인문대학 중문 및 이중언어학과)	1. MA in Translating and Interpreting; (翻译与传译文学硕士)
홍콩 D대학	文学院 (문학대학 번역과 통역 및 다문화연구학과)	1. MA in Translation and Bilingual Communication(practical/research stream) (翻译与双语传译文学硕士)

〈표 4〉를 통해 홍콩 대학의 석사과정은 전공 석사를 양성하는 MTI 과정이아니라 이론과 실천 결합하여 이론을 중점을 두는 통번역 문학 석사를 양성하는 MA(Master of Arts) 석사과정이라는 사실을 알 수 있다. 이것이 또한 홍콩대학과 중국 내 대학 통번역 인재 양성하는 제일 큰 차이점이다. 홍콩 대학에서 통번역과정이 모두 별도의 통번역대학원 아니라 문학이나 인문대학에 속하다. 이와 달리 중국의 대학의 MTI 과정은 통번역대학원이 따로 설치되어 있고, 이것은 중국 대학 학위설정 및 행정적인 원인에 의해 교육인력 및 다른 문제들이 존재하고 있다. 홍콩 대학은 모두 종합적인 대학이며 전공과 연구기관 및 센터가 많다. 이에 인해 홍콩 대학 연구 및 교육인력, 교육시설, 사회적 자원 등이 많아서 전공 교육의 뒷받침을 잘할 수 있다. 통번역 전공이 문학대학 및 인문대학에서 개설되어 있는데 장단점이 있다. 장점은 그 대학에 있는 교육인력이 충분히 활용할 수 있다. 통역이나 번역 기술 외에 통번역 할 때 필요한 다른 분야의 전문가가 있어서 과목 개설 등 방면에서 유리하며, 실습기회의 범위를 넓힐 수 있다. 반면에 많은 전공과 같이 교육 시설 등 자원을 공유해야 하니 전공능력을 훈련에 있어서 불편한 점이 있다.

〈표 5〉 홍콩대학 통번역석사 교육현황 분석표

학교	기간	학점	특징
홍콩 A대학	Full time 1년 Part time 2년	24 학점	1. 아시아 최초 설립 2. 세계 최초 CAT번역전공 3. 번역 위주
홍콩 B대학	Full time 1년 Part time 2년	30 학점	언어, 문화교류 및 사회 등 전공과정 포함 1. 통역 이론위주로 2. 연구 성과가 많은 편

홍콩 C대학	Full time 1.5년 Part time 2.5년	30 학점	1. 통역방향 석사과정 2. AIIC 회원 교육 및 연구인력
홍콩 D대학	Full time 1년 Part time 2년	27 학점	1. 번역방향위주 2. 연구와 실습 두 가지 방향 선택하는 여지 3. 매체 전공의 우세로Bilingual Communication(双语传播)특색과정

위 〈표 5〉에 따르면 홍콩 각 대학의 학제가 거의 같다. 모두 대학에서 FULL TIME, PART TIME 두 가지 학제로 나누었다. 전업(full time)은 대부분 1년 과정이고 겸업(part time)은 2년이나 2년 반 과정까지 가능하다. 이런 학제가 있어서 다양한 학습자에게 기회를 제공해주고 있다. 통번역 과정은 다른 전공과정과 달리 일반학습자 외에 실무 경력자나 타전공자의 재교육을 할 수 있는 전공이라 이러한 학제는 학습자 개인 상황에 맞게 수강할 편리를 제공한다. 한편, 이수해야 할 학점에서 다소 차이를 보이고 있다. A대학의 학점은 제일 낮고 석사학위취득 소요 기한은 1년이고, 전공과목 3개에 9학점과 교양과목 5개에 15학점 총 8개 과목에 24학점을 이수해야 된다. B대학 석사학위 취득에 필요한 학점은 30점으로 총 10과목이다, C대학은 6개의 필수과목과 4개의 선택과목이 포함되어 있는데, 이들 과목은 언어연구의 일반영역 과목 중에서 택한 것이다. B, C대학은 통번역전공의 문학원, 이중언어학과에 개설되어 있는데, 여기서 문학원, 이중언어학과의 개념은 한국 대학의 '대학' 개념이다. 학과에 속한 전공이 여러 가지 있다. 이러한 타 전공의 영향을 끼치거나 언어학까지 다양한 과목 개설된 상대적으로 이수학점이 많은 편이다. D대학 앞선 세 개 대학과 마찬가지로 석사과정의 학제는 전업과 겸업 두 가지가 있으며 각각 수학 기간은 1년과 2년이다.

다른 점은 D대학 번역과 이중언어통역 문학석사과정에서 3가지 방향을 있다. 이수 학점에 대해 다소 차이가 있다. 연구, 실무, 통역으로 나누어서 향후 발전 방향을 선택하여 수강하는 특징 있다. 실무와 통역 방향의 과정은 모두 필수과목 15학점과 교양과목 12학점이다. 연구방향은 필수과목은 21학점이고 교양과목은 6학점이다. 홍콩 대학 개설과목을 보면 과목당 학점은 평균적으로 한 과목이 3학점이다. 네 개 대학의 평균학점은 27.5로 보면 1년에 9~10개 과목은 이수해야 하고 한 학기에 4~5개 과목이다. 교육 목표 및 이념에 따라 설계된 각 대학의 통번역학위과정에 구체적으로 어떠한 과목이 포함되어 있는지 대학별로 상세히 살펴보겠다.

1.1. 홍콩 대학 통번역과정 개설과목

홍콩 4개 대학이 각 학교 홈페이지와 전공 공식 사이트에 공고한 내용을 분석해보면 교육 목표와 전공 개설 상황이 다음과 같다.

우선, 홍콩 A대학 문학대학 번역학과에서 번역문학석사 (MA in Translation)와 컴퓨터 보조 번역문학석사 (MA in Computer-aided Translation) 두 개 과정을 개설되어 있다. 1년의 과정을 통해 학습자의 번역과 통역 능력을 향상시키는 교육기관 역할을 해왔다. 또 학습자가 이론지식과 실습경험을 모두 겸비하도록 하며 교사와의 상호작용도 강조한다. 홍콩 A대학 번역문학석사 교육의 목표와 이념은 글로벌 환경에서 중국어와 영어에 모두 정통한 전문가와 번역가에 대해 날로 증가하고 있는 수요를 충족시키는데 있다. 또한, 번역연구를 하고 있는 철학 석사와 박사에게 연구의 기회를 제공해준다. 연구 중심의 과정으로, 학습자의 비판적 사고와 독립적 연구 능력을 배양한다.

연구를 중심으로 한 홍콩 A대학의 번역문학석사과정의 교육목표는 학생의 사고 능력을 향상시키고 독립적인 번역 연구 활동을 진행할 수 있도록 지원해주는데 있다. 이를 위해 학과에서는 대학원생의 연구 분야에 따라 논문지도 교수를 배정하며, 졸업요건 중의 하나로 학생은 총 8개의 과목을 이수해야 된다. 여기에는 고급번역연구, 번역연구 I, 번역연구 II, 논문지도 등이 포함되어 있다. 구체적으로 개설된 과목들은 아래의 〈표 6〉과 같다.

〈표 6〉 홍콩A대학 번역학과 개설과목

전공수업: 9학점 각 3학점	Advanced Translation Studies E-C Translation Workshop C-E Translation Workshop
교양수업: 15학점 각 3학점	Advanced Business Translation Financial Translation Translation of Legal Writings Government & Public Affairs Translation Translation of Public Relations Writings Mass Media Translation Translation of Subtitles Science and Technology Translation Literary Translation Arts Translation Readings in Translated Works History of Translation Translation Criticism Translation Process and Methodology Comparative Language Studies Bilingual Editing Skills Special Topics Consecutive Interpreting I: C/E Consecutive Interpreting II: C/E Simultaneous Interpreting I: C/E

	Simultaneous Interpreting II: C/E
	Consecutive Interpreting I: P/E
	Consecutive Interpreting II: P/E
	Simultaneous Interpreting I: P/E
	Simultaneous Interpreting II: P/E
	Introduction to Computer-aided Translation
	Bilingual Lexicography
	Computer Translation
	Terminology Management
	Research Seminar in Translation I

홍콩 A대학 1984년 설립된 번역문학 석사과정은 홍콩의 모든 대학원생 번역과정 중 가장 오래된 것이다. 오래 동안 세워놓은 노하우가 있어서 참고 가치가 높다. 개설된 과목은 끊임없이 변화하는 사회의 수요를 충족시키고, 학생들이 이론 지식과 실천 경험을 갖추도록 하며, 사제 간의 교감을 강조하기 위한 것이다. 개설과목을 살펴보면 두 개 특징을 가지고 있다. 하나는 전공과목이 번역중심으로 개설하였다는 점이다. 비즈니스, 금융, 법률, 정부 및 공공사무, 공공기관, 대중매체, 영상자막, 과학기술, 문학, 예술 등 영역의 번역과목을 포함되어 있다. 번역과목의 영역이 다양하고 범위가 넓다. 또 하나는 바로 '컴퓨터 보조 번역 석사과정'의 개설과목이다. 세계 최초의 '컴퓨터 보조 번역 석사과정'은 전공 다른 학습자들에게 컴퓨터 기술로 번역을 하는 이론, 기술 및 방법을 배울 수 있는 기회를 제공해준다. 번역기술이 외에 번역소프트웨어의 사용과 디자인, 컴퓨터번역의 편집기술 등의 내용도 포함되어 있다. 번역전공 학습자들에게 번역 실습 과정에서 컴퓨터 번역 기술을 이용하는 것을 지도하는 것으로, 각종 언어의 검색 창, 현지 언어 소프트웨어, 번역 저장 시스템 등 도구 활용이 포함된다. 용어 번역 과목에

서 학습자들이 용어 및 용어 관리 분야의 이론과 실천 지식을 쌓도록 한다. 이 과목은 선진적인 TM 도구를 사용하여 학습자들이 용어 검색을 돕고 학습자들이 현대화된 소프트웨어를 이용하여 특정분야의 용어를 관리하다. 이러한 과목 및 교육내용을 보면 홍콩A대학의 통번역은 세계적으로 앞서는 지위를 알 수 있다.

홍콩 B대학은 인문사회과학대학 번역 및 언어학과에서 문학석사(언어연구)(MA in Language Studies)중 번역과 통역(Translation and Interpretation)과정이다. 이 외에도 언어학(General Linguistics), 코퍼스와 경험언어학(Corpus and Empirical Linguistics), 교육언어학(Pedagogical Linguistics) 3가지 과정 있다. 통역과 번역과정 교육의 목표와 이념은 학습자에게 언어의 본질을 이해시키며 언어가 홍콩사회와 문화에 끼치는 영향을 탐구하도록 환경을 만들어주는데 있다. 학습자가 언어의 한 특정 분야에 집중할 수 있게 하고 통번역분야의 연구를 독려한다. 하나의 특정한 사회/문화적 과정과 상호작용, 언어의 구조, 언어 및 번역, 언어연구의 응용을 능력 향상시키기 위해 구체적으로 개설된 과목들은 아래의 〈표 7〉과 같다.

〈표 7〉 홍콩 B대학 번역 및 언어학과 MA 과정의 개설과목

공동 선택과정(3학점) 둘 중 하나 선택	Language and its Applications Language and Culture in Society
방향: 번역과 통역(전공과정)(9학점)	Theory of Translation Translation Methodology Interpretation Methodology
교양수업(9학점) 학습자가 전공 방향의 교양수업 중 3개 선택	Professional Internship Corpus Linguistics Pedagogical Grammar: Chinese and English

	Text Linguistics Terminology and Translation Stylistics and Translation Translating Cultures Bilingual Reading and Writing for Translators Translation Technology Language and Literature in Translation Translation and Comparative Literature Advanced Interpreting Human-Machine Interactive Translation Special Topics in Translation and Interpretation Corpora and Translation Performance and Translation Legal Translation Advanced Legal Translation Master's Project Project
자유선택: (9 학점)	Students are free to choose any three 3-credit unit courses offered for the MALS programme (9 credit units). Remarks: Students can only select either LT6580 Master's Project or LT6581 Project, but not both.

    홍콩 B대학의 학습목표를 따라서 학습자들이 언어구조, 번역, 통역, 언어의 응용 등 방면에 언어 전문가의 역할을 충분히 발휘할 수 있도록 능력을 향상시킬 수 있는 과목을 개설 했다. 개설과목은 공동선택, 전공필수, 교양 선택과 자유선택 4개 분야로 나뉘어 있다. 전공분야에서 번역의 이론과 통번역의 방법론 들어있다. 자유선택 9학점은 MALS(언어연구)의 4개 분야 모두 과목을 선택가능하다. 이것이 학습자에게 충분히 학습 자유도를 주면서 전공의 범위를 넓혀주어다. 이것이 B대학이 다른 대학과 색다른 점이다. 다른 특징은 번역보다 언어학에서 번역을 접촉한다는 것이

다. 이 외에 개설된 과목 중에 전공실습(Professional Internship)과 CAT(Human-Machine Interactive Translation) 과목이 특색이 있다. 전공실습 과목은 실습현장 주관을 파견하다. 학습자와 실습주관자 1:1의 비율로 배정하다. 실습을 끝난 후에 실습주관자가 정식 보고서 형식으로 학습자에 대한 평가한다. 학습자는 최종 보고서 한 편과 리포트 두 편을 작성해야 한다. 리포트는 학생 인턴들이 인턴십의 초기단계와 중간단계에서 주요 학습과 개인적 이득을 발견한 것에 대해 성찰할 것을 요구한다. 학습자들은 자신에게 특별한 의미가 있는 중요한 경험이나 성취에 대해 설명하고 평가할 수 있으며, 그 기간 동안 그들이 어떻게 발전해 왔는지, 그들에게 특별한 영향을 끼친 동료나 동료에 대해 쓰고 그 영향을 기술할 수 있다. 최종 보고서에서 학습자 인턴들이 작업장의 조직 문화에 대해 토론하고, 그들을 강타한 최첨단 지식과 아이디어에 대해 토론하고, 수업에서 습득한 지식이 직장에서 직면하는 문제를 해결하는 데 어떻게 도움이 되는지 분석하며, 할당된 조직의 모범 사례를 발견하고, 아이디어를 제안하도록 규정되어 있다. 이렇듯 학습자의 실습 피드백 보고서에 대한 요구사항이 상세하게 되어 있다. 중국 대학 한·중 통번역의 실습교육은 문제가 많다. 우리도 B대학의 실습 리포트와 보고서 내용을 참고하여 실습의 현황을 따라서 피드백 세분화하고 더욱 효과적인 결과를 얻을 것이다. CAT 과목은 컴퓨터 보조 번역이 아니라 인간과 기계 상호적인 작용으로 번역하는 것이다. CAT 과목을 수강하는 전제조건이 번역이론(Theory of Translation), 번역방법(Translation Methodology), 컴퓨터언어학(Computational Linguistics)의 지식을 가지고 있다는 것이다. 번역이론과 방법의 내용을 이해하고 컴퓨터언어학의 지식과 모두 갖춰야 기계번역의 효과가 제대로 볼 수 있다. 통번역 전공 발전을 따라 같이 성장하려면 CAT 과목은 미래 통번역과정에 빠질 수 없는 과목이다. 중국 대학 통번역 대학원에서 CAT 과목이 공동 교양과목으로 개설되어 있다. 통번역 학습자들 과연 이 과목을 수강할 조건이 갖춰져 있는지, CAT 과목 개설 할 뿐만 아니라 공동적으로 들어야 할 과목도 잘 배정해야 한다. 한·중 통번역 학습자에게 더욱더 필요하고 향후 해결해야 할 숙제다. 홍콩 B대학은 학습자의 탐구의 태도를 양성하고 발전의 능력을 키우며 혁신적인 성취를 양성하는 것이 모두 과목의 공동방향이다. 이러한 과목을 이수하고 B대학은 번역과 통역에 종사하는 학습자들이 배운 개념적 도구와 스킬을 활용하여 통역과 통역 임무를 위한 창조적 해결책을 제시하는 그들의 능력을 향상시키고 번역과 통역 업무가 미치는 다양한 방면의 문제에 대해 비판적으로 생각할 수 있도록 만든다.

홍콩 C대학 인문대학 중문 및 이중언어학과에 개설된 번역 석사과정 (MATI) 역시 B대학과 마찬가지로 석사학위 학제가 두 가지 있다. 그러나 다른 대학과 달리 학제가 6개월 더 많다. 전업으로 수학 기간이 1년 반, 또 다른 하나는 겸업으로 수학 기간이 2년 반이다. 개설과목의 리스트 수정될 수 있으며, 과정 개설은 충분한 교육인력과 가능한 모집 인원이 있는지 여부에 달려 있다. 때문에 일부 선택과목들은 매년 개설되지 않을 수도 있다. 개강하는 학기 및 정원은 스스로 정할 수 있지만, 교육시설 등의 제한을 받는다.

홍콩 C대학 MATI의 교육목표는 영어를 능숙하게 구사할 수 있는 번역 및 통역 인력에 대한 수요를 충족하기 위해 학부의 전문 지식 능력을 높이고 전문 자격을 향상시키며, 관련 이론과 기능을 가르치는 것을 목적으로 한다. 또한, 자신감과 고수준의 전문 기능을 갖추며 개성 있는 번역이나 통역 임무를 수행할 수 있도록 하는데 있다. 학술적 측면에서 번역이론 중에 현존하는 문제 및 이 문제들과 전문실습간의 관계를 처리할 수 있는 능력을 갖추도록 한다. 컴퓨터를 사용해 번역하고 다양한 소프트웨어 사용법을 숙지하도록 하고 있다. 이 밖에 번역과 연관된 전문적인 문제와 논리적인 문제를 이해하고 평가를 할 수 있는 능력을 갖출 수 있도록 한다. 이런 목표를 이루기 위해 이 학과에서는 아래의 〈표 8〉과 같은 과목들을 개설했다.

〈표 8〉 홍콩 C대학 중문 및 이중언어학과 MATI의 개설과목

전공 수업 6개 과목 3학점	Translation: Text and Context Translation: Discourse and the Translator Interpreting: Principles Interpreting: Consecutive Translation Studies Advanced Translation
전공 교양 과목	※ Elective subjects in translation/interpreting/language studies (English): Specialised Interpreting Programme I Specialised Interpreting Programme II Advanced Legal Translation Advanced Translation for Media Advanced Translation for Business and Commerce Advanced Interpreting MATI Dissertation 9학점 Multimedia Applications for Language Professionals and Translators Advanced Liaison Interpreting
공동 교양 과목	※ Other elective subjects under MA scheme Action through Text in Japanese, Chinese and English Contrasting Japanese, Chinese and English Discourse Special Education Needs in Speaking, Listening, Reading and Writing Special Education Needs associated with Cognitive, Physical and

	Sensory Disorders
	Research Methods in Language Teaching and Language Studies
	Introduction to Educational Linguistics
	Teaching Chinese Vocabulary to Non-Native Learners
	Sign Language and Linguistics
	Introduction to Chinese Language Testing
	Introduction to Cantonese Studies
	Contrastive Analysis
	Chinese Lexical Semantics and Corpus Linguistics
	Digital Media Communication
	Selected Readings of the Eight Writers of the Tang and Song Era
	Poetry of the Tang and Song Era
	Hong Kong Literature
	Teaching Chinese Grammar to Non-native Speakers
	Using Reading to Teach Chinese to Speakers of Other Languages
	Teaching of Chinese Characters and Words to Non-native Learners Chinese Language and Culture
	Intercultural Communication
	Psycholinguistics
	Neurolinguistics
	Experimental Phonetics
	Statistical Methods in Language Research

홍콩 C대학의 교육내용을 살펴보면 통역 및 실무능력을 중점을 두고 교육이 이루어지고 있는 것을 알 수 있다. 번역과 통역 관련 과목 외에 선택과목은 중국어문 관련 과목도 포함시켜 전면적 통역 및 통역을 교육한다. 일부 번역과목은 중국어나 영어로 강의를 한다. 통역의 교육에서 통역 노하우를 설명해주며, 말실수를 최소화하고 광둥어, 영어와 표준어의 통역 수준을 높이는 데 중점을 두고 있으며, 학습자들이 표준어, 광둥어, 영어를 사용해서 연설의 기술 및 능력을 향상시킨다. 표준어, 광둥어, 영어를 같이 연습하는 것이 홍콩 지역의 특징을 살리고 특색 있는 과목이다. 다른 지역에서 이러한 교육을 실시하기 어렵지만 홍콩 및 광둥지역의 시장수요를 만족시키며 학습자에게 더 많은 취업기회를

제공할 수 있다. 학생들이 직업윤리규범에 대한 인식을 높여주고 전문 통역사가 갖춰야 할 모든 자질을 훈련시키고 있는 것을 알 수 있다. C대학은 교육인력 중에 국제회의통역협회 AIIC의 정회원이 있어서 다른 대학에 비해 통역실무의 경험 및 기술, 직업윤리, 시장 수요 등 분야에서 뛰어나다. 일반, 법률, 비즈니스, 과학, 기술 번역, 현대 번역 도구 활용 등을 통해 번역에 실질적인 문제를 소개하는 것을 목적으로 한다. 또한 다양한 번역 접근법, 다양한 코퍼스 시스템에서 원문을 번역하는 연습, 정보 기술 등 통해 자신만의 2개 국어 용어집을 구축하고 강의 내용을 통해 이론과 기술뿐만 아니라 번역 관리, 문서화, 기록 보관과 같은 전문적인 문제에도 접근할 수 있도록 한다.

홍콩 D대학 문학대학에서 개설된 번역과 이중언어통역 문학석사 (MABC)과정은 1년제 과정이며 연구, 실무, 통역 3개 전공방향으로 나뉘어 있다. 연구방향의 과정은 번역학 연구범위와 방법 등 번역학과제의 토론을 통해 학습자가 번역학 학자와 같이 토론을 하며 연구 능력을 기를 수 있도록 한다. 실무방향의 과정은 현직 통번역사와 이중언어 구사자를 대상으로 언어의 개념, 분석 및 응용 기술 습득 등을 가르친다. 통역방향의 과정은 학습자들의 다양한 특기를 만족시키고 통역방향에 발전하고 싶은 학습자에게 선택권을 제공해준다. 다양화 집중적인 통역훈련을 제공하여 학습자 통역할 수 있는 통찰력과 통역의 기술을 습득하게 한다.

홍콩 D대학 번역과 이중언어통역과정의 교육목표는 다양한 재능과 능력을 가진 학생들의 필요에 맞춰 향후 학습들이 보다 통찰력 있고 전문적인 번역 기술을 습득할 수 있도록 더욱 역동적이고 집중적인 교육 및 훈련을 실시하다. 현재 일하는 중인 통역사와 번역, 이중, 삼종언어를 필요한 통역사와 번역가들의 직업을 되돌아보도록 격려함으로써, 그들의 개념, 분석, 언어능력을 향상시키며 그들의 하는 일을 더욱 풍부하게 하고 표현능력을 보완해준다. 학습자들이 비판적인 사고를 훈련시키며 이론과 실천 간의 관계를 더욱 잘 이해하도록 도와줌으로써 이중 언어 커뮤니케이션의 복잡성을 인식하고 번역도전의 대처법을 가르쳐준다. 학술계에서 발전할 의향이 있는 학습자들 위해 번역연구학과의 학술설명을 제공한다. 서로 다른 또는 관련 분야에서 교육을 받은 사람들이 그들의 지적 시야를 넓히고 번역 연구의 연구 방향과 연구 방법, 학문 개황을 익히도록 하여, 그들이 학계에 합류할 수 있도록 하여, 학제적인 발전 속에 들어가야 한다. 교육목표를 따라 D대학의 구체적인 개설 과목은 아래 〈표 9〉와 같다.

〈표 9〉 홍콩 D대학 번역 통역 및 다문화연구 학과 MA의 개설과목

	실무	통역	연구
Required Courses 실무, 통역방향 15학점, 연구방향 21학점	Methods and Strategies of Translation Master Classes in Translation Bilingual Communication: Style, Rhetoric and Delivery Bilingual Presentation: Adaptation and Rewriting Research Methodology	Research Methodology Methods and Strategies of Translation Simultaneous Interpreting Conference Interpreting Advanced Consecutive Interpreting	Western Translation Theory Chinese Discourse on Translation Essential Reading in Translation Studies Research Methodology Translation Seminars I Project/Dissertation
Electives 실무와 통역방향 12학점, 연구방향 6학점	Bilingual Writing for Creative Industries Translation Seminars I Translation Seminars II Chinese Discourse on Translation	Bilingual Writing for Creative Industries Bilingual Communication: Style, Rhetoric and Delivery Bilingual Presentation:	Translation Seminars II Methods and Strategies of Translation Bilingual Communication: Style, Rhetoric and Delivery

			Bilingual Presentation: Adaptation and Rewriting Bilingual Writing for Creative Industries Master Classes in Translation Introduction to Interpreting Advanced English for Translators Simultaneous Interpreting# Conference Interpreting# Advanced Consecutive Interpreting#
	Western Translation Theory Essential Reading in Translation Studies Dissertation/Project 6 Introduction to Interpreting Advanced English for Translators Simultaneous Interpreting# Conference Interpreting# Advanced Consecutive Interpreting#	Adaptation and Rewriting Master Classes in Translation Translation Seminars I Translation Seminars II Western Translation Theory Essential Reading in Translation Studies Dissertation/Project 6 Advanced English for Translators Conference Interpreting	
Topics in Translatio n Studies (Availabl e from time to time)	Gender Issues in Translation Corpus-based Approach to Translation Patronage & Translation of Christian Tracts Translation Theory: A Comparative Approach	Gender Issues in Translation Corpus-based Approach to Translation Patronage & Translation of Christian Tracts Translation Theory: A Comparative Approach	Gender Issues in Translation Corpus-based Approach to Translation Patronage & Translation of Christian Tracts Translation Theory: A Comparative Approach

〈표 9〉를 통해 홍콩 D대학 번역과 이중언어통역 문학석사과정의 특징을 알 수 있다. 다른 대학과 제일 큰 차이점은 번역과 이중언어통역 과정안에 실무, 통역, 연구 3가지 방향으로 나누어서 다양한 수요를 가진 학습자들을 위해 필요한 강의를 제공해준다. 통역 방향의 필수과목을 빼고 전체적으로 번역위주로 교육을 실시하다. 학생들에게 폭넓은 주제에 대해 읽고, 서로 다른 문체에 대한 인식을 증가시키기 위해 서면과 구두로 의견을 표현할 것을 요구한다. 본과는 특히 글쓰기 스타일을 양성하는 데 중점을 두고 있으며, 서면과 구두 소통 시 수사적 수단

과 표현 방식을 적용하는 데 중점을 두고 있습니다. 영어와 중국어의 언어학적 문화적 차이를 강조하고, 말 행위 이론과 기타 당대 전의 이론을 적용하여 전의 활동에 대한 학생들의 인식을 증진시킨 과목도 있다. 비즈니스, 의료등 각 영역별로 강의를 개설하지 않고 번역 전문가 반을 개설하여 학생들에게 보다 고급의 번역 실천 지식을 소개하기 위해 매 학기마다 특정 번역 분야의 성공한 사람들을 초빙하여 강의하고 있습니다. 이들 분야는 문학번역, 연극번역, 미디어번역, 법률번역, 금융번역, 한의학 번역 등이다. 이러한 성공한 사람들은 학생들과의 노하우와 경험을 나누는 것 외에도 개별 학생들의 결과물을 분석하고 번역 과정의 어떤 측면을 중점적으로 다루는 문제까지 설명하고 해결해주는 등 학습자에게 도움이 많이 되는 방식이다. 대부분 과목은 학습자 스스로 능동적으로 실천할 수 있도록 인도하는 방식으로 교육하는 특징이 뚜렷하다.

개설과목은 학습자 양성 교육을 위한 중요한 수단으로서 교육의 목표와 방향을 나타내는 중요한 지표라 할 수 있다. 홍콩 4개 대학 통번역 관련된 과정이 문학대학, 인문과학대학에 속하는 조건이 충분히 활용해서 언어, 문학 등 전공의 우세를 활용할 수 있다. 개설된 과정이 외국어를 포함하여 중국어문학 등 영역의 과정도 포함되어 있어서 목적어와 출발어를 같은 비중으로 중점을 두고 있다. 통역과 번역 관련된 석사과정의 개설과목을 보면 주로 다음과 같은 몇 가지 특성을 보인다.

첫째는 교육이념이다. 홍콩 대학 모두 자신만의 교육이념과 목표를 명확하고 각자 교육의 특색이 뚜렷하다. 개설된 과목은 언어 교육 위주로 하고 있다. 필수과목은 통역이나 번역의 이론 및 방법론, 통번역의 기술위주로 강의한다. 교양과목에서 언어학, 비교언어학, 비교분석, 디지털 미디어 소통, 역사, 정치, 문학 등과 관련된 과목도 개설되고 있다. 이런 교육에서 많은 분야의 지식을 섭취하는 것을 전문 통역사나 번역가 지식 측면에 갖춰야 할 기본이라 본다. 통역사나 번역가뿐만 아니라 다방면적인 인재를 양성하고 있다. 두 번째 학과 분야의 전공 과정까지 아울러 고려하고 있다. 전공분야에만 국한되지 않고 최대한 학과의 자원을 활용해 특색이 있는 통번역과정을 만들다. 개설된 과정이 외국어를 포함하여 중국어문학 등 영역의 과정도 포함되어 있어서 홍콩 대학들은 번역 교육을 하는 동시에 이중언어를 중요시하고 있다. 즉, 목적어를 중시하는 동시에 출발어도 중시하고 있다고 할 수 있다. 강한 체계성 및 전문성도 있다. 이 외에 번역 석사과정의 교육목표도 명확하다. 홍콩 대학 CAT 번역 석사과정에는 여러 컴퓨터 보조번역과정을 개설되어 있다. B대학의 경우 단계별로 명확하게 컴퓨터 보조 번역과정이 개설되어 있다.

세 번째는 학습자의 실천능력위주로 훈련을 시킨다. 교육의 내용이 주로 학습자를 인도하고 개인 스스로 해나가는 것으로 알려진다. 실습교육을 중시하는 특징을 가지고 있다. 홍콩 각 대학의 통·번역 석사과정학과도 학생들의 실무적 능력 또한 중시하고 있어, 실무적 의미가 크고 다양한 과목과 실습과정을 운영하고 있다.

네 번째 홍콩 대학에서 번역이론, 언어이론, 문학이론, 대조언어, 인지언어학 등 과목이 개설되어 있다. 홍콩 대학은 지역특징 때문에 통번역 실시하는 언어는 주로 중국어와 영어다. 현재까지 통번역의 이론이 계속 서양의 통번역이론을 사용해왔기 때문에 홍콩 대학 이론을 습득하기에 장점을 가지고 있다. 또한 홍콩 대학의 연구 실력이 뛰어나 학술적 성격을 띠고 있다. 연구방향과정을 제공하며 소논문까지 요구하고 있다. 이 외에 통번역과정 및 교육인력의 연구 실적이 많다.

종합적으로 정리해보면 홍콩 각 대학 통번역 석사과정 명확한 목표 하에 색다른 다양한 과목을 개설되어 있고 지식을 습득하고 수준 높은 연구능력을 갖춘 전문 인재를 양성하려는 의지가 보인다.

이에 비해 중국 한·중 MTI 과정은 통번역대학원에서 개설되어 있어서 다양한 전공 교육인력 및 자원이 부족함으로 이러한 교육을 이루지기 한계점이 있다. 또한 중국 내 대학의 한·중 MTI 과정이 정책성이 강한 교육과정이라 거의 모두 대학의 교육목표와 개설과목인 〈석사과정 교육 지도방안〉을 따라서 작성하고 있다. '높은 학력, 높은 수준의 능동적 통번역 인재 양성 위주'의 과정으로 목표가 단일화 되어있다. 지도방안에서 각 학교 자신만의 교육특색을 따라서 강의를 개설할 수 있다는 규정이 있지만 홍콩 대학처럼 뚜렷한 특색을 찾아 볼 수가 없어서 아쉬움이 남는다.

중국 대학은 통일된 목표에 따라 정해진 필수 교과목들을 제외하고 통번역 관련 과목 위주로 이루어지며, 교양과목과 연구방향의 과목이 상대적으로 적다. 이 밖에 중국에는 다양한 언어의 통번역 석사과정이 있는데 반해, 홍콩 각 대학의 통번역 석사과정은 중국어-영어 전공에 집중되어 있다. 이처럼 홍콩 각 대학의 통번역 석사과정의 목표는 중국 내 MTI 과정 교육목표와 다르고 언어특징까지 달라서 교과목 개설의 차이를 보인다. 이처럼 지역특징, 정책차등 존재하여 홍콩의 통번역교육체계를 참고하수 있지만 적용하기 어렵다. 다만, 체계적이고 연속성을 갖춘 과목 운영과 최신 통번역 트랜드에 맞춘 교육은 중국 MTI 과정의 교육을 개선에 도입해볼 수 있는 측면이다.

1.2. 홍콩 대학 통번역과정 실습과정

홍콩은 세계경제무역 중심지 중 하나로 중국어와 영어의 통번역의 중요성이 일찍부터 강조되어왔다. 따라서 홍콩의 통번역 교육은 실용적 성격이 강하다. 홍콩 각 대학은 통번역 석사 과정 소개에서 모두 홍콩 및 중화권에서 필요한 중-영 통번역 인재 양성이 목표라고 분명히 밝히고 있다.

대학은 통번역 경력이 있는 수강생의 참여 및 학습을 독려하고, 실제 교육과정에 학교내외의 모든 자원을 동원해 적극적으로 다양한 환경과 여건을 조성, 통번역 석사 학습자들이 통번역 실습활동 통해서 경력을 쌓을 수 있도록 하고 있다. 또한, 학습자들이 다양한 통번역 대회에 참석하는 것도 지원한다.

본장에서 구체적으로 홍콩의 4개 대학에서 실시하고 있는 통번역실습에 대해 살펴보도록 한다.

우선, A대학은 국제조직과의 협력관계를 통해 통번역 실습활동을 실시한다. 통번역전공 석사는 비엔나에 위치한 유엔 사무국에서 실습을 통해서 통번역업무의 중요성을 이해하고 유엔통역사들이 일하는 상황을 참관하게 된다. 또한, 외국대학과 연계하여 통번역학회를 개최하는데, 학회는 홍콩, 중국본토, 한국, 태국, 미얀마, 영국 등 국가의 11개 대학 및 집단의 전문가와 연구진이 참여한다. 이 밖에 중국 외문국(中国外文局), 중흥, 화웨이(HUAWEI), 화다유전자 등 중국 및 홍콩의 여러 기업들과 장기적인 협력관계를 체결하고 우수한 졸업생에게 실습기회를 제공하고 있다.

뿐만 아니라 홍콩 A대학 취업센터에서는 정기적으로 취업특강 및 연수 활동을 진행하고 있다. 다양한 특강, 박람회. 기관탐방 등 활동을 제공하며, 특강을 하는 분은 모두 다양한 업종인 경험 많은 관리자나 업계의 우수한 인재 및 본 학교의 졸업생이다. 학습자에게 취업 모집 자료를 제공하며 적성에 맞는 서비스도 제공한다. 학교에서 관리하는 사이트를 통해서 학습자에게 실습 및 취직 정보를 제공한다. 다양한 기관과 협력해서 학습자에게 홍콩 및 중국 본토와 해외에서 단기실습기회를 제공해준다. 학습자에게 더 많은 기회를 제공해주기 위해 학교는 설명회 등을 지원하고, 직무에 맞는 학습자의 능력, 성격을 테스트 해주기도 한다. 그 중에 JIJIS(홍콩지역 대학연합회) 라는 사이트는 홍콩 각 대학과 연계하여 홍콩 지역 졸업생들에게 취업 정보를 제공하고 있다.

B대학의 번역과 언어학전공은 응용학습 및 교육을 강조하고, 홍콩 및 국제사회와 연결해 학습자에게 통번역 업무 실습기회를 제공해준다. 통번역 학습자들에게 전업 및 겸직 재학 기간 동안에 홍콩 현지와 국제 지명기관에서 일할 수 있도록 지원한다. 석사 과정 학습자를 위해 실시하는 실습계획은 보통 5~6주 정도다. 실습 학습자들은 매주 활동 일지를 남기고 관련 담당 일에 대해 평가를 한다. 이런 실습활동을 통해서 학습자들은 전문적인 환경에 대해 심도 있고 실제적인 이해를 시킬 수 있고 언어와 연관된 지식을 응용할 수 있으며 소통과 표현기술도 습득할 수 있다.

번역과 언어학전공 석사학습자를 위해 설립된 실습기관은 Beijing Spirit Translation Co.Ltd,CET Academic Programs, 華東師範大學對外漢語學院, 南开大学, Feng Chia University, Fire Services Department, Hong Kong Observatory, Hong Kong Police Force. Microsoft Research Asia. Tang International Education Group Holdings Limited. The Taipei Chinese PEN

Quarterly 등이다. 실습기관에는 정부기관, 회사, 협력학교 등이 포함되어 있다. 이 밖에 B대학은 통역경기 대회, 고시번역상(齊思古詩新解新譯獎) 등도 운영한다.

이 외에 학습자들 언어실력의 제고와 실제 상황에서 통번역의 기술을 파악하기 위해 학과에서 정기적으로 여름 학습프로그램을 주최한다. 이 프로그램은 국제교류의 형식으로 해마다 해외의 협력학교와 상호 학생 파견을 한다. 파견학습의 방식으로 실습기회를 부여하여 언어 능력을 향상시킨다.

C대학은 1989년에 번역연구센터를 설립하였다. 현재 번역연구센터는 통역과 번역 연구 및 학술 교류 매체, 통역사와 번역가 전문 능력을 향상시키며 협력을 추진하는 기관이 되었다. 센터에서 근무하는 인원에는 홍콩C대 통번역 석사 학습자가 포함되어 있다. 학습자들에게 좋은 실습 기회를 제공해 다양한 특강 및 학술교류활동을 통해 전문지식을 넓히고 통번역 능력을 향상시킨다. 이 외에 C대학에는 번역학회(Introduction and Aims)라는 것도 있다. C대학의 번역학회는 중문과 이중언어연구학과에 의해 설립된 학생 동아리다. 통번역 전공 학습자를 위해 통번역 기술 훈련을 받을 수 있는 기회를 제공해주며, 번역학회의 집행위원은 9명이, 그 외에 고문 교수가 10명이다. 이 동아리는 모든 통번역 학습자 회원들에게 통번역 기술을 실습할 수 있는 기회를 제공해준다. 홍콩 C대학번역전공 학습자는 보통 6월부터 8월까지 12주간의 실습시간을 가진다. 임상실습 같은 경우 학습자가 전문적인 기술을 획득해야 한다. 실습시간이 최대한 1년까지 가능하다. 학습자는 자신의 과정 상황에 따라 시간을 배정할 수 있다. 학기기간에 유연하게 실습이나 파트타임을 정할 수 있다. 학습자들은 자신의 전공과 과정을 결합해서 실습을 이루어

진다.

　마지막으로 홍콩 D대학의 실습 상황을 살펴보겠다. 이 대학의 번역학 연구센터에서는 본 학교 재학 및 졸업한 통번역과정 학부생과 대학원생을 연구보조 및 언어고문으로 채용해서 통번역 프로젝트를 같이 완성하는 것을 통해 통번역과정 학습자들에게 실습기회를 제공해준다. 다양한 통번역 프로젝트를 통해서 교육 및 학술연구, 자문 서비스 등 다양한 목적을 이루어질 수 있도록 하기 위함이다. 2001년부터 번역 관련 세미나를 자주 개최하여 홍콩을 비롯한 중국 내외 번역 전문가와 번역 대학원생을 초청하고 연구 성과도 이루었다. 뿐만 아니라 정기적으로 학술포럼을 통해 학생들이 활발하게 토론을 참석하고 학술연구를 실시할 수 있도록 지원한다. 이 학술포럼은 매월 한번 정기적으로 열린다.

　번역학 연구센터는 상담서비스와 전문가실습을 목표로 세우고 사회 다양한 업계에 우수한 중·영번역 및 감수 서비스를 제공 해준다. 센터는 영국문화협회 대학육지원위원회, 홍콩민항처, 홍콩예술중심, 홍콩건축사학회, 홍콩예술발전국, 홍콩방송구, 입법회의원사무실, 홍콩교육학원 등 여러 기관 및 회사에게 서비스를 제공하였고 호평을 받았다.

　통번역 실습은 번역 석사과정의 학습자들이 반드시 거쳐야 할 과정이다. 홍콩 4개 대학의 통번역 석사과정은 전공분야 실습 활동을 중시하고, 학습자에게 다양한 실습기회를 제공하고 있다. 홍콩 대학의 통번역실습교육은 주로 세 가지 분야에서 이루어진다.

　첫 번째, 대학의 자원을 활용하여 사회 계층의 통번역 실습의 기회를 제공하여 각 학교에서 설립된 번역센터, 번역공방(翻译工坊), 번역기술연구세터 등 학교 내부적인 자원을 최대한 활용하여 교수인력의 감독하에 재학 및 졸업생을 위해 통번역 실습한 기회를 제공해준다. 온라인

사이트를 사용해 사회 각계의 유료 통번역프로젝트 위탁을 받고 학습자에게 실습의 기회를 제공해준다.

두 번째, 적극적으로 정부기관, 기업 및 사회단체등과 협력해서 다양한 통번역 서비스를 제공한다. 이런 과정을 통해 실습할 수 있는 기회를 만들어준다. 게다가 적극적으로 국제사회자원을 활용한다. 외국협력대학, 국제조직, 정부기관 등을 통해 해외 및 중국본토와 언어문화교류탐방, 언어실습의 기회를 제공해준다.

일부 대학에서 인터넷기술을 이용하여 모의통번역 실습공간도 제공하며 활용하기도 한다. 홍콩 대학의 통번역실습활동을 살펴보면 학교 내부와 외부의 자원을 모두 동원하여 홍콩의 특수한 지역적 위상을 이용해 끊임없이 학습자에게 실습기회를 제공해주는 것을 장점이다.

앞서 살펴본 바와 같이 홍콩 대학들은 실습규정, 실습과정에 교육인력 지도 등 체계를 갖추고 있다. 홍콩 대학의 교육과정을 통해서 실습분야, 직업윤리, 교육인력의 지도 등 요소의 필요성이 증명하였다. 단, 홍콩 대학 통번역과정의 실습활동 및 기회가 많은 이유 중 하나는 역시 홍콩지역에 언어의 단일화와 활발한 경제활동 때문이다. 따라서 중국 대학 한·중 MTI 과정도 이와 같이 적절하고 유효한 실습교육을 이루기 위해 통번역시장수요, 학교 서립하는 지역경제, 학교 운영 등 방면의 요소가 모두 고려해서 추진해야 한다.

1.3. 홍콩 대학 통번역과정 CAT 및 기계번역 교육

홍콩은 세계경제 및 다양한 문화권의 중심으로 AI등 기술의 발전도 앞서는 지역이다. 이에 영향으로 고등교육 또한 세계 과학기술의 변화에 민감하게 반응하며 적극 활용하고 있다.

교육기술의 빠른 발전에 따라 통번역인재도 이러한 흐름을 올라타고 같이 발전을 해야 성장을 할 것이다. 통번역소프트웨어와 각종 앱의 사용 및 개발, 인터넷 도구의 사용 및 개발 등 선진 통번역 기술 및 활용하는 능력도 필수적이다. 또한 이들을 통해 통번역의 여러 어려움을 해결할 수도 있다.

홍콩 4개 대학은 컴퓨터 기술과 언어 교육을 조합하여 대양한 CAT 과목을 개설하여 통번역 과학연구센터까지 설립하였다. 다양한 첨단 교육기술도구를 사용해 학습자중심으로 상호작용의 학습 환경을 만들어서 통번역 학습동기유발하고 효과적인 교육결과를 기대하고 있다. 또한 학습자들 다양한 통번역 소프트웨어 및 도구 사용 능력을 향상시키며 통번역의 정확성 및 효율성을 제고할 수 있기 때문이다.

홍콩 4개 대학의 통번역과정에서 컴퓨터를 활용해서 교육을 어떻게 이루어지고 있는지 살펴보도록 한다.

우선, A대학 번역 석사과정은 문과 대학에 소속되어 있지만 적극적으로 최신의 교육연구 성과 및 번역 기술에 접근하여 컴퓨터와 인터넷 활용 번역과 관련된 컴퓨터 보조 번역 석사하위과정을 개설하였다. 이는 전 세계 최초로 개설된 새로운 번역전공유형이다. 이 과정을 선택하는 학습자들이 인문사회과학 출신이 많고 일부 공대 졸업생이 있기 때문에 교과목이 늘어나고, 수강방법이 보다 유연하고 학습자의 요구를 채울 수 있다. 수강 과목은 필수와 선택 과목으로 나뉘는데, 필수과목은 컴퓨터 보조 번역이론, 번역이론과 방법, 컴퓨터번역의 편집기법, 컴퓨터(보조)번역 과제 등이며 선택과목은 A, B그룹으로 나뉜다. A팀의 번역 실천과목은 고급 비즈니스 번역, 고급 과학 기술 번역, 및 이중언어 사전학을 포함한다. B그룹의 컴퓨터과학과목은 컴퓨터번역, 컴퓨터번역 방법, 및 자연 언어 처리를 포함하다. 학생은 최소 A그룹 및 B그룹 과목을 한 과씩 이수해야 하다. 이 커리큘럼 설계는 학생들이 그 자체의 능력과 흥미에 기초하여 세 가지를 선택할 수 있도록 허용한다.

이외에, A대학은 번역과학기술센터(CTT)를 설립하였는데, 이 센터는 2006년 학술연구, 데이터베이스 수립, 원천 연구에 대한 출판 그리고 국제적인 회의 및 세미나를 개최하는 역할을 한다. 또한, MA 과정에 개설된 각종 컴퓨터 보조 번역과목을 지원하는 기관으로, MA 과목 학습자들은 이 센터를 이용하여 각종 수업 및 연구 활동을 할 수 있다.

다음은 홍콩 B대학의 컴퓨터를 활용한 교육 상황이다. 번역 및 언어학부에 컴퓨터응용기술에 대한 과목이 포함되어 있다. 과정은 총 3가지로, 첫 번째 컴퓨터와 언어학 분야다. 언어학과 컴퓨터 언어 활용 강의를 포함된다. 먼저, 컴퓨터언어학은 학술 배경이 다른 학습자들이 언어에 대한 양적 학습과 전산 기술 언어 처리과정에서의 응용내용을 소개하고 컴퓨터언어를 활용한 과목에서 컴퓨터언어 활용학습 시스템의 이론과 실천을 가르친다.

두 번째는 번역 전문기술의 응용 과정이다. 여기에는 번역 도구의 개발, 코퍼스 번역, 인간-기계의 교차번역 등 과목이 포함된다. 먼저 번역 도구의 개발 과목은 자주 쓰이는 컴퓨터 보조 번역도구와 기술, 디자인과 개발의 실천 분야를 중점을 두고 교육하는 과목이다. 이 강의는 학습자가 하여금 간단한 프로그램 작성과 체계적인 연습을 통하여 최종 시스템을 개발할 수 있도록 습득하는 교육이다. 코퍼스 번역 과목은 학습자가 코퍼스의 설계, 편집과 운영에 관한 개념과 방법을 이해시키며 활용할 수 있도록 돕는 과목이다. 마지막으로 인간-기계 교차번역 과목은 기기번역(MT)과 컴퓨터 보조 번역(CAT)의 일반적인 원리와 선진적인 기술을 배우는데 목적을 두고, 번역의 효율을 높일 수 있도록 돕는 과목이다.

세 번째는 컴퓨터로 철학 종류의 과목을 번역하는 것이다. 예를 들어 기기 번역 역사, 이 과목의 목적은 학습자들이 컴퓨터언어 및 번역의 시각에서 기기 번역의 역사에 대하여 터득하는데 있다. 기기번역에서 학자들이 컴퓨터를 이용하여 번역 문제를 해결하는 방법을 찾기 위하여 얼마나 많이 연구했는지를 알려준다.

홍콩 C대학은 이름난 이공과학계 대학으로서 과학연구개발에 노력해 왔으며 전문적인 연구 센터와 첨단 시설을 설립하여 각종 사회화 및 글로벌화 된 이슈에 대한 연구에서 앞서가고 있다. 교육기술의 연구 및 이용 분야에서 특별한 장점을 가지고 있는 대학이다. 다년간 줄곧 많은 힘을 기울여 왔으며 그 효과도 뛰어난다. C대학은 중문 및 이중언어학과에서 번역과 석사과정을 개설하면서 CAT와 관련된 2개 과목을 개설하였다. 하나는 언어연구 및 번역 종사자에 대한 멀티미디어 응용 과목이다. 이 과목은 컴퓨터 소프트웨어와 전자자원이 언어와 관련된 학술활동에서 활용되는 것을 소개한다. 학습과정에서 학습자들은 컴퓨터를 사용하여 언어처리방법을 습득하며, 특히 중국어 처리, 온라인 언어 자원 및 컴퓨터 언어 데이터베이스의 처리에 대하여 학습한다. 또한 컴퓨터 보조 언어 학습과 교육, 그리고 컴퓨터 보조 기기 번역과 같은 몇몇 고급 애플리케이션에 대해서도 다루고 있다. 이 밖에 녹음과 편집, 애니메이션, 동영상 편집 등의 기술도 소개 한다. 두 번째는 문서와 언어 환경 과목이다. 이 과목은 각종 현대화기술 번역 도구를 이용하여 공무, 법률, 상업, 과학 등 분야의 서류를 번역 처리하고 번역 과정에서 생긴 문제를 해석하고 동시에 학습자들이 다양한 종류의 유사 문제를 해결하도록 지도해 준다.

끝으로, 홍콩 D대학은 2019년 인공지능 학술 분야에서 세계 37위 및 홍콩 2위를 차지할 만큼 컴퓨터 분야에 강한 실력을 갖추고 있다. D대학은 코퍼스 번역을 학습자들에게 교육하여 번역 실전과 연구에서 코퍼스를 어떻게 이용할 것을 소개하고, 학습자들이 코퍼스를 이용하여 설계, 연구 및 연구결과를 보고할 수 있게끔 한다.

위와 같이 교육과목 개설분야에서 교육기술의 발전 및 보급에 따라 홍콩 고등교육기관은 적극적으로 최신의 현대적 과학기술교육 수단을 번역교육에 적용해왔다. 상술한 홍콩 4개 대학 석사통번역과정에서 관련된 과목을 개설하고 학습자가 소프트웨어도구의 이용 및 개발을 도와주고 이런 기술 및 도구를 통해서 번역 작업을 실행한다. 상술한 자료를 통해서 알 수 있듯이 홍콩 A, B대학의 기술과 인적자원을 활용해서 이 분야에서 지금까지 앞서 있다. 홍콩 A대학은 컴퓨터 보조 번역전공을 개설하여 향후발전 의지 및 방향을 보여주었다. 홍콩 B대학에 번역 석사과정에 개설된 과목은 상대적으로 풍부하다. 일반적인 컴퓨터 언어학과목부터 번역전공 기술활용과정과 컴퓨터번역철학 등 과목까지 순서가 명확하고 체계적이다. 뿐만 아니라 홍콩 각 대학 시장 수요를 따라 CAT 교육의 높은 평가결과가 얻기 위해 컴퓨터언어와 편집기술등 과목이 같이 배정되어 있어서 효과적인 교육이다.

이러한 홍콩 대학 통번역 교육내용을 참고하여 중국 한·중 MTI 과정에서 CAT 내용과 같이 학습해야 할 소프트웨어 응용 등 교과목을 추가로 개설하여 현대 과학기술을 활용한 통번역활동의 효율성을 높여

줄 수 있다. 국내 한·중 통역사 MTI 과정에는 아직 컴퓨터 보조 번역 과목이 많이 개설되지 않은 상황이라 이 분야의 교육 및 연구를 하는 교육인력도 드물다. 이에 따라 홍콩 대학 통번역 석사학과의 경험을 벤치마킹하는 일이 시급하다 하겠다.

위의 분석과 같이 홍콩 4개 대학의 통번역 석사과정은 역사가 깊고 능력이 우수한 다수의 통번역 인재를 양성하였다. 그 중 대부분은 중-영 학술석사이다. 통번역 석사의 인원은 소수로 운영되고 있으며, 통역 석사과정은 단 한 곳의 대학에서만 운영하고 있다. 이 같은 상황은 본 논문 연구에서 논의된 한·중 MTI 과정과는 큰 차이가 있다. 그러나 교육인력의 확보, 개설과목, 실습 교육 및 컴퓨터 보조 번역 등 분야에서 좋은 성과를 내고 있는 것을 고려할 때 4개 홍콩 대학의 사례는 석사 통역과정의 발전 및 연구방안에 대해 참고할 의미가 있다고 본다.

홍콩 각 대학 통번역 석사과정은 역사가 깊고 홍콩 및 국제사회에 필요한 중·영 통번역에 대해 다수의 전문 인재를 양성하여 전공 발전 운영에 좋은 성과를 얻었다. 이러한 발전성과는 홍콩의 국제적 지위, 자금의 투자, 교육인력의 구성, 교과목 개설, 과학연구, 실습실천, 선도적인 위치에 있는 학과의 발전에 중점을 두는 것과 밀접한 관련이 있다. 홍콩 각 대학 통번역 석사과정의 발전은 본문에서 제시한 중국 내 한·중 MTI 과정 발전방향에 대한 중요한 시사점을 제공하고 있다. 본문에서 언급한 바와 같이 중국 내 한·중 MTI 과정에서 교육인력의 구성, 교과목 개설, 실습교육, CAT 교육 등 분야 내용이 홍콩 각 대학 통번역 석사과정과 비교해 보면 큰 차이가 있다. 중국 내 대학 한·중 MTI 과정의 교육목표와 개설과목은 대부분 교육부가 정한《석사생교육 지도 방안》을 따르고 있어 홍콩 대학처럼 각 학교의 특징이 명확하지 않다.

지역특징, 시장수요와 학교의 교육특색을 보여주지 않고 과목 개설의 융통성이 떨어진다. 홍콩 대학에서 다양한 전문 교육인력이 있고 특히 세계적으로 우수한 통번역 교육인력을 갖춰있다. 교육시설이 상대적으로 많으며 선진한 현대화 시설이 구비되어 있다. 따라서 CAT 교육을 하기 좋은 환경을 갖추고 있다. 홍콩의 지역 특징 및 세계적인 환경을 인해 통번역 교육실습과 CAT 교육의 발전을 위해 좋은 토양을 되어주고 있다. 현 단계에서 중국 내 한·중 MTI 과정은 교육인프라의 한계로 인해 바꾸기가 어렵지만 홍콩 대학 통번역 석사과정 운영내용을 참고하여 실습교육과 CAT 교육의 향후 발전시킬 수 있는 여지는 있다. 우선 실습의 분야를 넓혀준다. 홍콩 통번역 석사과정처럼 적극적으로 국제 교류의 기회를 삼고 실습 시간을 갖춘다. CAT 교육부분에서 한·중 MTI 과정에서 CAT 개설 할 뿐만 아니라 학습 내용을 더욱 잘 습득할 수 있게 CAT 내용과 관련된 컴퓨터언어학 입문, 소프트웨어의 사용 등 기초과목을 같이 개설해야 교육의 효과를 볼 수 있다. 일반 교양과목이 아니라 미래 통번역 과정의 발전방향으로 정해야 비전이 있다.

2. 한국 대학의 한·중 통번역과정 현황 및 분석

21세기에 들어서 한국은 우수한 기술, 여행, 영화 및 애니메이션 등 산업을 국가의 중요한 발전 전략으로 세우고 선진국 진입을 목표로 하고 있다. 이러한 한국경제발전 과정에 대외 무역은 중요한 역할을 하였다. 한국은 산업화 발전 및 대외무역의 끊임없는 확장으로 세계 각국과 경제, 무역, 정치, 문화, 교육 등 분야에서 교류가 빠르게 늘고 있다.

이러한 국제 교류 뒤에 다양한 통번역 인재의 역할이 빠질 수가 없다.

1992년 중한 수교 이후 양국은 경제, 무역, 정치, 문화, 교육 등 영역에서 교류를 시작하면서 지난 20년 동안 양국의 왕래는 배로 확장되어 전 세계의 주목을 받는 성과를 얻었다. 중국 외교부 2018년도의 통계를 의하면 현재까지 쌍방의 무역규모가 3,000억 달러, 상호 유학생 인원수는 6만 여명이며 주간 왕복 항공편이 700여 대, 매년 왕래하는 인원수는 연인원 900만 연인원 이다. 이러한 교류와 왕래는 한·중 MTI 인재의 수요가 많다는 사실이 보여주고 있고 특히 고차원의 통번역 인재에 대해 수요가 더욱 많아 보인다. 또한 한중관계가 긴밀해지고 중국에서의 한류와 한국 내에서의 중국 문화에 대한 관심이 높아지면서 번역분야도 실용적 목적의 텍스트뿐만 아니라 문학작품, 영화, 관광, 인터넷 자료 등으로 다양화되고 있으며 시장 규모 역시 크게 확대되고 있다. 이렇게 급팽창하고 있는 통번역 시장을 이끌어갈 통역사와 번역가 및 통번역 교육자 양성에 힘써 각 분야에서 확실한 위상을 차지하게 되었다.

1979년에 한국외국어대학은 한국 최초로 한·중 통번역 석사과정을 개설하고 수준 높은 한·중 통번역 인재의 양성을 시작하였다. 설립 초기에는 한·중 수교 전이었기 때문에 주로 홍콩 마카오 대만지역을 대상으로 인재를 양성하였다. 그 뒤를 이어 한국의 다른 대학에서도 통번역교육과정을 설치하기 시작했다. 한국외국어대학교 통번역대학원(1979), 이화여자대학교 통역번역대학원(1997), 고려대학교 인문정보대학원(1997), 계명대학교 국제학대학원(1999), 성균관대학교 TESOL 번역대학원(2000), 제주대학교 통역대학원 (2000), 선문대학교 통역번역대학원(2001), 동국대학교 국제정보대학원(2002), 부산외국어대학교 통역번역대학원(2003),

서울외국어대학교 통번역대학원(2003), 한동대학교 통역번역대학원(2001), 중앙대학교 국제대학원(2005), 순으로 선후 개원하였다. 다음 〈표 10〉과 같이 살펴본다.[28]

〈표 10〉 각 대학원 통번역 교육과정 개요

교육기관	개설연도	교육과정 명칭	개설언어
고려대 인문정보대학원	1997	영어번역통역학과 중국어번역학과	영, 중
계명대 국제학대학원	1999	영어통번역학과 일본어통번역학과 중국어통번역학과	영, 일, 중
동국대 국제정보대학원	2002	영어 통번역 전공과정	영
부산외대 통역번역대학원	2003	한영과, 한중과, 한일과	영, 일, 중
서울외대 통번역대학원	2003	한영통역번역학과 한중통역번역학과 한일통역번역학과	영, 일, 중
선문대 통역번역대학원	2001	한영과, 한중과, 한러과, 한일과, 한서과	영, 중, 러, 일, 서

---

28) 《국가 번역시스템 구축을 위한 기초연구》(2007) 박경희 한국에서 전문적 통역번역 교육은 1979년 한국외국어대학교 내에 통역대학원 설립 시작할 때 부터다. 통계를 인해 2007년 8월까지 12개의 통역번역 관련 대학원이 운영되고 있다. 이중에 한중 통역이나 번역 과정을 운영하고 있는 대학교는 고려대, 계명대, 부산외대, 서울외대, 선문대, 이화여대, 제주대, 중앙대, 한국외대 있다. 위에 제시하는 학교와 통번역과정 설립된 대학관이 있고 뒤에 년도는 설립하는 년도다.

성균관대 TESOL 번역대학원	2000	번역학과	영
이화여대 통역번역대학원	1997	한영과, 한불과, 한중과, 한일과	영, 불, 중, 일
제주대 통역대학원	2000	한영과, 한독과, 한중과, 한일과	영, 독, 중, 일
중앙대 국제대학원	2005	Advanced Interpretation & Translation	영, 중, 러
한국외대 통역번역대학원	1979	한영과, 한불과, 한독과, 한노과, 한서과, 한중과, 한일과, 한아과	영, 불, 독, 러, 서, 중, 일, 아랍
한동대 통역번역대학원	2001	한영통역번역학과	영

한국에서 전문적 통역번역교육은 1979년 한국외국어대학교 내에 통역대학원 설립 시작할 때부터다. 통계에 의하면 2007년 8월까지 12개의 통역번역 관련 대학원이 운영되고 있다. 이중에 한·중 통역이나 번역 과정을 운영하고 있는 대학 고려대, 계명대, 부산외대, 서울외대, 선문대, 이화여대, 제주대, 중앙대, 한국외대 있다. 위 표에 각 학교의 통번역과정 개설 년도와 교과목 명, 개설 언어 등이 정리되어 있다.

부산외대, 서울외대, 선문대, 이화여대, 제주대, 중앙대, 한국외대 모두 동일하게 통번역석사학위를 수여하는데 본 논문에서 분석하고자하는 대학은 수도권 4년제 정규대학, 중국어 통역과 번역 전공 모두 개설하는 대학대상으로 선택하였다. 연구 대상으로 선택하는 대학 아시아 최초로 CIUTI(세계통역번역대학학원협회)정회원 가입하고 BK21 등 프로그램을 운영하고 있으며 한국뿐만 아니라 아시아에서 통번역 교육의 중심으로 자리를 굳혀나갔다.

한국 A대학 통번역대학원 한중과는 한국 국내 최초로 통번역 전문교육 기관으로 설립된 학과이다. 대학원 학치의 내용을 의하면 이 학과는 졸업 후 바로 실무를 수행할 수 있도록 실전중심 커리큘럼을 토대로 수준 높은 교육을 진행하고 있다. 한국과 중국의 가교역할을 할 미래의 전문 통번역 능력을 갖춘 인재 양성을 위해 노력한다. 현재 이 학교의 한·중 통번역학과에서는 국제회의통번역 전공, 국제회의통역전공, 통번역전공 등 3개의 전공이 개설되고 각 전공에 맞춰 석사 학위를 수여한다.

한국 B대학은 한국에서 두 번째로 개설된 통번역 대학원으로, 학교는 세계화 시대를 맞아 가속화되는 국제사회의 정치경제적 통합, 정보통신기술의 급속한 발전은 정치·경제 분야뿐만 아니라 사회·문화적 차원의 국제적 개방도 불가피하게 된 시대적 변화에 발맞추어 통역·번역 전문인력의 안정적 공급이라는 새로운 사회적 요구에 부응하기 위하여 설립되었다. 대학원의 학치를 따르면 현재 이 대학원에서 한·중 통역 석사과정과 한중번역석사과정 두 개를 개설하고 있고 통번역학석사학위를 수여한다. 그리고 번역학과는 전문번역, 기술번역, 미디어 번역, 문학번역 등 국내에서 유일하게 전문화와 세분화된 교과목 구성을 갖추고 있다. 특히 2014년 국내 통역번역대학원으로서는 BK21+ 전문 인력양성 사업단으로 선정되었다.

한국 C대학은 국제대학원에 전문통번역학과를 설립하였다. 전문통번역학과에서 개설된 한중통번역전공은 국내 유일의 국제학과 통번역학의 창조적 융합 프로그램을 제공한다. 통번역능력과 제반 분야 지식을 갖춘 커뮤니케이션 전문가를 양성하여 국가 사회 및 세계 발전에 기여함을 목표로 한다. 대학원의 학치를 따르면 이 학과의 한중통번역 전공의 특징은 언어 및 커뮤니케이션 능력을 강조하며, 실제적인 문제 해결 능력을 갖춘 국제경영 및 국제관계 전문가, 최고의 전문 통번역능력을 갖춘 전문통번역사를 양성하는데 목표를 두고 있다. 현재 이 전문 통번역학과에는 석사과정만 있고 한중통번역학 석사학위를 수여한다.

〈표 11〉 분석 대상인 한국 3개 대학의 전공 개설 현황

대학	대학원	과정	전공	학위
한국 A대학	통번역 대학원	한중학과	국제회의 통번역전공, 국제회의 통역전공, 통번역전공	통번역학석사
한국 B대학	통번역 대학원	한중통역과 한중번역과	한중통역전공 한중번역전공	통역학석사 (한중통역) 번역학석사 (한중번역)
한국 C대학	국제 대학원	전문통번역 학과	한중통번역전공	통번역학석사 (한중통번역)

〈표 11〉은 한국 3개 대학 통번역과정은 개설하는 상황을 보여주고 있다. A, B대학은 통번역대학원을 설립하여 한중학과를 개설하였다. 다만 B대학은 한중 통역과, 한중 번역과로 나누었다. C대학은 국제대학원은 국제학과와 전문통번역학과로 구성되어 있다.

2.1. 한국 대학 한·중 통번역과정 개설과목

한국 A대학, 한국 B대학, 한국 C대학 통번역 석사과정이 개설된 과목은 주로 각 학교 전공의 양성 목표에 따라 설정되었다. 한국의 이 3개 대학 통번역석사과정인재 양성의 목표에는 하나의 공통점이 있다. 바로 고차원적이고 능동적인 한중 통번역인재를 양성하는 목표다. 각 학교 전공과정 양성방안에 고차원적이고 능동적인 인재에 대해 모두 설정이 되어 있다.

한국 A대학 통번역대학원의 교육목표는 전공언어 및 문화에 대한 전문 역량과 지식, 국제 사회의 주요 현안들에 대한 깊은 이해를 겸비한 전문 통번역사를 육성하고 국내외 최고 수준의 국제커뮤니케이션 전문가로 국내외 통번역학 분야의 학술적 이론 발전에 기여, 선진 교수법 개발, 타 학문 분야와의 교류 협력을 주도할 교육자 및 연구자 양성을 주요 목표로 한다. 한중학과의 교육목표는 전문 통번역 기술과 다기능 능력을 겸비한 창의적 전문 인재 육성이 핵심이라고 할 수 있다. B대학 통번역대학원의 교육목표는 세계 수준의 통역사와 번역사로서 신뢰할 수 있는 능력, 직업윤리와 품성을 함양한 인재 육성이다. 모국어와 전공 외국어에 대한 완벽한 구사력을 갖추고, 다른 언어권의 문화와 정서를 이해할 수 있는 소양을 키우도록 교육 과정이 설계되었다. 한편, C대학 국제대학원의 전문 통번역학과(AITP)는 한·영, 한·중, 한·러 세 개 통번역전공으로 구성되어 있다. 다른 두 개 대학과 달리 국제대학원의 모든 프로그램은 언어 및 커뮤니케이션 능력을 강조하며, 실제적인 문제해결 능력을 갖춘 국제경영 및 국제관계 전문가, 최고의 전문 통번역능력을 갖춘 전문통번역사를 양성하는데 목표를 두고 있다. 국제대학원 전문통번역학과 한중 통번역전공은 통번역능력과 제반 분야 지식을 갖춘 커뮤니케이션 전문가를 양성하여 국가 사회 및 세계 발전에 기여함을 목표로 한다. 그렇다면, 이들 교육 목표를 바탕으로 설계된 각 학교의 개설과목을 비교해보자.

A대학의 통번역대학원 한중학과에서 개설된 한중 통번역 석사과정의 석사학위 취득에 필요한 시간은 2년이고 이 학제는 당 대학의 다른 대학원의 석사학위 취득시간과 같다. 수료학점은 2개 언어과정의 경우 총 50학점 이상 이수해야 되고 한영과 번역전공의 경우 총 50학점 이상 이수해야 되며, 3개 언어과정의 경우 총 62학점 이상 이수해야 된다.

통번역대학원 한중학과에서 개설된 과목들은 이 학과의 특성과 교육 목표에 맞춰서 주로 한중 통번역 기술을 중심으로 구성된다. 이 중에 통역교육의 경우, 특히 전문성이 높은 동시통역 기술을 중점적으로 양성하고 있다. 주요 과목들로는 한중 순차통역, 한중 동시통역입문, 한중 동시통역 등이 있다. 번역교육의 경우, 한중 일반 번역, 한중 산업경제 번역, 한중 정치법률 번역, 한중 과학기술 번역, 한중 미디어 번역 등이 있다. 이 외에 통번역 이론과 방법, CAT, 모의회의 통역 등 특색이 있는 과목들도 있다. 구체적인 개설과목 살펴보면 아래 〈표 12〉와 같다.

〈표 12〉 한국 A대학 통번역대학원 한중과 개설과목

학기	개설영역	교과목명칭
1학기	공통필수	주제특강 I, 통번역이론, 한국어숙달 I
	전공필수	중→한 문화콘텐츠번역, 한→중 문화콘텐츠번역 한→중 순차통역, 중→한 순차통역 중국어 숙달 I, 중국어 주제발표

	공통필수	주제특강 II, 한국어숙달 II, 동시통역입문
2학기	전공필수	중→한 산업경제번역, 한→중 산업경제번역 중→한 순차통역, 한→중 순차통역 중국어 숙달 II, 중국어 시사토론
3학기	공통선택	논문지도 I, 모의회의 I, 연구방법론
4학기	전공필수	중→한 동시통역 I, 한→중 동시통역 I 중→한 순차통역 III, 한→중 순차통역 III 중→한 정치 법률번역, 한→중 정치 법률번역
	전공선택	번역 PRACTICUM I, 전문동시통역 I
	공통필수	모의회의 II
	전공필수	중→한 동시통역 II, 한→중 동시통역 II 중→한 순차통역 IV, 한→중 순차통역 IV 중→한 과학기술번역, 한→중 과학기술번역
	전공선택	번역 PRACTICUM II, 전문동시통역 I

〈표 12〉는 한국 A대학 한중 통번역 개설과목이 과목당 주당시수 2시간이다. 과목은 전공필수와 선택, 공동필수와 선택으로 나뉜다. 학점의 배점은 한국어와 중국어 숙달, 모의회의, 논문지도를 빼고 모두 과목당 2학점이다. 학기별로 수업 난이도가 상승하는 특징이 있다. 1, 2학기 모두 주제특강이 개설되어 있다. 학습자의 안목과 지식의 양을 넓혀줄 수 있다. 3, 4학기 실무위주로 모의회의 수업 및 논문지도, 연구방법론 등이 있다. 통역기술을 훈련하는 과목이 주를 이룬다. 번역 과목의 개

설은 문화콘텐츠, 산업경제, 정치법률, 과학기술의 순으로 학습자 접촉하기 쉬운 분야부터 전문성이 어려운 분야까지 골고루 배정되어 있다.

한국 B대학 통번역대학원 한중 통번역과정의 석사학위의 취득에 필요한 시간은 2년이고 이 학제는 당 대학의 다른 대학원의 석사학위 취득시간과 같다. 한 학기 최대이수학점은 12학점이며, 졸업 최소 44학점 이수해야 된다. 3, 4학기에 개설된 CAT 입문은 동일교과목으로 매학기 개설한다.

한국 B대학 통번역대학원 한중전공의 교육목표에 따라서 그의 개설과목도 주로 한중 통번역 실무를 중심으로 개설된다. 이 중에 한중 통역석사과정의 경우에 주로 통역이론과 방법, 한중 순차통역과 동시통역, 한중 경제금융통역과 국제관계통역, 전문통역, CAT입문 등 과목들이 있다. 구체적인 개설과목을 살펴보면 아래 〈표 13〉, 〈표 14〉와 같다.

〈표 13〉 한국 B대학 통역학과의 개설과목

학기	구분	교과목명
1	공통	통번역입문
1	필수	순차통역 I AB, 순차통역 I BA, 문장구역 I, 실무번역 I
1	선택	고급한국어 I, 고급B언어 I, 작문
2	공통	주제특강
2	필수	순차통역 II AB, 순차통역 II BA, 문장구역 II, 실무번역 II
2	선택	고급한국어 II, 고급B언어 II
3	필수	경제금융통역, 사회문화통역, 동시통역 I AB, 동시통역 I BA

3	선택	고급한국어 III, 고급B언어 III, 고급실무번역 I, 통번역학연구, CAT입문
4	필수	국제관계통역, 과학기술통역, 동시통역 II AB, 동시통역 II BA, 모의국제회의
4	선택	고급실무번역 II, 통번역교수법, CAT 입문

〈표 14〉 한국 B대학 번역학과의 개설과목

학기	구분	교과목명
1	공통	통번역입문
1	필수	전문번역 I AB, 전문번역 I BA, 문장구역, 작문 I
1	선택	고급한국어 I, 고급B언어 I
2	공통	주제특강
2	필수	전문번역 II AB, 전문번역 II BA, 작문 II, 실무통역
2	선택	고급한국어 II, 고급B언어 II
3	필수	문학번역 I AB, 문학번역 I BA, 기술번역 I AB, 기술번역 I BA
3	선택	영상번역 I, 고급실무통역 I, 통번역학연구, CAT입문
4	필수	문학번역 II AB, 문학번역 II BA, 기술번역 II AB, 기술번역 II BA, 번역실습평가
4	선택	영상번역 II, 고급실무통역 II, 통번역교수법, CAT입문

〈표 13〉와 〈표 14〉는 한국 B대학 한중 통번역 개설과목이 과목당 주당시수 2시간이다. 과목은 공통, 필수, 선택 세 가지로 나누어다. 학점의 배점은 고급한국어 및 B언어 과목만 빼고 모두 각 2학점이다. 전공은 통역학과 번역학과로 나누며 각 전공분야의 특징을 따라 과목을 개설했다. 통역학과의 과목은 경제금융, 사회문화, 국제관계, 과학기술, 모의국제회의 등 분야 별로 필수과목으로 나누고 있고 모두 현장에서 중요시되는 분야 내용에 대한 전문 통역 능력 함양을 목표로 하는 공통점이 있다. 번역학과는 문학번역과 기술번역에 중점을 두고 있고 기술번역과목 안에 더욱 심화 발전시킨 과정으로 과학기술, 경제, 금융, 법률 분야의 난이도 높은 텍스트를 중심으로 번역연습을 진행한다. 필수과목 중에 번역 실습 평가와 선택과목인 통번역교수법이 특색이 있다고 본다. 번역 실습 평가는 학습자가 스스로 선정한 특정 전문 분야의 A언어 텍스트를 B언어로, 또는 B언어 텍스트를 A언어로 옮기는 프로젝트 수업이다. 학습자들 각자가 관심 분야의 난이도 높은 텍스트를 선정하여 강도 높은 번역 실습을 진행한다. 문학번역 및 기술번역 수업에서 습득한 언어 구사력과 전문 지식을 활용하여 총체적인 번역능력을 제고한다. 통번역교수법은 통번역 실무와 더불어 통번역교육에 관심이 있는 학생들을 대상으로 구체적인 교수법을 지도한다. 교과과정 설계, 강의자료 준비, 다양한 학습활동 모색, 다양한 평가방식 고찰 등을 통해 통번역 수업을 효과적으로 진행할 수 있는 방안을 논의하고, 그 과정에서 통번역 과정에 대한 심층적인 이해를 도모한다.

다음은 한국 C대학의 현황을 살펴본다. C대학의 전문통번역학과 석사학위의 취득에 필요한 시간은 2년으로, 다른 대학원의 석사학위 취득 기간과 동일하다. C대학은 홍콩 대학의 운영과 유사하게 독립된 통번역대학원이 아니라 국제대학원안에서 통번역학과를 개설했다. 국제대학원은 글로벌 비즈니스, 금융, 회계 및 국제관계 분야를 다루는 국제학(ISP)과 전문 통·번역학과(AITP)로 구성된 석사과정 프로그램이다. 졸업학점은 전문 통번역학과(AITP)의 전공 58학점 외에 국제학(ISP) 전공의 18학점 모두 총 76학점이 필요하다. 이것은 국제대학원 전문통번역학과의 가장 큰 특징이라고 할 수 있다.

국제대학원은 융·복합 시대의 글로벌 환경에 걸맞은 학제 간 접근법을 통해, 학생들이 글로벌 이슈에 폭넓게 접근하고, 비판적 사고와 데이터 분석능력을 함양토록 하여, 문제해결 능력을 지닌 글로벌 인재를 양성함을 목표로 한다. 전문통번역학과에서 언어 및 커뮤니케이션 능력을 강조하며, 실제적인 문제해결 능력을 갖고 최고의 전문 통번역 능력을 갖춘 전문통번역사 양성하는데 둔 교육목표를 이루기 위해 풍부한 현장 경험과 이론을 겸비한 통번역 교육인력에 의한 한중 순차통역과 동시통역, 통번역 입문, 한중 번역, 문화예술 콘텐츠 번역 등 전공과목뿐만 아니라 각 분야 최고 전문가로 구성된 국제학 교육인력에 의한 국제정치, 경제, 금융, 회계, 보험 등 국제학의 과목들도 제공하고 있다. 국제 대학원 학사내규의 내용을 따르면 이 학과에서 개설된 과목은 아래 〈표 15〉를 통해 살펴본다.

〈표 15〉 한국 C대학 전문통번역학과의 개설과목

학기	이수 전공	과목명
1차 22학점	전공	순차통역입문, 번역입문, 통역 프랙티컴 1, 번역 프랙티컴, 통번역 테크놀로지와 코퍼스, 랭귀지 클리닉 1
	선수 과목	통번역세미나 1

	ISP	고급한국어 1 (※고급한국어 1은 ISP전공 학점으로 인정함) 국제학 1과목
2차 17학점	전공	전문순차통역 1, 실무순차통역, 글로벌 비즈니스 번역, 랭귀지 클리닉 2/외국인 : 한국어 클리닉 2
2	선수 과목	통번역세미나 2
	ISP	고급한국어 2 (※고급한국어 2는 ISP전공 학점으로 인정함), 국제학 1과목
3차 17학점	전공	동시통역입문, 전문순차통역 2, 문화예술콘텐츠 번역, 로컬라이제이션 & 포스트 에디팅, 모의 & 원격화상회의
	선수 과목	통번역세미나 3
	ISP	국제학 1과목
4차 20학점	전공	국제회의 동시통역, 전문순차통역 3, 통역프랙티컴 2, 전문번역세미나 T&P, GSIS 리더포럼
	선수 과목	통번역세미나 4
	ISP	국제학 1과목
4학기 총 이수학점 76학점		

전문 통·번역학과(AITP) 과목 중 고급한국어 (1) (2) 는 국제학(ISP) 전공 학점으로 인정하고 ISP 전공 18 학점 중 ISP 필수전공 Business Economics(1), International Relations 2과목을 필수 이수로 되어 있다. 통번역테크놀로지와 코퍼스, 랭귀지 클리닉, 모의& 원격화상회의, GSIS 리더 포럼만 주 시주 2시간, 각 2학점으로 배정되어 있다. 나머지 과목들

모두 주 3시간 강의시수와 3학점이다. C대학의 통번역 개설과목은 보편적인 통번역 전문 과목 외에 외국인 학습자대상으로 언어 강의, 영어 영역의 다양한 선택과목 및 국제학 과목의 이수를 통해 국제경제, 정치, 금융, 회계 등 다양한 과목을 이수할 수 있다. 개설과목 전반에 대한 다양한 지식을 갖춘 전문적 통번역 인력을 양성하고 있는 사실이 확인할 수 있다.

상술 3개 대학의 통번역과정 개설과목을 살펴보았다. 홍콩 각 대학 통·번역 석사과정의 교과목과 달리 한국 대학은 주로 실용적 한중 통·번역 인재를 양성 이념을 부각시켜 석사과정에서는 교양 및 연구에 대해서는 강조하지 않고 있다. 이러한 양성 목표의 영향과 전공학습자의 특징과 결합하여 교과목 개설은 아래와 같다.

먼저 교육과정을 분석해보면 A대학과 B대학의 통번역 대학원에 개설된 전공과정은 모두 한·중 통번역 관련된 과목으로 홍콩 각 대학과 같은 다양한 부전공이나 교육과정과 달리 전문적인 기술 및 실무능력을 중점을 두고 실무인재를 양성하는 특징이 있다. 이러한 비교적 단일한 교과목 개설 특징은 한편으로는 한·중 통번역에 능통한 인재라는 목표를 부각시킨다. 목표에 따른 교육자원과 비용을 어느 정도 절감하는 것이라고도 할 수 있다.

C대학은 홍콩 대학의 교육방식과 유사하다. 통번역대학원이 아니고 국제대학원에 전문 통번역+국제학 과정을 개설하고 있다. 한·중 전문 통번역 석사과정은 통번역 전공분야 교육 외에 경제무역 분야 과목도 개설되어있는 것이 C대학 통번역 교육의 특징이다. 이 같은 전공과목 개설은 사실상 외국어와 전공을 결합한 형태로 한중 번역 석사 양성 과정에 적용해볼 수 있다.

위 한국 3개 대학 한·중 통번역 석사과정에서 개설된 교과목 개설의 특징을 살펴보면 한·중 통번역 석사과정의 양성목표가 명확하고 개설 과목을 보면 서술형 과목이 아니라 과정형이며 강한 체계적인 연속성 을 가지고 있다. 한·중 순차통역, 동시통역의 이론 및 기술, 그 안에 다시 정치, 예술, 의료, 법률 등 다양한 분야를 세분하게 나눠서 교육을 실시하다. 홍콩과 같이 '다방면에 완전한'이 아니라, 고급 수준의 실용 한·중 통번역 인재 위주로 양성하고 있다. 이러한 교육의 특징을 통해 서 한국 대학 한·중 통번역 교육은 이론보다 실천을 중시하는 이들 대학의 기본 사고를 잘 보여주며 시장의 수요를 따라 인재양성을 하는 공통점이 있다. 이는 중국 대학의 한·중 MTI 과정의 교육목표와 같으 며 참고할 가치가 높다.

2.2 한국 대학 한·중 통번역과정 실습과정

높은 수준의 한·중 통번역 인재를 양성하기 위해 한국 각 대학 통번 역 석사 과정은 학습자의 실습능력 강화시킨 것을 중요한 목표로 하고 있는데, 이는 두 가지 방면에서 나타나고 있다. 첫 번째는 이들 대학의 인재 양성 방안에 모두 명확하게 한중 통번역 실무 인재를 배양에 중점 을 두고 있는 점이다. 두 번째는 개설되어 있는 교과목 중 실습 교육위 주 통번역 전공과목이 높은 비율을 차지하고 있다는 점이다. 필수과목 의 교육내용이 실무 능력을 향상시키는 데 목표를 두며 훈련을 시키는 교육내용이 대다수다.

통번역 전문 인재 양성을 목표를 달성하기 한국 A, B, C대학은 실제 교육하는 과정에 학교 내외의 자원을 모두 동원하여 다양한 실습할 기회 및 공간을 마련해서 통번역 학습자들에게 제공한다. 통번역 학습자들이 다양한 사회 실습활동을 참석하는데 도움이 주고 있다. 그렇다면 각 학교가 어떠한 실습과정을 운영하고 있는지 살펴보겠다.

먼저 한국 A대학 통번역대학원은 현장 투입이 가능한 통역사, 번역가 실무 능력양성을 중심으로 설립된 만큼 1979 개원 당시부터 현장 친화적 교육을 지속적으로 실천해 왔다. 통번역대학원에서 통번역연구소를 설치하여 이를 중심으로 각종 연구과제를 발주, 수주하면서 교수뿐만 아니라 대학원생들도 참여 가능하다. 다시 말해서 통번역연구소의 구성원은 통번역대학원 전원과 현장에서 활동한 전문통역사, 전문번역가 및 대학원생들로 구성된다. 또 통번역연구소에서 대학원생의 진로 개발을 위한 교내 외 네트워크 구축 및 활용하고 있다. 각 학과별로 각 국가의 주요 정계, 재계, 학계 인사를 초청, 학생들과 교류, 질의응답 시간 마련해 준다. 통번역센터는 국내의 가장 대표적인 통번역서비스 연계기관으로 통번역대학원 학습자들은 졸업과 동시에 자동적으로 본 대학의 통번역센터에 등록할 자격을 얻게 된다.

통번역연구소는 교육과정 중 모의회의 및 번역 프랙티컴 등 현장의 상황을 시뮬레이션 한 교육을 실시하고 있다. 현장에서 활동하는 다양한 직업군의 연사를 초대해 직업 세계에 대한 지식도 넓히고, 동시에 통역 실습도 할 수 있는 기회를 마련하고 있다. 이 외에 통번역센터를 통한 산학협력을 하고 있다. 예를 들어 외부 고객(기관/업체)과의 MOU 체결을 통해 재학생을 통번역 요원, 혹은 인턴으로 활용하도록 하고 있다. 또 외부 고객과의 계약 체결 재학생을 번역 품질 평가를 위해 활용하도록 하고 있다.

그리고 통번역연구소에서 대학원생의 진로 개발을 위한 교과 및 비교 프로그램을 운영하고 있다. 그 중에 통번역현장 견학의 프로그램이 있다. 다양한 분야의 행사에 참여, 본인의 적성 여부를 판단하도록 하는 학습방법도 있다. 그 이외에도 통번역센터를 통해 재학생 통역 요청이 접수될 경우, 재학생은 현장 견학 뿐 아니라 현장 실습도 겸할 수 있다. 그리고 기본 통번역역량을 키우는 과목들이 실무 전문가들에 의해 현장 중심으로 진행되므로 학습자들에게 진로에 대한 정보를 자연스럽게 제공한다.

한편, 한국 B대학의 통번역대학원에서도 통번역연구소를 설치하고 적극적으로 활용하고 있다. 현재 B대학 통역번역연구소에서는 다양한 통번역서비스를 제공하고 있다. 센터를 통해 직접 지원하는 언어는 B대학 통역번역대학원 개설학과 언어인 영어, 일본어, 중국어, 불어 등이 있고, 통번역서비스뿐만 아니라 공동프로젝트를 같이 수행할 수 있다. 또한 수시로 통번역사 채용정보와 인턴 실습 정보를 홈페이지에 공개하고 있다.

통역번역대학원은 설립 이후 지속적으로 통역 2년 과정 수료 후 종합시험과 통역 능력인증시험을 실시해 왔다. B대학 통번역대학원에서 실시된 시험은 국제회의 통역능력인증시험 및 번역능력인증시험이다. 인증시험의 응시자격은 본교 통역번역대학원 졸업자에 한하며, 매년 6월에 실시한다. 통역학과의 인증시험은 구술시험을 원칙으로 하고 시험과목은 순차통역 A－B, 순차통역 B－A, 동시통역 A－B, 동시통역 B－A, 총 4과목으로 한다. 번역학과의 인증시험은 필기시험을 원칙으로 하고 시험과목은 문학번역 A－B, 문학번역 B－A, 기술번역 A－B, 기술번역 B－A, 총 4과목으로 한다. 인증시험 합격자에게는 인증서를 수여한다.

이 밖에 한국 B대학은 국내 통역번역대학원으로서는 BK21+전문인력양성 사업단으로 선정되면서 재학생의 현장실습, 졸업생과의 협업 시스템 구축, 전문분야 특강, 현장학습 강화를 통해 인력 전문화를 더욱 공고하게 진행하고 있다. 특히 통번역실무와 연구의 융합, 석·박사 과정의 유기적 연대를 강화하는 교육 프로그램 등을 개발하고 있다. 이런 학술 연구를 통해 학생들에게 더 많은 전문적이고 유용한 지식을 습득하게 한다.

마지막으로 한국 C대학 국제대학원에서 앞선 두 학교와 마찬가지로 통번역연구소를 운영하고 있다. 통역번역연구소는 통번역학의 이론적 연구와 통번역현장 경험의 이론화 및 체계화 그리고 학제적 융합 연구의 흐름을 주도하면서 통번역학 분야의 새로운 패러다임을 만들고 있다. 그와 함께 정부기관, 국내외 유수 기업, 연구소, 국제기구 등과 긴밀한 협업을 통하여 대규모 통번역프로젝트를 비롯하여 국제회의 동시통역, 전문 순차 통역과 번역 등 통번역서비스를 제공하고 있고 다양한 통번역수주 사업을 수행하여, 글로벌 다국어 통번역서비스 전문기관으로 자리매김 하고 있다. 이런 과정에서 대학원생들에게 각종 통번역실습과 실습기회를 마련하고 있다.

이 밖에 C대학 통역번역 연구소에서도 각종 비(非) 학위 교육 프로그램을 운영하고 있다. 예를 들어 의료 통번역 전문가 교육과정이 그것이다. 이 과정은 21세기 글로벌 시대가 요구하는 전문성과 창의성을 모두 갖춘 보건의료 분야 전문 통번역 인력을 양성하여, 보건의료 산업 내 소프트파워를 제고하고 해당 분야의 교육 허브로의 입지를 강화하는 것을 목표로 한다. 그리고 한국원자력협력재단과 공동으로 원자력 통번역전문가 양성 프로그램 운영하고 있다.

또는 한국 C대학 국제대학원은 홈페이지를 잘 운영 관리하여 'recruiting events'를 통해 수시로 각종 통번역 인턴과 통번역사의 채용공고를 올리고 있다. 이런 것을 통해 대학원생들에게 아주 좋은 실습과 인턴기회를 제공해 주고 있다. 중국 여러 대학에도 교류학생을 파견하고 있으며, 산학연 협력을 통한 다양한 현장 실습 기회 제공하고 있다. 삼성전자와 갤럭시탭 통번역 및 어학교육 앱, 콘텐츠 공동개발 MOU 체결하며, 정부기관, 기업, 연구소 등과 통번역 프로젝트도 수행하고 있어 많은 학습자들이 참여하고 있다.

한국의 한·중 통번역석사과정은 실무능력을 갖춘 한·중 통번역 전문인재양성의 목표를 명확하게 드러내고 있다. 이러한 교육 목표를 이루기 위해 한·중 통번역실습활동이 전체 교육과정 중에 중요한 위치를 차지하고 있다. 한국 대학 한·중 통번역전공에서도 학습자를 위한 다양한 실습의 기회 및 편리를 제공하는데 노력하고 있다. 이점에서는 홍콩 대학과 동일하다.

본고에서 분석하고자 한 3개 대학 실습을 아래와 같이 이루어지고 있다. 첫 번째는 3개 대학 모두 통번역연구소가 설립되어 있다. 3개 대학 통번역대학원 모두 통번역연구소와 밀접한 협력을 하고 있다. 통번역연구소를 이용하여 전 사회를 대상으로 통번역 유료 서비스를 제공하고 있다. 다양한 통번역 실무를 통해서 대학원생들한테 실습할 기회를 제공해준다. 실무 외에 통번역연구소에서 다양한 학술 활동도 실시하고 있다. 통번역 전공 학습자들한테 배움 교류 및 토론할 기회를 제공하고 있다. 이런 활동을 통해서 통번역윤리 및 도덕관등 지식을 전파한다.

두 번째는 졸업생을 통해서 풍부한 정보를 공유하다. 통번역 전공

학습자들이 자발적으로 동아리를 만들어서 정보를 공유한다. 이들 학습자들이 스스로 운영하는 동아리를 통해서 편한 통번역 기술 토론 및 실습할 수 있는 정보를 공유하여 학교 및 기관에서 제공해준 기회보다 더욱더 편하게 소통하고 교류할 기회가 된다.

　마지막으로 한국의 한·중 통번역 석사과정은 중국과의 편리한 교류 조건을 활용해 한국 학생들의 중국 어학연수 및 어학능력 강화기회를 제공한다. 홍콩 대학 통번역 석사과정과 같이 모의실습과정을 개설하여 학습자들의 한·중 통번역 실무능력을 향상시킨다.

　위에서 살펴본 바와 같이 한국 대학 한·중 통번역 석사과정은 실습 활동이 많다. 다만, 홍콩 대학들이 정한 엄격한 실습제도에 비하면 한국 통번역 전공 과정의 경우 실습에 대한 관리가 상대적으로 엄격하지 않으며 관련 지도가 부족하다. 교수는 학생들의 실습 활동에 대해 지나치게 관여하지 않지만, 실습 후에 통번역 실습 증명서를 제출해야 한다는 점은 중국과 같다. 한국 한·중 통번역 석사과정 실습 분야의 교육 방식이 홍콩과 일치하며 통번역 석사 교육할 때 성과가 있는 교육법이라 볼 수 있다. 이러한 부분은 실제 중국 한·중 MTI 과정 교육할 때 참고하여 계획을 세울 수 있다. 현재 한국에서 통·번역 석사과정을 개설한 대학은 많지 않으며 학습 인원수도 적다. 때문에 중국에 비해 실습 기회가 오히려 더욱 많아질 수 있다. 중국 현재 한·중 MTI 과정을 개설하는 대학 지역마다 증가하고 있는 추세인데 지역 따라 실습하는 기회도 모두 다르기 때문에 한국보다 더욱 실습할 기회가 제공되어 실습 교육의 활성화를 시켜야 한다.

2.3. 한국 대학 한·중 통번역과정 CAT 및 기계번역 교육

한국은 정보통신분야 강국이다. 최근 교육과정에 컴퓨터 활용 수단을 도입하여 교육사업의 발전을 이루었고, 이에 통번역석사과정에도 컴퓨터 보조 번역과정이 개설하기 시작하였다. 그 중에 한국 A대학에서 CAT tool 과목이 개설되어 있다. 한국 B대학 통번역대학원의 통역과 번역의 과정에도 각각 CAT 과목이 개설되어 있고, 의무적으로 두 학기를 수강하여야 하다. 한편, 한국 C대학 국제대학원은 통번역과정에 번역 테크놀로지와 코퍼스(Interpretation & Translation Technology and Corpus) 과목이 개설되어 있다. 한국 대학 통번역과정 주로 학습자의 통번역실무능력을 향상시키며 컴퓨터 보조 번역 분야의 응용 및 관리경험, 학습자들의 학습의 경험을 계속 누적하고 있다.

다만, 현재로서 한국의 대학들이 CAT 과목에 중점을 두고 있지 않아 소프트웨어의 개발 및 활용 방면은 아직 시간이 더 필요하다.

각 학교의 cat-tool 사용교육 현황을 살펴보면, 한국에서 역사가 가장 오래된 A대학의 통번역대학원은 설립할 때부터 학습자의 통역 기술 훈련위주로 교육을 실시하고, 통번역과정의 발전 흐름에 따라 CAT과정의 광범위한 적용을 위해 통번역대학원에서 CAT(Computer-Aided Translation) 과목을 개설하였다. 이 과목은 번역에 유용한 소프트웨어와 번역 지원 툴을 사용해 봄으로써 그 원리와 특성 및 한계를 이해하고, 필요시 실무적으로 사용할 수 있는 능력을 배양하는 것을 목표로 한다. 번역 전 편집 단계, 번역 단계, 번역 후 편집 및 평가 단계에 대한 교육이 모두 포함되며, 학기 중에 세계 언어 기술의 동향과 CAT Tool 활용 현황에 대해 특강도 마련되어있다. 사후 편집(post-editing) 수업은 기계번역의 프로그램 두 가지를 선택하여 동시 번역을 실시하고, 그 결과를 가지고 평가를 하는 과목이다. 두 프로그램의 평가 결과에 대해 기계번역의 사용시간, 정확성 및 오류부분 분석 등을 비교한다. 이러한 방법으로 다양한 기계번역을 사용하며 기계번역의 장단점을 파악하며 번역에 하는데 더욱 수월하게 기계를 쓰는 방법을 찾으며 번역 평가의 능력을 향상시킨다.

한국 B대학 또한 CAT 과목이 개설 운영하고 있으며, 2학기를 필수 수강해야 한다. CAT 과목의 강의내용을 보면 CAT 실습실을 활용한 세미나 및 모의 프로젝트 수행을 통해 첨단 번역기술 활용능력을 함양하여 급변하는 번역환경에 대비하고 인공지능과 컴퓨터 기술의 발전 속에서도 번역자로서의 경쟁력을 확보할 수 있도록 한다. CAT(컴퓨터 보조 자동번역)실에 컴퓨터 10대와 에버트란의 〈비주얼트랜스메이트〉 프로그램을 설치하여 통번역대학원의 교강사를 위한 교육 시간을 마련하였다. 1차 교육의 대상인 번역 교육 담당 교강사 20명은 에버트란에서 파견된 전문 강사의 지도하에 시스템 관리 및 사용법에 대한 강의를 2차에 걸쳐 각 6시간을 받았다. 이어서 언어별 번역 교강사 간의 심화 실습 시간을 갖고 바로 학생들을 대상으로 사용법을 가르쳐 교육에 활용할 예정이다. 급변하는 통번역환경에서 작업 수행 시간을 단축하고 저장된 메모리를 이용하여 효율적인 업무를 진행하며 용어 등의 표준화, 축적을 통한 데이터베이스 및 전문용어 관련 연구 분야까지 다양하게 활용할 계획이다. 특히 한국 국내 통번역대학원 중 최초로 최첨단 시스템을 갖춘 본원의 더욱더 전문화된 인력 양성을 도모하며 통번역 시장을 선도할 인력을 배출하기 위해 만전을 기하고 있다.

한국 C대학 국제대학원 통번역과정은 통번역 테크놀로지와 코퍼스

(Interpretation & Translation Technology and Corpus) 과목을 운영하고 있고, 한국 국내 통번역대학원으로는 최초로 첨단의 컴퓨터 보조 번역 소프트웨어(trados포함)를 교육할 수 있는 CAT 전용 강의실을 마련하고 있다. 컴퓨터 활용 번역 소프트웨어(Trados 포함)를 교육할 수 있는 CAT 전용 강의실을 한국 최초로 마련하고 공인인증자격시험을 무상으로 지원함, 졸업생이라면 누구나 필요한 전문지식과 기술을 갖추고 시장에 진입할 수 있도록 지원하고 있다.

또한, C대학 국제대학원은 최근 세계적인 컴퓨터활용번역 프로그램 엠소스(Memsource)의 클라우드 기반 컴퓨터 보조 번역 프로그램 (Computer-Assisted Translation, CAT)을 무상 지원받게 되었다. 무상으로 지원받게 된 멤소스 클라우드(Memsource Cloud)는 기존의 Desktop PC에 설치해 사용하던 소프트웨어 프로그램기반의 CAT와 달리 클라우드 기반의 플랫폼으로 전문통번역 전공 재학생들은 실제 로컬라이제이션 번역 에이전시에서 진행되는 번역 환경에서 번역실습을 진행할 수 있게 되었다. 멤소스 클라우드는 기존의 번역 데이터와 용어사전을 활용해 기계번역과 인간번역의 효율적인 번역 프로세스를 가능하게 하는 전문 번역사를 위한 대표적인 CAT(Computer-Assisted Translation)프로그램 중 하나이다.

통번역사로서 필요한 지식과 소양을 쌓을 수 있게끔 커리큘럼이 편성돼 있는 'CAT tool'인 트라도스 ('Computer-Assisted Translation Tool') 프로그램 특강도 진행하고 있다. 통번역학과 1학년 대학원생을 대상으로 전문번역사를 위한 Multi-term과 Alignment 기능 활용법 특강을 열고 컴퓨터의 빅데이터 축적 기술을 활용해 번역사들의 업무 효율성을 높여주는 과정이다.

한국 대학의 한·중 통번역 석사과정은 특성화 전공을 목표로 실용적인 한·중 통번역 인재 양성의 중요성을 강조한다. 그러나 오늘날 세계 통번역 활동에 있어 컴퓨터 보조 번역은 여전히 개선이 필요한 부분이 있는 기술이며, 인력을 대체할 수 없는 부족한 부분들이 있다. 본문에 선정된 한국의 3개 대학에는 관련 수업이 일부 개설되어 있지만 분석한 결과에 의하면 각 대학에서 한·중 통번역 석사과정에 컴퓨터 보조 번역과목에 대한 컴퓨터 기술 및 소프트웨어 전문적인 교육인력이 없고 주로 언어전공, 통번역 전공 출신 교육인력이 이 과목이 담당하고 있다. 이러한 측면에서 볼 때 한국 대학의 컴퓨터 보조 번역교육은 개선이 필요하다고 본다.

그 다음 바로 관련된 과목의 개설이다. 3개 대학 한·중 통번역석사과정에서 모두 CAT나 CAT 입문 등 기초적인 과목만 개설되었다. 비록 부분 대학에서 특강을 마련하였지만 강의내용의 한계가 있다고 본다. 통번역 소프트웨어의 개발 및 응용이 부족하고, 활용의 기회가 적으며, 피드백이 부족한 점은 분명 보완해야 할 부분이다. 이처럼 한국 3개 대학 한·중 통번역석사과정 교육에 있어서 무엇보다도 학습자의 실습 능력을 중시하고 있으나, 기계번역에 대해서는 아직 적극적으로 받아드리지 않고 있는 양태를 보인다.

본고에서 제시한 중국 국내 한·중 MTI 과정 실습 교육의 운영에서 학습자들이 현대과학기술을 활용해 통번역 활동을 할 수 있도록 컴퓨터 보조 번역과정을 추가로 개설할 것을 제안했다. 한국 대학 한중 통번역 석사과정에 컴퓨터보조 번역과정의 개설 상황은 홍콩에 비해 아직 보완할 부분이 많지만, 이 분야 전공 과정이 개설되어 있다는 사실만으로 중국 한·중 MTI 과정 개설 학교들이 주목해야 할 부분이다.

한국 대학의 한·중 통번역 석사과정 개설 역사는 길지 않다. 대부분 한·중 수교 이후에 개설되었다. 그러나 지난 20여 년 동안 한·중 교류에 필요한 많은 통번역 전문 인재를 배출하였고 전공의 발전 및 운영에 있어 좋은 성과를 얻었다. 이런 발전성과의 성취는 바로 한·중 양국 간의 관계 발전, 한국의 경제 지위, 대학의 자금투입, 교육인력 질의 향상, 교과목의 개설, 과학연구, 실습 실천 등 분야와 밀접하게 관련되어 있다.

따라서 교육인력 질의 향상, 개설과목, 실습교육, 컴퓨터 보조 번역 등 분야의 운영형태에서 한국 대학 한·중 통번역 석사과정과 비교를 통해 알 수 있는 것이 바로 한국 대학의 한·중 통번역 석사과정 분야에서 컴퓨터 보조 번역교육 양성의 목표를 갖고 있다는 점이다. 이러한 양성목표를 인해 운영 방안에서 제시한 교과목 설치에서 큰 차이 있지만, 나머지 부분 모두 중국 대학 한·중 MTI 과정에 개설된 CAT 과목과 균형을 맞추어 참고 할 수 있다.

위에서 분석한 한국 3개 대학 통번역 과정은 각각 오랫동안의 발전을 거쳐 자신만의 길을 걸어왔으며, 현재 한국의 많은 한·중 통번역 과정을 개설되어 있는 대학원 중에 가장 대표적인 대학원들이다. 특히 한·중 통번역과정의 운영과 그 성과가 우수하다. 교육인력과 전공 학습자들 모두 한·중 양국의 지도자와 각 정부회담 통역사로 활동하며 한·중 양국 간의 통번역 분야에 많은 영향을 끼쳤다. 발전과정과 성공방법을 살펴보면 각 대학의 한중 통·번역 석사 교육과정 중인 교육인력, 교과목개설, 실습실천, 컴퓨터 보조 번역교육 등 분야와 밀접한 관계가 있다. 이러한 분야는 특징이 많아 중국 한·중 MTI 과정의 발전에 있어 기준으로 삼을 가치가 있다.

3. 소결

본 장에서 홍콩 대학의 통번역 과정과 한국 대학의 한·중 통번역 과정의 교육이념과 목표 및 개설과목, 실습교육의 실시와 CAT 교육 등의 기본 현황을 살펴본 결과가 아래와 같이 정리했다.

먼저 홍콩과 한국 대학의 통번역 과정은 그 교육목표가 모두 뚜렷하고 자신만의 특색을 가지고 있다. 홍콩의 경우에 종합적인 인재 양성이란 통식교육이념과 목표를 근거하여 학생들에게 통번역 교육뿐만 아니라 다른 인문사회학 분야의 교육도 동시에 실시한다. 한국의 경우에 전문성과 실용성을 갖춘 한중 통번역 인재 양성이란 목표 하에 한중 통번역과 관련된 교육만 실시한다. 이렇게 중국 대학의 한·중 MTI 과정의 교육목표는 한국과 비슷한 점이 많다. 그러나 중국 대학 한·중 MTI 과정의 교육목표는 중국 정부에서 정해진 것으로 융통성이 홍콩이나 한국보다 부족한 면이 있다.

다음으로 통번역과정의 개설과목에 있어서 홍콩 대학의 개설과목은 통번역과정을 개설한 대학에 따라 풍부하고 다양한 자원을 이용해서 통번역 전공과목뿐만 아니라 언어학분야와 인문사회학 분야의 과목들도 개설하고 있다. 그리고 이런 통식교육(Liberal Arts Education)이념을 근거하더라도 국제적인 통번역 시장수요에 맞게 통번역의 이론과 실습을 병행하는 과목을 개설하고 있다. 한국 대학의 한·중 MTI 과정의 경우에 그의 과목개설은 자신의 교육이념을 잘 반영해서 홍콩보다 훨씬 단순하다. 이것은 홍콩 대학 통번역과정의 개설과목에 비하면 대조적이다. 한국 대학의 과목들은 절대다수가 한중통번역과 직접 연관이 있고, 다른 인문사회학 과목이 거의 없다. 심지어 한국의 C대학의 경우에 한중 경제 통번역과정이라도 경제 분야의 과목은 4개 밖에 개설되지 않았다. 그리고 한국의 한·중 MTI 과정은 이론보다 통번역 기술 및 훈련의 과목이 대다수이다. 이런 개설과목을 보면 한국의 한·중 MTI 과정은 중국과 공통점도 많다고 할 수 있다. 그러나 중국 대학의 한·중 MTI 과정의 개설과목은 정부의 《석사생 양성 교육지도방안》에서 제시하는 과목들을 위주로 개설하였다. 그리고 개설과목 중에도 중국의 특색과목인 사상교육 과목들이 들어 있다. 이것은 한국과 크게 다른 부분이다.

홍콩과 한국 대학의 통번역 과정 모두 통번역 실습교육 중시하며 학습자를 위해 통번역 실습기회를 많이 제공하고자 하다. 통번역 실습교육은 지역 경제수준에 따라 차이를 보인다. 홍콩과 한국은 모두 사회경제 발전 수준이 높은 지역이라서 한중 통번역 실습기회도 많다. 홍콩의 경우에 홍콩에서 열린 각종 국제회의, 대기업의 경제무역 활동, 사용언어의 특수성 및 대학의 자원 등을 이용하여 학생들에게 실습과목도 개설하고 실습기회를 많이 제공해 준다. 한국의 경우에 한중 교류에 따라서 정치, 경제, 문화 등 교류에서 나온 한중 통번역활동을 정부기관, 기업, 대학, 학우회 등을 활용함으로써 학생들에게 제공해 준다. 실습 관리나 지도에 있어서 홍콩 대학은 각종 제도를 만들어서 더 엄격하게 관리하고, 반면 한국의 대학은 실습 학생의 자율에 의해 진행된다. 즉 통번역 실습에 있어서 홍콩 대학과 한국 대학은 공통점이 더 많고 중국 대학과 차이가 보인다. 중국 대학의 한·중 MTI 과정은 소속 도시에서 홍콩이나 한국처럼 많은 한중 통번역 실습기회를 제공하기가 어려운 면이 있고 관리도 부족하다.

마지막으로 홍콩 대학과 한국 대학은 모두 CAT와 관련된 과목을 개설되어 있지만 홍콩 대학의 CAT 과목의 교육이 더 내실 있는 것처럼 보인다. 우선 홍콩 대학 중에 컴퓨터 보조 번역 문학 석사과정을 세계 최초로 개설한 대학이 있다. 이것이 통번역 과정이 새로운 발전 방향의 한 기점으로 볼 수 있다. 홍콩은 각 대학 CAT 교육에 적용된 컴퓨터 프로그램, 소프트웨어 등 내용이 명확하게 되어 있다. 뿐만 아니라 CAT 를 더욱 잘 습득할 수 있게 컴퓨터 언어학의 교육내용을 CAT와 같이 수강하게 되어 있다. 또한 홍콩 대학의 현대화 실험실 등 인프라 및 AI 기술과 결합하여 학습자에게 더욱 발전된 CAT 교육을 실시하고 있다. 상대적으로 한국 대학의 CAT 교육은 여전히 전공적인 컴퓨터 보조 번역 차원에서 실시되고 있다. 다양한 통번역 프로그램을 통해서 교육 하고 있으나, 한중 통번역과정에 있어서 컴퓨터 보조 번역과목은 전공 과목이 아니라 교양과목으로 되어 있다. CAT등 AI 기술보다 전통적인 통역사와 번역가의 전문 능력을 더욱 중시하는 것이 한국 대학의 한중 통번역과정의 교육 특징이다. 반면에 대부분 중국 대학의 한·중 MTI 과정에서 CAT 과목을 공통교양으로 개설하거나 개설하지 않은 것은 대부분이다. 이것은 한편으로는 CAT에 대해 인식이 부족하기 때문이고, 또 다른 한편으로는 CAT 교육을 실시할 수 있는 교육인프라가 부족하기 때문이다. 이렇듯 컴퓨터 보조번역 교육은 홍콩의 대학들은 가장 앞서가고 있고, 그 뒤를 한국이 따르고 있다.

상술한 것처럼 홍콩 대학의 통번역 과정의 경우는 교육이념부터 개설과목 및 지역특성, 대학의 발전 등까지 모두 한국과 차이가 보인다. 다시 말해서 한국의 대학의 한중 MTI 과정은 그의 교육목표, 개설과목, 실습교육 및 컴퓨터 보조 번역교육 등은 중국과 공통점이 더 많다. 특히 중국과 한국의 교육목표와 비슷해 모두 고차원, 실용성과 전문성을 갖춘 한중 통번역 인재 양성이라 한국 대학의 한중 통번역과정의 운영 모델은 중국 한·중 MTI 과정 운영에 더 참고가치가 높다.

중국 내
한 · 중 MTI 교육과정

홍콩 및 한국 통번역과정의
교육인프라 현황 및 분석

　　본 논문에서의 교육 인프라는 교육인력과 교육시설로 구성된다. 교육인력은 교육 활동에 소요된 아주 중요한 요소로서 학습자의 인솔자이고 지도자이다. 왜냐하면 교육인력의 규모, 전공, 연구 분야, 학위 등은 교육의 질을 향상시킬 수 있는 요건이기 때문이다. 경제사회가 발달된 한국과 홍콩의 고등교육제도는 모두 서양식이라서 교육인력에 대해도 아주 중요시한다. 이것은 대학 교수의 지위를 통해 알 수도 있다. 그리고 고등교육과정의 설립과 운영에 있어서 교육인력이 반드시 있어야 될 가장 중요한 요소로 본다. 교육시설은 교육활동의 질을 향상시킬 수 있는 설비로서 경제의 수준에 의해 많이 좌우된다. 아시다시피 한국과 홍콩은 모두 경제사회가 발달된 지역이라서 정부와 대학들도 교육시설에 많이 투자해서 그 만큼의 특색을 갖고 있다.

1. 홍콩 4개 대학 통번역과정의 교육 인프라

홍콩 지역은 면적과 인구의 제한으로 대학이 많지 않지만 경제발전을 토대로 하고 세계수준급의 대학들이 많이 있다. 그 중에 홍콩대학교, 홍콩과학기술대학교, 홍콩중문대학교, 홍콩이공대학교 등이 있다. 이런 세계 수준급의 대학으로 성장된 홍콩대학들의 배후에 높은 수준의 교육인력과 첨단 교육시설이 있어야 가능된 것이다. 이 중에 100년 역사를 가진 통번역 교육도 많은 훌륭한 교육인력과 첨단 교육시설을 갖고 있는 것은 분명하다.

1.1. 홍콩 대학 통번역과정의 교육인력

교육의 목표의 실현을 위해 홍콩의 4개 대학에서 교수진 모집 시 국제적 안목과 연구능력이 있는 인재를 원했다. 4개 대학의 교수 초빙 요건을 비교해보면 아래와 같다.[29]

홍콩 A대학 문학대학의 교수 초빙 목적은 교육 및 연구와 대중의 연결을 통해 인문학의 중요 가치를 전달 및 공고하고 선양하는데 있다. 더 구체적으로 중국어와 영어 이중언어의 능력을 갖추고 예술과 인문학과의 연구영역에 이를 적용하며, 아시아 최우수의 학술 중심이 되는 것을 목표로 하기 때문에 교육자에 대한 요구가 높다. 이는 홍콩 A대학 중국어전공에서 교수를 초빙하는 조건에서 알 수 있다. 신청자는 (1)

---

[29] 각 학교의 교수인력 수, 연구방향 및 연구 성과는 각 학교 대학원 공식사이트에 공지되어 있는 교수진 이력서를 정리하고 분석한 결과다. 인터넷 사이트 내용의 변화로 본 논문에서 작성한 결과가 다소 차이가 있을 거라고 판단하여 밝힌다.

관련전공의 박사학위의 소지자에 (2) 우수한 전공 영역의 연구배경을 갖고 있어야 한다. (3) 학술연구 및 출판물의 기록과 연구를 수주할 수 있는 잠재력을 갖추어야 하며, (4) 탁월한 교육과 학술 연구 성과를 추구해야 한다. 계약은 3년에 한번씩 하고 쌍방의 협의와 업적에 따라 변경한다.

홍콩 B대학의 경우에 번역과 언어학전공의 교수를 초빙할 때 언어학 박사학위 및 관련된 전공이 학위 소지자여야 하며, 언어학과 언어의 응용프로그램분야의 연구와 교육을 담당할 수 있는 능력을 갖춰 있어야 된다. 특히 언어학, 코퍼스와 컴퓨터언어학, 의미론과 화용론, 제2언어습득과 학습, 사회언어학, 음운학과 음성학, 심리언어학과 신경언어학 등 전공 출신자를 선호한다. 우수한 교육과 전공경험이 있고 국제적 시각과 연구능력 및 관리능력이 필요하며, 저서를 출판한 경험이 있는 자를 우선적으로 채용한다.

홍콩 C대학 인문대학에 중문과 이중언어학과에 관련된 번역교수 초빙 조건은 다음과 같다. (1)학부와 대학원에서 교육 및 관련된 학습활동을 한 경험이 있어야 된다. (2) 교육과정 설계와 발전에 중요한 업적이 있어야 된다. (3) 전공영역의 학술연구 능력과 교외의 연구경비 신청능력이 있어야 된다. (4) 학술발전 및 소속에 행정지원하며 프로그램 관리에 적극적으로 해야 된다. (5) 사회에 전문적 서비스 제공하야 된다. (6) 담당한 임무를 성실하게 수행해야 된다.

홍콩 D대학 문학대학의 번역통역과 다문화연구학과의 교수 초빙 조건도 위 3개 대학의 초빙 요건과 유사하고 국제적으로 우수한 대학의 기준을 세우고 높은 초빙 조건을 갖고 있다.

이런 조건으로 초빙된 교수들로 구성한 홍콩 각 대학 통번역학과의 교수진은 아래와 같다. 먼저, A대학의 번역학과는 현재 문학대학에 소속되어 있으며 번역학사과정과 석사과정 및 박사과정이 모두 개설하고 있다. 그 중에 번역문학석사(MA in Translation) 전공과 컴퓨터 보조 번역문학석사(MA in Computer-aided Translation) 전공 등 두 개의 번역 석사 전공이 포함되고 모두 특색을 갖고 있다. 이 학과에는 교수 2명, 부교수 1명, 외국인 교수 2명, 조교수 4명, 전임강사 4명 등이 포함된 13명의 교수들이 강의를 담당하고 있다. 그리고 이 13명의 교수는 모두 언어학, 문학, 철학 등의 박사학위를 소지한다. 또는 학과의 학습자규모를 보면 학사과정 학습자가 모두 80여명쯤이 있고, 석사과정 학습자의 규모는 약 70명쯤이 있다.30) 이렇게 이 학과에 통번역 석사과정의 학습자 수와 교수 수의 비율은 약 1:5.4 정도에 이른 셈이다.

그리고 A대학 번역과의 교수진 연구 분야를 보면 주로 3개 분야가 있다. 먼저 통번역 연구 분야에는 주로 동서양 통번역의 역사, 번역의 원칙과 방법, 번역의 교육방법, 통번역의 기초이론 등이 있다. 그 다음에 문학 및 문화 연구 분야에는 주로 중국문학연구, 홍콩문화연구 및 교육, 문학연구, 다문화연구, 문학번역연구, 중국학 등 있다. 이 외에 언어학 분야에 언어학연구, 인지언어학 및 통사론연구, 컴퓨터보조 번역 등 분야의 연구도 하고 있다. 학교 홈페이지에서 공지되는 통계자료를 따르면 그들의 연구 성과를 통계해 보면 이 학과의 전담교수 13명은 현재까지 각종 연구 성과를 모두 223개나 발표, 출판하였다. 1인당 평균 17.13개가 발표, 출판한 셈이다. 상술한 바와 같이 교수진의 지식 배경과 연구 성과들이 아주 풍부하고 통번역 교육 및 실습 분야에도

---

30) 刘靖之(2001) '홍콩의 번역과 통역교육'『중국번역』, 제22권, (제3기), pp.37의 내용을 근거로 추측한 결과다.

경험이 적지 않다.

B대학의 번역과 언어학과는 인문사회과학대학에 소속되어 있으며 학사과정, 석사과정 및 박사과정이 모두 개설되고 있다. 이 학과에는 번역학과 언어학 등 전공과 같이 있어서 교수의 인원수는 많은 편이다. 그 중에 교수 5명, 객원교수 1명, 외국인 교수 1명, 부교수 10명, 조교수 7명, 외국인 조교수 3명, 전임강사 4명 모두 31명이 있다. 이 학과의 교수들의 연구 분야를 보면 아주 다양하다. 그 중에 먼저 통번역 분야에는 정치번역연구, 금융 번역연구, 문학번역연구, 통번역의 역사, 상무 및 재무 번역연구, 문화번역, 통역과 번역연구, 통번역이론 및 실습, 곤극(昆曲) 번역과 편집연구, 실제번역과 통역연구, 기계번역연구 등 있다. 언어학 분야에는 중국언어학, 응용언어학연구, 사회언어학, 심리언어학, 텍스트언어학, 컴퓨터 언어학, 코퍼스 언어학, 자연언어처리, 컴퓨터보조언어학습, 전문용어, 통사론, 형태론, 어휘기능문법, 언어의 습득, 음운학, 음성학, 중국 방언교육, 표준어와 광동어 비교연구, 제2외국어의 습득, 모국어와 외국어의 습득, 대외중국어교육, 영어와 중국의 의미해석, 중·영문법대조, 광동어 언어학, 중영 음운학, 중국어와 영어 대조연구, 영어의 어의 등 있다. B대학의 교수의 연구 분야가 언어학 분야에 집중되어 있는데, 언어의 기초이론 연구를 특히 많이 하고 있고, 대조언어학 분야의 연구 내용을 많이 볼 수 있다. 이들의 연구 성과를 보면 31명 교수는 현재까지 각종 연구 성과 모두 487개나 발표, 출판되어, 1인당 평균 15.7편인 된 셈이다.

C대학의 통번역 석사과정은 인문대학 중문과 이중언어학과에 소속되어 있다. 이 학과에서 통역 문학 석사과정과 통번역 연구 석사과정 두 개의 석사과정이 개설되어 있다. 현재로서 교수 5명, 부교수 10명,

외국인부교수 2명, 조교수 10명, 외국인 부교수 1명, 연구교수 4명, 강사 16명 등으로 구성되어 있어 총 48명의 교수가 재직 중이다. 이들 교수는 모두 언어학, 문학, 철학, 심리학 등의 박사학위를 소지한다. 특히 그 중에 국제적인 통역경험이 풍부한 AIIC 회원 2명이 학과에서 전임교수로 강의하고 있다. 이 학과의 교수들의 연구 분야를 보면, 통번역 분야에는 통번역언어학, 통번역 교육, 코퍼스 기반 번역 연구, 통번역 효과평가의 시험방법, 통번역의 역사, 통번역의 훈련방법 연구, 기업 교제맥락에서의 번역, 매체를 통한 언어학습, 언어학치료, 신경언어학 등이 있다. 언어 문학 분야에는 언어학, 심리언어학, 기능 언어학, 실험언어학, 임상언어학, 병리언어학, 중국어연구, 언어교육, 한국어음성규칙 습득 등이 있다. 그 외에 중국문학, 문학과 문학비평 및 이론, 일본어와 문화, 일본교육, 다문화연구, 통계학 등도 있다. 이들의 연구 성과를 보면 교수 48명이 현재까지 각종 연구 성과를 모두 2,459건이나 발표, 출판하였다. 이것은 1인당 평균 51.22건에 해당되는 것으로, 다른 대학 비하면 연구결과물이 많은 편이다. 그러나 언어분야에서 낸 연구 성과가 모두 전임교수의 연구 성과가 아니라 객원교수의 연구 성과도 포함되었기 때문에 그 수가 많은 것이기도 하다. 1인당 평균 연구 성과를 보면 C대학 중문과 이중언어학과의 교수가 이 4개 대학 중에도 가장 많은 것으로 분석되었다. 그리고 이 학과 교수 48명 중에 7명이 통번역 연구를 전담하고 있다. 이 7명의 교수가 발표, 출한한 연구 성과는 모두 88건으로, 평균 1인당 12.6건이나 된다.

D대학의 번역과 통역 및 다문화연구학과는 문학대학 산하에 설립되어 있다. 이 학과에서 개설된 번역과 이중언통역문학 석사과정이 있다. 학과에 현재로서 교수 2명, 부교수 4명, 조교수 3명, 전임강사 1명이

포함된 모두 10명의 교수들이 강의를 맡고 있고 모두 박사학위를 소지하고 있다. 학과 교수들 중에 통번역 경험이 풍부한 AIIC 회원 1명이 교수로 재직 중이며, 홍콩 번역학회의 회원도 있다. 그리고 학과 교수며 통번역 학술계에 대표적인 학자가 중국에서 처음으로 서양의 번역이론을 체계적으로 도입한 교수이다. 그의 저서 『서양번역약사』는 중국 내에 체계적으로 서양 번역역사를 연구하는 첫 작품이라고 할 수 있다. 『서양번역약사』는 높은 연구 가치가 있으며 쉽게 접근할 수 있어 많은 통번역 연구자와 학생들에게 도움을 줄 수 있는 저서로, 중국번역사상 연구의 대표작으로 평가를 받고 있다. 현재 중국 국내의 많은 대학에서 통번역 대학생이나 대학원생의 교재로 널리 쓰이고 있다.

번역과 통역 및 다문화연구학과 교수들의 연구 분야로서는 주로 번역 연구, 통역연구방법, 통번역 테스트 및 평가, 통역과 말뭉치, 통역연구, 통역과 정치언어, 동시통역 및 순차통역의 연구, 의료통역, 법률통역, 번역이론, 문학 번역역사, 서양 번역역사, 번역 심사 중의 문화정치, 중국고전문학, 희곡과 현대화의 관계, 외국어교육, 영어언어학 등이 있다. 그리고 이 학과 교수들의 연구 성과를 보면 총 10명의 교수들이 현재까지 각종 모두 303건의 연구결과를 발표, 출판하였다. 1인당 평균 30.3건을 발표, 출판한 셈이다.

상술한 바와 같이 홍콩의 대학의 교육인력은 전반적으로 높은 학력 및 다양한 연구 분야를 갖고 있다. 대부분 교육인력이 자신의 지식시야를 넓히는 차원에서 전공분야와 관련된 연구를 많이 하고 있고, 연구성과도 많이 있다. 이러한 교육인력은 학습자를 가르칠 뿐만 아니라 학습자에게 통번역 학문 연구의 문을 열어줄 수 있다고 본다. 교육인력은 연구 능력과 이외에 풍부한 통번역 실무 경험 및 뛰어난 모국어와 영어 실력을 갖추고 있으며, 다 예외 없이 해외 유학이나 연수하는 경험이 있다. 특히 학교 교육의 특색을 따라 교육인력의 전공분야도 다르다. 그들 교수 중에 국제회의통역협회의 회원도 있어 통역의 기술, 통역과정에 생기는 문제의 해결책, 전문 통역의 직업윤리 등 교육을 실시, 담당할 수 있다. 이러한 배경에서 홍콩 대학 통번역 교육에 대해 이론 방향과 실무방향의 교육을 실시할 수 있는 교육인력을 모두 갖추어 있다. 이것은 또한 홍콩 통번역 과정 우수한 교육결과를 내고 있는 결정적인 요인이다.

1.2. 홍콩 대학 통번역과정의 교육 시설

홍콩의 경제 성장에 의한 홍콩의 대학들은 모두 풍부한 재정적 지원을 받고 있다. 홍콩 대학들의 통번역석사과정은 문과대학 및 사회인문대학 등에 소속되어 있지만 자금과 통번역 교육이나 시습에 필요한 시설들이 풍부하다.

홍콩의 4개 대학의 통번역학과에서 통번역 교육을 하기 위해 일반적인 동시통역실 및 동시통역 강의실, 디지털 강의실, 컴퓨터실, 모의 국제회의실 등 시설들을 대부분이 갖고 있다. 이 외에 언어연구를 통한 통번역 연구를 위해 언어 실습실 등도 갖추고 있다. 상술한 시설 중에 특히 NeuroScan eeg system, Eyelink 1000 Plus를 이용해 사람 시신경의 움직임, 음성 녹음, 뇌전도 등 실험연구를 하고, 인간이 언어를 사용하는 과정에서 발생하는 인지 메커니즘에 새로운 관점을 제시하고자 하는 연구도 진행할 수 있다. 그리고 2 PC workstations 통해 음성과 집행하는 행위의 실험도 가능하다. 홍콩 대학들은 일반적인 통번역 훈련에서 벗어나 인지언어학의 각도에서 언어와 뇌의 활동을 연구하는 차원에 상승하였다는 추세가 보인다. 또한 다양한 전공학습자들 있어서 이러한 연구 활동을 통해서 서로 교류하고 지식의 교차현상이 자연스럽게 일어날 수 있다. 학습자 스스로 성장을 할 수 있는 기회를 제공해주려고 한다.

2. 한국 3개 대학 한·중 통번역과정의 교육 인프라

한국은 예로부터 유교 사상의 영향을 받아서 교육인력에 대한 인식 기대치가 높다. 특히, 고등교육기관인 대학은 고등인재를 양성하는 기관으로써 그 책임이 더욱 크다. 그러므로 교육을 담당하는 대학 교육인력에게의 요구도 많고 높다. 오늘날의 한국은 선진국이 될 수 있는 요건 중에 고수준의 교육인력의 역할도 있다. 그리고 한국은 경제발전에 의해 고등교육기관의 각종 첨단 교육시설도 늘어나고 있다. 그중에 한중 통번역 석사과정은 이런 경제발전에 기초로 생긴 학과로서 더욱 그렇다.

2.1. 한국 대학 한·중 통번역과정의 교육인력

한국의 대학도 홍콩처럼 교수에게 교육뿐만 아니라 연구에 대한 요건도 적지 않다. 한국의 대학 교육인력에 대한 높은 요구는 대학 교수 채용 규정 등을 통해 살필 수 있다. A대학 교육인력 임용은 학교 인사규정 제8조에 따라 교육인력은 교육자로서의 인격을 갖춘 저명한 대학의 박사학위와 석사학위 소지자로서 균형인사 구성을 원칙으로 하고 외국어 전공학과 교육인력의 경우에는 전공 외국어의 구사능력이 탁월한 자로서 연구 및 교육경력이 있어야 된다. 특히 교수는 전공분야 학문의 연구개발과 교육지도에 현저한 업적이 있는 박사학위 소지자를 원칙으로 한다. 다만, 법학전문대학원 실무교육인력의 자격은 고등교육법이 정하는 자격범위 내에서 정할 수 있다. 그리고 조교수는 박사학위 취득자 또는 이와 동등한 자격을 인정하는 석사학위 소지자로 4년 이상 전공분야의 교육 및 연구경력이 있어야 되고, 부교수는 박사학위 소지자는 6년 이상, 석사학위 소지자는 10년 이상 전공 분야의 교육 및 연구경력이 있는 자 또는 조교수로 6년 이상 재직해야 되며, 교수는 박사학위 소지자는 11년 이상, 석사학위 소지자는 15년 이상 전공분야의 교육 및 연구경력이 있어야 된다.

B대학 임용의 경우, 학교인사규정 제12조에 따르면 교육인력의 직급별 자격으로 조교수는 박사학위 취득해야 되고, 부교수는 박사학위 취득 후 6년 또는 박사학위 취득자로서 본교의 조교수 임용 후 6년 이상이어야 된다. 교수는 박사학위 취득 후 11년 또는 박사학위 취득자로서 본교의 부교수 임용 후 5년 이상이어야 된다. B대학의 신교 교육인력 임용은 박사학위 소지자, 의과대학 임상교육인력의 경우는 전문의자격 소지자를 대상으로 한다. 다만, 법령의 범위 내에서 총장이 특별히 인정하는 경우는 예외로 한다. 그리고 연구경력도 중요하다.

C대학 교육인력의 임용은 학교인사규정 제9조에 따르면 교육인력의 신규임용은 교육인력인사위원회의 동의를 거쳐 총장이 이를 제청한다. 조교를 포함한 교육인력 임용에 관하여는 학교법인 C대학 정관과 대학 교육인력임용 관계규정 및 조교에 관한 규정을 적용하다. 그리고 C대

학 교무처교육인력 채용의 정책기조에 의하면 연구 성과와 교육경력이 중요하다.

한국 대학의 교육인력 채용요건에 정확하게 학위소지 연도가 나와 있어서 연구 및 교육인력의 경력검토에 있어 명확한 기준이 있다. 또한, 교수자의 실무경험을 보장해주기도 하다. 각 대학별 통번역석사과정 교육인력은 엄격한 기준에 의해 채용된 전문가들로 이래와 같이 구성되어 있다.

한국에서 가장 오랜 통번역교육 역사를 가진 A대학 통번역대학원 한중학과는 현재 전임교수 3명, 겸임교수 1명 외에 시간강사[31] 여러 명을 초청해서 강의를 하고 있다. 시간강사는 주로 한·중 통번역 분야에서 활동하는 전문가로 구성된다. 그리고 한국인 전임교육인력의 경우에 모두 박사학위 소지자이고 외국인 교육인력의 경우에 모두 석사 이상의 학위를 갖고 있다. 이 학과의 교수들의 연구 분야는 주로 언어학, 한중 순차통역, 한중 동시통역, 한중 번역, 정치학, 행정학, 문학번역, 번역이론과 방법, 언어대조연구 등이 있다.

그리고 한중학과의 교육인력은 모두 한·중 통번역 실무경험이 풍부한 교수로 구성된다. 주요경력은 한국의 대통령과 국회의장, 각종 국제회의와 포럼, 한국의 각급 정부기관, 정부요인 및 삼성, 현대 등 한국 대기업을 상대로 많은 동시통역 및 순차통역을 했다. 실무경험이 풍부한 교수로 구성된 교육인력은 이 학과의 교육목표와 잘 부합한다고 할 수 있다. 이 학과는 전문성을 띠고 높은 수준의 한·중 통번역 실무인재를 양성함으로써 한·중 양국 간의 상호 발전에 기여하고자 하는 것

---

31) 시간 강사는 학교의 정규직 교수가 아니라 계약직으로 교육을 맡고 있는 강사를 가리키는 말이다. 한국의 대학은 많은 시간강사를 초빙해서 강의를 맡기고 있다.

이다. 이와 같은 의미에서 실무형 통번역 인재양성에 있어서 통번역 실무경험이 풍부한 교수의 교육과 지도는 무엇보다도 중요하다고 하겠다. 2017년 통번역대학원 자체 평가보고서에 의하면 한·중 통번역 실무경험 외에 대학 교수로서 이 학과의 교수들도 한중 통번역분야의 학술연구에 많은 관심을 갖고 있고 현재까지 많은 연구 성과가 나왔다.

B대학 통번역대학원의 통역학과와 번역학과에 개설된 한중통역 석사과정과 한중번역 석사과정에는 현재 한국인 전임교수 5명이 재직 중이며, 그 외에 시간강사도 여러 명이 초빙해서 강의를 담당하고 있다. 그리고 한국인 전임교육인력의 경우에 모두 박사학위 소지자이고 외국인 교육인력의 경우에 모두 석사 이상의 학위를 갖고 있다. 이 두 전공에서 한·중 통번역 강의를 담당한 교수들의 연구 분야는 주로 통번역학, 한중 통번역학 이론과 방법, 중국 고대문학, 중국 언어학, 중국 번역사, 통번역 사전학, 언어학, 대조언어학 등이 있다. 연구 실적뿐만 아니라 한중 통역, 한중 번역 과정의 교육인력은 모두 실무경험 풍부하여 한국 통번역 영역에 활발하게 활동하고 있다. 따라서 전문적인 실무형 인재 양성 목표에 적합한 교육인력이다. 현재까지 이들은 한중 두 나라의 정상, 각종 국제학술회의와 포럼, 한국의 정부기관, 삼성, 현대 등 대기업을 상대로 동시통역이나 순차통역, 번역을 많이 수행했다. 한국 B대학 통번역대학원에서 2014년 국내 통역번역대학원으로서는 유일하게 BK21+전문인력양성 사업단으로 선정됨에 따라 통번역 등 분야의 학술연구에도 많은 힘을 기울이고 있고 연구실적도 많이 나왔다. 학교 홈페이지의 통계를 따르면 한중 통역석사과정과 한중 번역 석사과정의 교수들의 연구 실적을 보면 5명 전임교수가 모두 104건의 연구 성과를 냈고 주로 중국고전문학, 통번역 연구, 한중 언어대조 연구를 중심으로

된 연구 성과다. 평균치를 보면 교수 1인당 20건이나 나온 셈이다.

C대학 국제대학원에서 개설된 한중 통번역 과정에서 현재 한국인 전임교수 1명, 중국인 전임교수 1명이 재직 중이며, 그 외에 시간강사도 여러 명이 초빙해서 강의를 맡고 있다. 그리고 한국인 전임교육인력의 경우에 모두 박사학위 소지자로 외국인 교육인력의 경우에 모두 석사 이상의 학위를 갖고 있다. 이 대학원의 통번역학과는 통번역학과+국제학이라는 특성을 갖고 한중 전공에서 같은 국제대학원의 국제학학과의 교수도 한중 정치, 국제관계, 경제, 금융 등 다양한 과목을 담당하고 있다. 한중 통번역 전공의 교수들의 전공연구 분야로는 주로 한중 통번역 이론과 방법 연구, 한중 언어대조연구 등이 있다. 한중 통번역 전공의 교수들도 한중 통번역 실무경험이 아주 풍부하다. 그들은 한국의 청와대, 한국국회, 서울시청, 각종학술회의, 여러 기업 등을 상대로 순차통역, 동시통역 및 한중 번역을 했다.

한국 3개 대학의 교육인력이 보편적으로 같은 특징을 가지고 있다. 통번역대학원 전담교수의 인원수가 홍콩 대학에 비해 상대적으로 적다. 대신 실무경험이 있는 시간강사를 초빙하여 여러 과목을 담당하게 하고 있다. 시간 강사의 학력은 전담교수가 모두 박사학위를 소지한 것과 달리 대부분 석사 학위 소지자이다. 이런 방법으로 통번역 대학원의 교육인력 인원수를 해결하다. 한편, 교육인력의 연구실적은 홍콩 대학에 비하면 적지만 실무 경력이 매우 높다. 한국의 정치, 경제, 의료, 국제회의 등 영역에 모두 경험을 갖추고 있다. 교육인력의 이러한 특징이 한국 대학의 한중 통번역 전문적인 실용 인재양성 하는 목표에 적합하여 교육의 성과가 높다.

2.2. 한국 대학 한·중 통번역과정의 교육시설

한국 대학의 통번역교육은 일찍부터 시작되어 이미 규모 있는 전문 대학원으로 자리를 잡았다. 따라서 교육과정 및 필요한 시설을 기본적으로 모두 갖추고 있다. 이 중에 A대학의 시설이 제일 대표적이다. 다국어로 동시통역할 수 있는 국제회의 규모의 설비가 갖추어진 국제회의 통역실 및 동시통역 강의실, 인터넷 검색이 가능하고 빔 프로젝터, 스크린, 다양한 플레이어 및 음향시스템이 설치되어 있는 다목적, 다매체 수업이 가능한 인터넷 강의실, 멀티미디어 강의실, 실시간 검색하고 정치, 경제, 사회, 문화 등 다양한 분야를 접할 수 있으며 프린터가 설치되어 수업자료 및 발표 자료를 작성할 수 있는 컴퓨터 실습실, 세계 19개 언어권의 100여개 위성채널 시청이 가능한 위성방송 시청실, 학생들의 소그룹 자율학습을 위한 스터디 룸, International Lounge, 통번역 대학원 전용 도서관, 국제회의장 등 시설이 있다. 특히 국제회의장은 54개 발언석과 176개 청취자석을 갖춘 총 230명 규모 국제회의장이다. 총 8개의 부스에는 해당 언어 통역사 2인이 사용할 수 있는 별도의 통역기기가 마련되어 있으면, 청취자석에서는 희망하는 언어를 자유로이 선택하여 들을 수 있다. 재학생들이 이 시설을 활용하여 통역실습을 하고, 그 결과물을 녹음하여 활용할 수 있는 시설도 구비되어 있다. 2006년 세계통번역대학·대학원협회(CIUTI) 총회, 국제학술대회, 국내외 저명인사들의 명예박사학위 수여식 등이 열린 공간이기도 하다. 마이크 및 리시버 230개, 통역기 16개를 갖춘 동시통역시설은 국제규격의 8개 외국어 동시통역가능하다. 한국 대학에 이러한 완비한 시설이 갖추어져 있고 무엇보다도 이 많은 디지털 강의실이 통번역의 많은 전공언어 강의시간을 맞춰 모두 활용할 수 있는 공간이다. 물론 대학마다 다소 차이가 있지만 보편적으로 이러한 강의실을 사용할 수 있다.

3. 소결

교육활동에 있어 교사, 교재, 학생 이 세 가지가 가장 중요하다. 그 중에 교사의 중요성과 역할은 무엇보다도 중요하다. 홍콩 4개 대학의 통번역석사과정에서의 교육인력에 대한 아래와 같은 특징을 갖고 있다.

우선 홍콩 4개 대학의 통번역석사과정에서의 교수들은 모두 전임강사, 조교수, 부교수, 교수, 명예교수 등 전임교수들로 구성된다. 그 다음에 홍콩 대학들의 통번역 석사과정의 교수들은 모두 강한 전문성을 갖고 있다. 여기서의 전문성은 세 가지로 나누어 볼 수도 있다. 첫 번째는 대부분 전임교수들은 박사 학위의 소지자인 점이다. 두 번째는 그들의 연구 성과도 풍부하다는 것이다. 더불어 부분 대학의 통번역석사과정의 전임교수 중에 국제회의통역협회의 정회원도 있고 풍부한 통번역 실무 경험을 가지고 있다. 셋째는 이 4개 홍콩 대학의 통번역 석사과정 교수들은 해외 장기 유학생활이나 오래 통번역한 경험이 있다는 점이다. 특히 이들 교수들은 대부분이 이중언어 교육배경을 갖고 있어 통번역 전공교육에 있어서 아주 유리하다고 할 수 있다. 넷째는 홍콩 4개 대학의 통번역 석사과정의 교육인력 인원수와 학습자 인원수의 비율에서도 합리적인 구성을 보이고 있다. 마지막으로 교수의 질적인 측면에서는 도덕성, 높은 학력, 연구와 실무능력이 뛰어나 전문교육에 부응하는 높은 수준을 갖추고 있다.

한국은 한·중 통번역 석사과정에서의 교육인력이 전임교수와 시간강사들로 구성되어 있다. 전임교수의 구성도 전임강사, 조교수, 부교수, 교수, 명예교수 등이 있고, 시간강사는 외국인 강사와 한국인 강사로 나뉜다. 홍콩 대학의 통번역석사과정처럼 한국 대학의 한·중 통번역 석사과정 모두 전임교수가 배치되어 있지만 홍콩 대학보다 인원수가 적어 다수의 교과목은 외부강사를 초빙해서 강의한다. 즉 교육인력의 충원에 있어서 한국의 한·중 통번역 석사전공에서 사회의 자원을 더 잘 활용하고 있다고 볼 수 있다. 그리고 홍콩 대학의 교수진보다 한·중 통번역 석사과정의 전임교수와 시간강사들은 학술연구보다 통번역 실무를 더 주요시한다. 이들 교수들은 오랫동안 한국 내 다양한 영역의 한·중 통번역의 실무를 담당해 왔다. 한·중 통번역 업무의 대상자는 한국 대통령, 국회의장, 국무총리 등 국가 지도자들부터 각 정부 기관들이 모두 포함되어있다. 활발하게 활동하는 영역으로는 주로 다양한 국제회의 및 포럼, 정부기관 및 기업미팅의 자리 등 통번역 전공 교육인력들 실무의 경험이 평균적으로 1,000회에 이른다. 그리고 홍콩의 교수와 같이 중국 유학경험이 있고 연구에 관심이 있어 성과도 많다.

홍콩과 한국의 한·중 통번역 과정의 교육인력을 보면 모두 고학력, 연구능력과 실무 경험이 풍부한 전임교수와 겸임 교육인력으로 구성되어 있으며 양적·질적 측면에서 모두 한·중 통번역 석사과정의 양성 수요에 적합하다. 이는 중국 대학 통번역 석사과정의 발전에 있어 참고할만하다.

교육 인프라에 있어서 홍콩과 한국 대학의 통번역학과에서 통번역 교육과 실습에 필요한 각종 시설들을 갖고 있다. 그 중에 통번역 실험실, 동시통역실험실, 모의국제회의실 등 있다. 그리고 도서관, 학습실,

학생 활동실 등 기초시설도 완비하다. 이런 시설들은 학습자의 통번역 공부에 많은 도움을 제공하고 있다. 중국 대학의 한중 통번역석사과정에서 홍콩과 한국처럼 학습자들에게 통번역 교육에 필요한 각종 시설들을 제공함으로써 교육의 질을 향상시킬 필요가 있다.

중국 내
한 · 중 MTI 교육과정

중국 내 한·중 MTI 교육과정의 개선방안

본 논문은 중국 대학 한·중 MTI 과정 교육과정분야의 개설과목, 실습교육 및 CAT 교육내용의 개설 등에 관한 문제, 교육인프라 중 교육인력과 교육실습 등 분야에 존재하는 문제점을 위주로 논하고자 한다. 본격적인 논의에 앞서 중국 대학의 인재양성방안 및 실제 교육상황을 분석해 문제점을 제시하고 설문조사를 통해 구체적인 수요를 조사하여 교육과정의 개선방안을 제안하고자 한다.

1. 한·중 MTI 과정에 대한 수요 조사 및 결과

설문조사는 매우 쉽고 편리하게 대량의 수치 또는 데이터를 통해 수요 상황(Needs assessments)을 파악하기 위해 가장 일반적으로 선택되는 방법 중 하나이다. 설문조사는 고정된 선택 문항에 주로 의존하기 때문에 양적 결과를 보다 쉽게 산출할 수 있다.(Defeng Li; 2001: 294) 본 논문의 선행연구에서 언급된 중국 대학 MTI 과정의 문제점들을 설득력 있게 설명하기 위해 실제 교육을 실시하는 교육인력과 교육을 받는 한·중 MTI 과정 학습자들을 대상으로 설문조사를 실시하여 그 결과를 분석하고자 한다.

1.1. 수요 조사 대상 선정

본 설문조사는 한·중 MTI 과정에 개설과목, 실습교육, CAT교육, 교육인프라에 대한 교육인력과 학습자의 기대 및 요구를 파악하고 기존의 문제점을 확인하기 위해 중국에 한·중 MTI 과정 개설하고 있는 대학의 교육인력과 학습자 대상으로 시행되었다. 본 설문 표본의 특성을 보면 설문 분석의 목적에 부합되도록 중국 대학 한·중 MTI 과정의 교육인력 및 학습자 100명을 대상으로 설문조사를 실시하였다. 실제 회수된 설문 결과는 총 52개 중 교육인력 15부, 학습자 37부이다.

〈표 16〉 교육인력 기본 현황

구분		비율(%)(명)
성별	남	13.3(2)
	여	86.7(13)
연령	30대	33.3(5)
	40대	53.3(8)
	50대	13.3(2)
소속기관	통번역대학원	6.7(1)
	한국어학과	93.3(14)

A언어(모국어)	한국어	20.0(3)
	중국어	80.0(12)
최종학력	박사	73.3(11)
	석사	26.7(4)
학위 전공	통역, 번역	0
	기타 전공	100
통번역 강의 경력	6개월~1년	13.3(2)
	2년~3년	33.3(5)
	3년~4년	53.3(8)

　홍주조(2011: 256)는 "교사들은 교육과정의 실제 운영자로서 가히 교육과정의 주인이라고 할 수 있다. 교과교육을 실행하는 교사들은 현행 교육과정에 대한 비판적 이해를 하고, 보다 나은 교육과정에 대한 대안적 방안을 가질 수 있다."고 밝혔는데 교사는 교육을 실시하는 자로서 개선 및 보완이 필요한 부분에 대해 누구보다 자격이 있기에 본고 설문지 대상자로 삼는다.

　〈표 16〉은 교육인력들의 학력 및 경력 현황이다. 최종학력을 보면 박사학위 소지자가 11명(73%)으로 평균적으로 높은 학력을 보유하고 있지만 통번역전공 출신자가 없다는 사실이 알 수 있다. 교육인력 언어적 배경을 살펴볼 때 모국어가 중국어인 교수는 80%, 한국어인 교수는 20%이다. 한편, 연령은 30대, 40대, 50대로 분포되어 있으며, 이 중 30대(5명, 33%)와 40대(8명, 53%)가 높은 비율을 차지하고 있다. 즉, 비교적 젊고 일정 수준의 경험을 가지고 있는 교육인력들이다. 통번역 강의 경력을 살펴보면 1년 이하가 2명(13%), 2년~3년이 5명(33%), 3년~4년은 8명(53%)이며, 4년차 이상 경력의 교육인력이 없다. 따라서 대부분의 교육인력이 한·중 MTI 과정 학생을 모집하기 시작한 시기에서야

통번역 교육을 시작하였다는 사실이 알 수 있다.

<표 17> 학습자 기본 현황

구분		비율(%)(명)
성별	남	3.0(1)
	여	97.0(36)
학기	1학기	16.0(6)
	2학기	19.0(7)
	3학기	10.8(4)
	4학기	21.6(8)
	졸업생	23.4(12)
A언어(모국어)	한국어	5.4(2)
	중국어	94.6(35)
전공	통역	59.5(22)
	번역	40.5(15)

홍주조(2011: 257)에서 "교육과정 개발과정에 학생들을 참여시켜서 그들의 요구를 파악하고 반영하는 것은 요식행위가 아니라 필수적인 요소."라고 밝혔다. 학습자의 요구가 교육과정의 설계 및 개선에 있어 중요한 역할을 하고 있기 때문에 본고에서 대상자로 포함시켰다.

<표 17>의 설문대상 학습자는 한·중 통역과 번역을 전공한 석사생이다. 석사 과장의 각 단계별 학습자와 졸업생을 대상으로 다양한 그룹에 대해 설문을 실시하였다. 이들 조사 대상자는 1학기 학습자 6명(16%), 2학기 학습자 7명(19%), 3학기 학습자 4명(11%), 4학기 학습자 8명(22%)과 이미 졸업한 학습자 12명(23%) 등으로 구성된다. 전 학기에 응답자가 분포되어 있으므로 다양하고 보편적인 결과를 얻을 수 있다고 본다. 한편, 학습자의 97%는 여성이며, 남성은 3%이다. 학습자의 언어적 배경에 관한 정보를 살펴보면, 모국어가 중국어인 학습자는 35

명(95%), 한국어인 학습자는 2명(5%)이었다.

1.2. 수요 조사 및 분석 방법

설문조사는 2019년 11월과 2020년 2월에 걸쳐 3차례 실시되었다. 본 설문은 비례오즈 로짓 모형(Proportional Odds Logit Model)이 적합하다고 판단, 이 모형을 적용하여 수요조사 결과를 분석했다. 종합적인 서술문항에 대해서는 정성 분석을 진행하였다. 우선 비례오즈 로짓 모형의 기본적인 개념을 소개하고자 한다. 베넷(Bennett, 1983)은 생존시간을 분석하기 위하여 본 모형 사용하였고, 맥컬라(McCullagh, 1980)는 범주형 자료를 분석하기 위해 이 모형을 이용하였다. 맥컬라(1980)에 따르면 이 모형은 순서형 로지스틱 회귀 분석에 가장 적합한 모형으로 알려졌으며, 누적 로짓 모형으로도 불려지고 있다.(전희주·오평석; 2011: 82)

본 논문에서 설문조사는 4개의 측정 분야표, 교육인력과 학습자 대상으로 나눈 일반 정보표, 전체적인 만족도와 미래 발전의 가능성에 대한 종합표를 포함해서 총 7개의 표를 근거로 설문지를 작성하고 조사하였다.[32]

첫 번째로 교육인력에 대한 조사 문항들이다. 주로 교육인력이 통번

---

32) 〈표 1〉 교수인력(y1), 〈표 2〉 개설과목(y2), 〈표 3〉 실습교육(y3), 〈표 4〉 CAT 교육(y4) 각 10개 문항, 응답방식은 비동의와 동의 사이를 5점 척도로 구분하였다. 즉 질문에 대해 비동의의 의사가 높은 경우 1점이고 동의의 의사가 높은 경우는 5점 만점을 부여하는 방식으로 설문 조사를 시행하였다. 〈표 5〉는 통번역교육에 대한 만족도와 미래발전 기대치 〈표 6〉 교육인력 주관문항, 〈표 7〉 학습자 주관문항이다. 주: 통계시스템을 사용하기 위해 각자 y1,2,3,4, E1,2로 표시하였다.

역 전문인력인가, 한·중 MTI 과정의 교육목표를 달성했는가, 교육내용의 부합정도, 교육인력이 통번역과정 강의 경력 및 전공 능력에 대해 향상의 필요성 등을 묻는 문항이다.

두 번째는 한·중 MTI 과정 개설과목에 대해 조사다. 현재 개설된 과목에 대해 만족도, 교육목표와 적합한지, 교육효과, 교육인력과 학습자입장에서 더 필요한 과목이 무엇인지 등이 조사 문항들이다.

세 번째는 실습교육문제에 대한 조사다. 소속 대학 실습교육을 어떻게 실시하고 있는지, 실습의 필요성, 실습내용과 실습교육목표에 적합한지, 실습과정의 부족한 부분에 대해 묻는 문항들이다.

네 번째는 한·중 MTI 과정에서 CAT 과목이 개설상황을 확인하고 CAT 교육의 필요성 및 실제 교육 내용의 적합성에 대해 조사다.

다섯 번째로 〈표 5〉를 보면 종합적인 문제 객관식 문항 2개와 주관식 문항 1개가 있는데, 하나(E1)는 교육인력과 학습자들이 한·중 MTI 과정의 만족도를 측정하는 목적, 다른(E2) 문항은 두 대상자들이 한·중 MTI 과정 미래 발전의 가능성에 대해 측정하는 것이다.

여섯 번째는 〈표 6〉, 〈표 7〉과 같이 교육인력과 학습자로 나누어서 주관식 문항을 만들었다. 개인적 일반정보 및 주관식으로 답하는 문항을 만들어서 객관식 문항을 검증하고 부족한 부분을 보완하고자 하였다. 설문조사의 구체적 구성내용은 〈표 18〉과 같다.

〈표 18〉 4개 분야의 설문조사 내용의 구성

목적	변수	세부항목	문
한·중 MTI 과정 교육인력의 전문성과 전공 능력 향상의 필요성에 대해 설문	교육인력	교육인력이 강의하는 과목이 본인 전공과 일치합니까?	1
		교육인력이 한·중 MTI 과정 실무 경험이 많다고 생각하십니까?	
		귀교의 한·중 MTI 과정 전임교수 인원수가 충분하다고 생각하십니까?	
		강의 과목을 담당하고 있는 교육인력의 배정이 적절하다고 생각하십니까?	
		교육인력의 연구분야가 한·중 통역이나 번역이라고 판단합니까?	
		교육인력이 강의하는 내용과 교과목의 교육목표가 서로 부합됩니까?	
		한·중 MTI 과정의 강의에 대한 학습자의 이해도는 어떻습니까?	
		교육을 담당하고 있는 교육인력이 한·중 MTI 과정의 개정 및 수정에 관여하고 있습니까?	
		교육인력의 한·중 MTI 과정의 강의 경력이 충분하다고 생각합니까?	
		교육인력의 한·중 MTI 과정 전공 능력향상이 필요하다고 생각합니까?	
한·중 MTI 과정 개설과목의 문제 및 개선의 필요성	개설과목	귀하 학교 한·중 MTI 과정의 교과목이 통역이나 번역 전공자에게 충분하다고 생각하십니까?	1
		귀하 학교에 개설되어 있는 과목이 한·중 MTI 과정의 교육목표에 적절하다고 생각하십니까?	
		통·번역 전문가 자격증이 필요하다고 생각하십니까?	
		귀하 학교에서는 통번역의 직업윤리교육이 이루어지고 있습니까?	
		학교에서 배운 내용이 실무를 실습하는데 도움이 되었습니까?	
		학습자들이 공부하고 싶은 과목을 선택하여 수강할 수 있습니까?	

		학습자들의 졸업 후의 진로가 한·중 통번역과 관련된 업무를 원하십니까?	
		통번역 전공을 떠나서 한국어 실력을 향상시키는 강의를 필요하다고 생각하십니까?	
		경제, 의료, 문화, 법률 등 각 영역별의 강의가 필요하다고 생각하십니까?	
		다른 통번역 전문가들의 특강이 필요하다고 생각하십니까?	
한·중 MTI 과정 실습교육의 필요성과 실제 수요의 조사	실습교육	한·중 MTI 과정에 실습교육이 필요합니까?	10
		귀하 학교에서 한·중 MTI 과정에 실습교육이 포함되어 있습니까?	
		실습의 기간이 충분하다고 생각하십니까?	
		실습하는 업무는 한·중 MTI 과정 전공 분야와 관련이 있습니까?	
		실습하는 과정이 학습자들의 한·중 통역이나 번역 실력 향상에 도움을 주었다고 생각하십니까?	
		실습하는 과정에서 교수님께서 직접 지도를 하십니까?	
		실습하기 전에 근무처에서 실습 업무교육이 이루어지고 있습니까?	
		실습의 기회가 충분하다고 생각하십니까?	
		실습기관은 학교나 전공학과에서 연결시켜줍니까?	
		학교에서 실습할 공간과 시설을 만들 필요가 있다고 생각하십니까?	
한·중 MTI 과정에 컴퓨터 보조 번역 및 현대 기술을 활용한 통번역의 필요성과 실제 수요 조사	CAT	한·중 MTI 과정에 CAT 과목이 필요하다고 생각하십니까?	9+1 개설/ 미개설 문항
		귀하 학교 한·중 MTI 과정에 CAT 과목이 개설되어있습니까?	
		컴CAT 강의를 하고 있는 교수진이 이 분야의 전문가라고 생각하십니까?	
		귀하 학교에서 하고 있는 CAT 강의 내용이 교육목표에 적절하다고 생각하십니까?	
		컴퓨터, 앱, 소프트웨어를 사용해서 한·중 통역이나 번역을 해본 경험이 있습니까?	

		컴퓨터, 앱, 소프트웨어를 사용해서 통번역의 효과가 있다고 생각하십니까?	
		학교에서 CAT 강의를 할 수 있는 디지털 강의실이 필요하다고 생각하십니까?	
		한·중 MTI 과정 컴퓨터 보조 번역기 개발이 필요하다고 생각하십니까?	
		온라인강의를 통해 CAT 교육을 실시할 수 있다고 생각하십니까?	
		한·중 MTI 과정 미래의 발전과 컴퓨터 보조 번역 교육과 밀접한 관계가 있다고 생각하십니까?	
종속변수	만족도	귀하가 근무하거나 다니는 한·중 MTI 과정에 대해 전체적으로 만족하십니까?	
	미래 발전의 가능성	귀하가 근무하거나 다니는 한·중 MTI 과정이 현재 운영하고 있는 교육과정대로 이어서 하면 미래에도 발전가능하다고 생각하십니까?	

1.3. 수요 조사 결과

분 설문조사 문항의 내적신뢰도의 결과는 아래 〈표 19〉와 같다. 잠재변수들에 대한 신뢰도 측정 요인으로 측정문항 설문들의 내적 일관성을 판정하는 크론바하 알파(Cronbach's α) 값이다. 크론바하 알파 값이 높아질수록 설문지 문항의 내적 일관성이 높고 설문내용이 적합하다고 해석할 수 있다. 아래의 〈표 19〉와 같다.

〈표 19〉 문항 간 내적신뢰도 (Cronbach's α)

분야	문항수	Cronbach's α
교육인력	10	0.97
개설과목	10	0.94
실습교육	10	0.95
컴퓨터 보조 번역	9	0.95

위에 〈표 19〉의 결과에 따르면 내적신뢰도는 모두 0.94~0.97 이내에 분포되어 Nunnally(1994)의 제안 기준 0.7이상에 충족되므로 측정모형의 신뢰성을 모두 만족한다고 할 수 있다.(전희주·오평석; 2011: 87) 이를 근거하여 〈표 19〉에서 교수와 학생 간 교육인력(y1), 개설과목 문제(y2), 실습교육(y3), 컴퓨터 보조 번역 교육(y4)의 내적 신뢰도 수치가 P<.0001이어서 신뢰도 높다는 결과가 나왔다. 즉 본 논문에서 적용한 설문조사의 크론바하 알파 값이 높기 때문에 설문조사 문항의 일관성이 존재하는 것을 검증하였다.

〈표 20〉 개별 분야 수요도, 전체만족도, 미래발전가능성 기초통계

분야	N	평균	표준 편차
교육인력	52	3.25	1.29
개설과목	52	3.69	0.91
실습교육	52	3.37	1.06
컴퓨터 보조 번역	52	3.77	1.02
전체 만족도	52	3.15	1.49
미래 발전 가능성	52	3.10	1.42

〈표 20〉은 현재 한·중 MTI 과정의 교육환경 중에서 교육인력, 개설과목, 컴퓨터 보조 번역과 개설과목에 대한 수요와 종속변수인 전체만족도와 미래발전가능성에 대한 기초통계를 보여준다. 〈표 20〉 중 N은 설문을 응답하는 대상자수 52명을 가리킨다. 평균치를 보면 컴퓨터 보조 번역〉개설과목〉실습교육〉교육인력〉전체 만족도〉미래발전 가능성

순으로 되어 있다. 개별 분야 수요도 별로 살펴보면 컴퓨터 보조번역
등 현대기술을 적용 통번역과목개설 수요도가 5점 만점에 평균 3.77점
으로 가장 높았고, 다음으로 개설과목 설계의 수요도가 3.69점이고, 실
습교육의 필요가 3.37점이며, 교육인력에 대해 수요도가 3.25점으로 나
타났다. 현재 통번역대학원 교육환경 중에서 컴퓨터 보조 번역과 개설
과목에 대한 수요도가 매우 높은 반면에 교육인력과 실습교육의 수요
는 상대적으로 낮음을 보여준다. 교수와 학습자들의 전반적 만족도의
평균치는 3.15점이며, 미래발전가능성에 대한 평균치는 3.10점으로 나
타났다. 만점 5점에 평균점을 초과하였으나 다른 네 개 분야에 비하면
상대적으로 낮은 수치를 나타났다. 이는 바로 현 단계에서 교수와 학습
자들의 한·중 MTI 과정에 대해 만족도가 떨어지고 있고 현재의 교육
과정대로 변함없이 운영하게 되면 미래발전의 가능성도 떨어져 보인다
는 의미이다.

〈표 21〉 한·중 MTI 과정 성장성 영향 요인변수 기초통계

변수	구분	N	평균	표준편차	df	t	p-value
교육인력	교수	15	3.46	0.82	50	0.73	0.4684
	학생	37	3.17	1.44	50		
개설과목	교수	15	3.75	0.47	50	0.33	0.7409
	학생	37	3.66	1.05	50		
실습교육	교수	15	3.31	0.64	50	-0.25	0.8039
	학생	37	3.39	1.19	50		
컴퓨터 보조 번역	교수	15	3.82	0.72	50	0.23	0.8211
	학생	37	3.75	1.13	50		
만족도	교수	15	3.33	1.18	50	0.55	0.58
	학생	37	3.08	1.61	50		
미래발전 가능성	교수	15	3.27	1.28	50	0.55	0.59
	학생	37	3.03	1.48	50		

〈표 21〉은 교수와 학생간의 교육수요 필요성에 대해 차이가 있는지를 독립 2집단 t-검정 결과이다. 통계적 유의수준(p-value) 0.05보다 높게 나왔다. p값>0.05의 뜻은 교수와 학생간의 교육인력, 개설과목, 실습교육, 컴퓨터 보조 번역, 만족도, 미래 발전 가능성에 대한 수요에는 차이가 없는 것으로 나타났다. 즉 교육인력과 학습자가 한·중 MTI 과정 문제점에 대해 유사한 의견임을 의미한다. 본고에서 제시된 문제점 및 개선하고자 하는 분야가 교수진과 학생 간 상당부분 일치하고, 개선 필요성을 인지하고 있다는 사실이 검증되었다. 전체적으로 평균치를 살펴보면 실습교육 평균치는 교수보다 학습자가 높게 나오고 나머지 5개 분야 모두 학습자보다 교수의 수치가 높다는 결과가 나왔다. 즉 한·중 MTI 과정에 대해 학습자에 비하면 교수가 더욱 개선 필요성을 원하고 있다고 판단된다.

〈표 22〉 전체만족도 모형을 위한 비례오즈 가정에 대한 스코어 검정

구분	χ^2	자유도	p-value
전체 만족도	17.76	15	0.2756

교육인력, 개설과목, 실습교육, 컴퓨터 보조 번역에 대한 수요 중 어느 요인이 전체만족도에 영향을 주는지를 알아보기 위해서는 비례오즈 로짓모형이 적합하다. 〈표 22〉는 선택된 비례오즈 로짓모형이 타당한지 대한 검정으로 비례오즈 값(proportional odds assumption)에 대한 스코어 검정 결과이다. 전체 만족도와 미래 발전의 가능성에 대한 성장 모형이 적합한지를 위한 비례오즈 가정에 대한 스코어 검정 결과, 전체 만족도와 미래 발전의 가능성 각각에 대한 p-값이 모두 0.05이상으로

비례오즈 로짓모형의 적용이 타당함을 알 수가 있다.

〈표 23〉 한 · 중 MTI 과정 만족도 모형 적합 추정치

분류	자유도	추정치	표준오차	월드 χ^2	p-value
상수1	1	-39.585	9.2067	18.4866	〈.0001
상수2	1	-33.804	8.1473	17.2148	〈.0001
상수3	1	-29.803	7.3514	16.4353	〈.0001
상수4	1	-22.646	6.1443	13.5837	0.0002
교수	1	0.6530	0.5198	1.5782	0.2090
교육인력	1	3.2345	1.5386	4.4194	0.0355
개설과목	1	3.3185	2.4221	1.8772	0.1707
실습교육	1	2.5748	1.2299	4.3825	0.0363
컴퓨터 보조 번역	1	0.1973	1.3689	0.0208	0.8854

위의 〈표 23〉은 비례오즈 로짓 모형을 이용한 한 · 중 MTI 과정의 만족도 모형 모수 추정결과다. '교육인력, 개설과목, 실습교육, 컴퓨터 보조 번역'과 만족도의 관계를 나타내는 통계 결과이다. 표를 확인해보면 '교육인력'과 '실습 교육' 항목이 만족도와 일정한 관계성이 존재하는 것을 알 수 있다.(교육인력 χ^2=4.4194, df=1, p〈0.05 실습교육 χ^2=4.3825, p〈0.05) '교육인력 요인'과 '실습교육 요인'의 추정치가 각각 3.2345, 2.5748로 '교육인력 요인'과 '실습교육 요인'의 영향이 크면 클수록 한 · 중 MTI 과정의 만족도가 더욱더 커짐을 알 수 있다. 반면에 개설과목, 컴퓨터 보조 번역과 만족도의 관계성이 유의미한 결과로 나타나지 않았다.(p〉0.05)

<표 24> 한·중 MTI 과정의 발전가능성 모형 적합 추정치

분류	자유도	추정치	표준오차	월드 χ^2	p-value
상수1	1	-42.5031	10.1019	17.7025	〈.0001
상수2	1	-37.6796	9.0141	17.4732	〈.0001
상수3	1	-33.4221	8.2145	16.5540	〈.0001
상수4	1	-22.8240	5.8413	15.2673	0.0002
교수	1	1.3865	0.6231	4.9503	0.0261
교육인력	1	0.9255	1.2679	0.5328	0.4654
개설과목	1	5.7940	2.4322	5.6752	0.0172
실습교육	1	3.2485	1.3334	5.9352	0.0148
컴퓨터 보조 번역	1	-0.0788	1.1535	0.0047	0.9456

위의 〈표 24〉는 비례오즈 로짓모형을 이용한 한·중 MTI 과정의 발전 가능성 모형 모수 추정결과이다. 표를 확인해보면 '개설과목'과 '실습 교육' 항목이 발전 가능성과 일정한 관계성이 존재하는 것을 알 수 있다.(개설과목 χ^2=5.6752, df=1, p〈0.05 실습교육 χ^2=5.9352, p〈0.05) '개설과 목 요인'과 '실습교육 요인'의 추정치가 각각 5.7940, 3.2485로 '개설과목 요인'과 '실습교육 요인'의 영향이 크면 클수록 한중 MTI 과정의 발전 가 능성이 더욱 더 커짐을 알 수 있다. 반면에 교육인력, 컴퓨터 보조 번역과 발전 가능성의 관계성이 유의미한 결과로 나타나지 않았다.(p〉0.05)

통계 결과에 의하면 4.0 이상의 수치가 아주 높은 평균값을 가지고 있는 문항들이다. 다시 말해서 교육과정 개선방안에 참고할 가치가 높 다는 뜻이다. 전체적으로 상당히 동의하는 의견으로 조사된 4.0 이상의 평균값을 가진 것으로 분석되는 항목은 B중 4개, C중 3개, D중 4개 총

11개 항목으로 나타났다.

<표 25> 평균값 4.0 이상 문항

	문항	평균
B3	통번역 전문가 자격증이 필요하다고 생각하십니까?	4.21
B8	통번역 전공을 떠나서 한국어 실력을 향상시키는 강의 필요하다고 생각하십니까?	4.63
B9	경제, 의료, 문화, 법률 등 각 영역별의 강의가 필요하다고 생각하십니까?	4.58
B10	다른 통번역 전문가들의 특강이 필요하다고 생각하십니까?	4.31
C1	한·중 MTI 과정에 실습교육이 필요합니까?	4.59
C5	실습하는 과정이 학습자들의 한중 통·번역 실력 향상에 도움을 주었다고 생각하십니까?	4.23
C10	학교에서 실습할 공간과 시설을 만들 필요가 있다고 생각하십니까?	4.31
D1	한·중 MTI 과정에 CAT 과목이 필요하다고 생각하십니까?	4.37
D7	학교에서 CAT 강의를 할 수 있는 디지털 강의실이 필요하다고 생각하십니까?	4.25
D9	온라인강의를 통해 CAT 교육을 실시할 수 있다고 생각하십니까?	4.00
D10	한·중 MTI 과정의 미래 발전과 CAT 교육과 밀접한 관계가 있다고 생각하십니까?	4.31

<표 25>를 살펴보면 개설과목 분야 내용 중에 B3 전문가 자격증의 필요성, B8 한국어 능력의 향상 강의에 대해 수요, B9 경제, 의료, 문화, 법률 각 영역별 강의의 필요성, B10 다른 통번역 전문가 특강의 필요성

에서 높은 점수가 나타나고 높은 수요를 가리키고 있다. 실습교육 분야에 C1 설문대상자들이 실습교육의 필요성이 보편적으로 인증하고 있고 C5 실습과정이 전공 실력 향상에 도움을 줄 수 있다는 공감이 이루어지고 있다. C10은 학교에서 실습할 공간과 시설이 필요다고 생각하는 응답자가 대다수다. CAT분야에 다른 분야와 달리 D2는 점수를 매기지 않고 나머지 9개 문항만 통계 처리를 한다. D2는 CAT가 개설되어 있는지에 대해 문항이다. 응답 결과는 33%의 대학이 개설하지 않았고 67%의 대학에서 개설되어 있다는 결과가 나타났다. D1은 CAT의 필요성, D7은 학교에서 CAT 강의를 할 수 있는 디지털 강의실의 필요성, D9은 온라인강의를 통해 CAT 교육을 실시할 수 있는지에 대한 의견, D10은 한·중 MTI 과정의 미래의 발전과 CAT 교육과 밀접한 관계가 가지고 있는지에 대해 질문이다. 설문결과의 통계를 통해서 한·중 MTI 과정의 교육인력과 학습자들에게 수요가 높게 나타났다. 따라서 교육과정 및 인프라의 개선 필요성을 다시 한번 검정 받고 개선방안을 찾고자 한다.

2. 한·중 MTI 과정의 개선 방안

'교육과정'의 개념은 1918년에 발간된 보빗(Bobbit, 1918)의 단행본 『교육과정(The Curriculum)』에 최초로 도입된 이후 계속 진화, 발전해 왔다. 그 후로 교육과정의 개념도 많은 학자들에 의해 다양하게 정의되었다.[33] 세일러와 알렉산더(Saylor & Alexander, 1954)에서 "교육과정

---

33) 권상미, 전략기반 통역수업의 교수요목 설계를 위한 실행연구-한·영 동시통역을 중심으로-박사논문, pp.13-14. 재인용

은 학교 내에서뿐만 아니라, 학교 밖에서도 학습자들이 기대하는 결과에 도달할 수 있도록 하는 학교의 총체적인 노력이다."라고 했고, 타바(Taba, 1962)는 교과목들의 여러 목표들과 이들 목표들의 성과를 평가할 수 있는 프로그램들로 구성되어 있는 것이라고 했다. 그 외 타일러(1970)는 "학교가 추구해야 하는 교육목적은 무엇이고 그러한 목적을 달성하기 위한 학습경험을 어떻게 선정하고 조직해야 하는지 그리고 학습경험의 평가는 어떻게 해야 하는지를 규명하는 것이다."라고 했고, 벨(Bell, 1971)은 "학교를 다니는 동안 학습자들이 배워야 할 사회적으로 가치 있는 지식, 기능, 태도를 가르치는 것이다."라고 정의했다. 테너와 테너(Tanner &Tanner, 1977)는 "교육과정이란 학교에서 활용되는 학습활동의 계획들."이라고 했으며, 라더(Lather, 1991)는 "억압적인 사회적 실제를 해결하는 변형적 교육학적 실제는 무엇이며 그러한 교육학적 실제를 지지하는 이론과 연구가 무엇인지 알고 다차원적인 목소리, 해방적인 삶의 가치를 찾는 것"으로 정의했으며, 홍주조(2011)는 "교육과정은 교육의 일부로서 교육목적을 구체적으로 구현하는 수단이고, 교육내용과 활동의 계획이며, 계획을 반성적으로 실천하여, 실천 결과를 바탕으로 교육을 개선하는 일련의 과정."이라고 정의하였다. 교육과정에 부여하는 정의를 통해 교육목표와 교과목의 설정, 교육내용 등 세 가지 중요한 요소가 교육과정에 들어있다는 사실을 알 수 있다. 이 세 가지 내용은 본 논문에서 논의하고자 한 교육목표, 개설과목, 실습교육, 컴퓨터 보조 번역교육 등과 일치한다.

2.1. 한·중 MTI 과정 교육목표의 재정리

위에서 언급한 듯이 교육목표는 교육과정의 핵심이다. 그 중에 인재

양성의 목표가 들어 있어 통번역 교육과정에 대한 강한 지도적 의미가 있으므로 이리하여 한·중 MTI 과정에 있어서 사회적인 수요에 따른 명확한 교육목표가 중요하다.

먼저 중국의 한·중 MTI 과정의 교육목표에서 능동성을 갖추어야 된다. 한국과 홍콩의 통번역석사 전공의 교육과정이 서로 다른 두 가지 운영상황을 보여주고 있지만 모두 소속 대학이 사회의 수요에 따른 판단에 의해 개설되었다. 교육목표는 대학의 판단을 반영하기 때문에 학교의 명확한 입장을 나타낸다. 이와 같은 교육목표의 설정 방법은 대학들이 통번역석사 전공 운영에서 능동성을 가질 수 있도록 했기 때문에 한국과 홍콩의 교육목표 중에 사회적인 수요를 능동적이고 적극적으로 반영할 수 있다는 것이 가장 큰 특징이다. 홍콩의 통번역 석사과정은 설정이 통식교육개념[34]을 두드러지게 나타내고 있다. 개설과목 중에 다양한 통번역과목 외에 인문사회과학 과목이 많으며 연구형 통번역 인재의 양성을 중시하고 있다. 한국의 전공통번역석사교육과정은 주로 통번역과정분야의 과목위주로 설정되어 있으며 다른 인문사회과학 과목이 적으며 실용적인 고급 통번역 전문가를 양성하는 목표가 뚜렷하다.

중국 대학 한·중 MTI 과정의 교육목표는 정부의 교육목표에 따라서 설정되었다는 것은 가장 큰 특징이다. 중국 대학의 교육목표가 고차원적이고, 전문성과 실용성을 갖춘 한중 통번역 인재 양성이란 목표는 한국의 한중 통번역 양성 목표와 같다. 하지만 중국의 이런 목표 설정은 그 운영의 효율성이 보장 되지만 능동성이 부족한 면이 있다. 모든 대학이 기본적으로 정부의 교육 목표에 따라서 운영하기 때문에 그 운

---

34) 통식교육(通识教育) 즉 한국어의 교양교육의 개념이다.

영에 있어 능동적인 요소가 보이지 않았다.

그 다음에 중국의 한·중 MTI 과정의 교육목표에 시장 상황을 반영한 특색을 갖추어야 한다. 한국이나 홍콩의 대학의 통번역 인재 양성 목표에서 대학마다 고유의 특색을 갖추고 있다. 즉 교육목표에서 통번역과정 운영의 특색이 보인다. 한국의 경우에 한중 경제 분야의 통번역인재나 통역 인재만 양성하는 특화 된 교육목표들이 설정된 대학들이 적지 않다. 홍콩 대학의 경우에 통역 인재만을 양성하거나 통번역 연구형 인재를 양성하는 교육목표들이 설정되어 있다. 이와 같이 특색 있는 교육목표들은 모두 대학의 특색을 살리고 통번역인재나 한중 통번역 인재를 양성하는데 있다. 중국 대학의 한·중 MTI 과정도 소속대학의 자원과 특색을 활용해서 시장수요에 의한 특색을 교육목표에 반영해야 된다. 이런 특색 교육목표는 한중 문학 번역인재, 한중 경제 통번역인재, 한중 정치 통번역인재, 한중 의료 통번역인재 등으로 구성될 수 있다.

또한 중국의 한·중 MTI 과정의 교육목표는 학습자의 언어능력을 반영해야 된다. 한국과 홍콩의 통번역 석사 양성목표는 학습자의 언어능력에 맞게 설정된 것이다. 한국의 경우에 고급 통번역 인재양성이란 목표를 위해 한국어나 중국어를 잘하는 우수학습자만 모집한다. 홍콩의 경우에 입학 전 통번역 경력을 강조한다. 즉 한국과 홍콩은 자신의 교육목표를 실현하기 위해 그 교육목표에 맞는 학습자만 모집한다. 중국의 한·중 MTI 과정의 교육목표는 고차원, 실용성과 전문성을 다 갖춘 통번역인재 양성인데, 그렇다면 그 목표에 맞는 학습자를 모집해야 된다. 이런 학습자에 대한 수요는 모집요강이나 입학시험에 반영할 수 있다. 예를 들어 모집요강에서 한국어와 중국어의 능력과 관련된 조건을 높이고 통번역 경력을 강조할 수 있다. 그 외에 입학시험에서도 문제의 난이도를 통해 언어 실력이 좋은 학습자만 모집할 수 있다. 그러나 현재 중국 대학마다 차이가 있어 모집한 학습자들도 언어능력이 다르다. 이런 경우에 학습자 수준에 따른 한·중 MTI 과정의 교육목표의 설정이 필요하다.

마지막으로 중국의 한·중 MTI 과정의 교육목표는 교육인력에 맞게 설정해야 한다. 고차원적이고 실용성 및 전문성을 갖춘 한중 통번역 인재 양성에 있어 한중 통번역 실무가 풍부하고 연구능력도 갖고 있는 전담 교육인력이 필요하다. 한국과 홍콩의 통번역 석사과정 운영을 보면 중국 대학의 한·중 MTI 과정의 교육인력이 많이 부족한 상황이다. 때문에 교육목표에 맞는 교육인력을 초빙하거나 현재의 교육인력에 맞게 교육목표를 조정해야 된다.

상술한 것처럼 중국의 한·중 MTI 과정에서 한국과 홍콩의 경험을 참조해서 능동성, 특색 및 학습자 언어실력과 교육인력 등에 따른 교육목표를 설정해야 된다. 이를 통해 한중/중한 통번역의 시장 및 전문인재 미래 발전의 길을 찾고 방향부터 제대로 잡으면 인재양성의 목표를 구체화시킬 수 있으며 효율적인 목표를 세울 수 있다. 명확한 교육목표를 설정하여 한중 통번역 인재를 양성에 도움을 제공하고자 한다.

2.2. 한·중 MTI 과정 개설과목의 설정방안

제1장의 선행연구에서 중국 대학 MTI 과정은 개설과목 부족과 개설과목이 체계적이지 못하며 비합리적인 문제들이 있다. 때문에 교육목표를 달성하기 위해 과학적이며 시장수요에 맞는 교육과목 개설의 중요성을 강조했다. 한·중 MTI 과정의 교육자와 학습자에 대한 설문결

과에서 한·중 MTI 과정 개설과목에 대한 기대치가 높아 선행연구에서 지적한 문제들과 일치성을 보인다. 한국과 홍콩의 통번역 석사 과정의 운영을 통해 한·중 MTI 과정 개설과목에서 나타난 문제점들을 해결하기 위해 무엇보다 합리적이고 과학적인 과목체계를 구축할 필요가 있다.

가. 언어 능력을 높이는 과목을 개설

통번역을 위해서는 기본적으로 출발어와 도착어의 언어 능력이 모두 뛰어나야 된다. 외국어만 잘하고 모국어 실력이 부족해도 안 된다. 실제 통번역 활동에서 오히려 우수한 모국어 실력이 더 중요하다. 이는 통번역은 정확성도 중요하지만 적당하고 우수한 표현력도 중요하기 때문이다. 한국에서 고급 한국어나 중국어 과목이 개설된 한중 통번역 석사과정은 적지 않다. 홍콩 대학의 통번역 석사과정에서 이와 같은 어학능력을 높이는 과목들이 더 많다. 한·중 MTI 과정의 학습자는 통번역을 잘하려면 언어교육을 강화시키며 언어능력을 향상시켜야 한다.

중국 대학의 한·중 MTI 과정에서 먼저 고급 한국어와 관련된 과목들의 개설이 필요하다. 일부 대학의 한·중 MTI 과정의 학습자들은 한국어 실력이 부족해 한중 통역이나 번역을 할 수 없는 상황이다. 때문에 이런 학습자들이 교육목표에 따라 입학하자마자 바로 한중 통번역 공부를 하게 되면 과정을 제대로 따라갈 수 없는 문제가 생길 수 있다. 따라서 이런 한국어 실력이 부족한 학습자들을 위해 학습자들의 한국어 능력에 맞는 한국어 과목들을 개설할 필요가 있다.

홍콩 대학 통번역 석사과정의 개설과목에서 학습자의 통번역 능력 향상을 위해 영어 등 외국어 과목뿐만 아니라 중국어 과목도 많이 포함되어 있는 점이 홍콩 대학 통번역 석사과정 교육의 특색 중 하나이다. 중국어 과목의 학습의 중요성을 현재 중국 대학 한·중 MTI 과정에서 놓치고 있다. 그래서 중국 대학의 한·중 MTI 과정에서 통번역 과목이나 한국어 과목뿐만 아니라 중국어 능력을 향상시키기 위해 각종 중국어 어법, 쓰기, 말하기, 작문 등 과목도 개설해야 된다.

나. 특색이 있는 통번역 과목을 개설

고급 통번역 인재의 교육은 교육기관의 교육여건에 따라 국제나 국내의 통번역 인재 수요에 반영해서 진행해야 된다는 것이다. 즉, 교육기관마다 통번역과정을 운영할 때 자기의 장점을 살리고 특색 있는 과목을 개설해야 된다. 홍콩의 통번역 석사과정에서도 문학번역이나 컴퓨터 보조 번역 등 특색 있는 과목들을 개설하고 있다. 한국의 경우에도 마찬가지다. 중국 대학의 한·중 MTI 과정에서 자기의 학습자 능력과 교육 인프라 등을 따라 각종 특색 있는 과목들을 개설할 수 있다. 그리고 이런 특색 있는 과목은 한 두 개로는 부족하며 체계적인 시리즈 과목으로 개설해야만 특색이 있는 한·중 MTI 과정을 만들 수 있다.

중국 대학의 한·중 MTI 과정에서 문학번역, 정치 경제 통번역, 참관실습 등과 같은 과목들이 연계 과목으로 추가될 수 있다. 문학번역은 한중 두 나라의 문화 교류에 있어서 아주 중요한 번역활동이지만 아직까지 제대로 된 번역 작품이 나오지 않았다. 때문에 이런 분야의 번역 인재를 양성하기 위해 한·중 MTI 과정은 한국과 중국의 소설번역, 시 번역, 수필번역, 고전번역, 문학 감상, 문학교양 등 시리즈 과목들을 개설해서 한중 문학번역의 특화된 과정이 될 수 있다.

그리고 현재 끊임없이 발전하고 있는 한중 관계에 맞게 정치, 경제 등 분야로 특화된 통번역 과정도 필요하다. 이것은 정치 분야 계열의 한중 통번역 과목이나 경제 분야 계열의 한중 통번역 과목의 개설을 통해 충분히 실현 가능하다. 또한 요즘에 세계적으로 인기가 있는 컴퓨터 보조 통번역의 개설로 한·중 MTI 과정을 특화시킬 수 있다. 컴퓨터 보조 통번역 과목들은 한국과 홍콩의 통번역교육에서 이미 적용했지만 중국에는 아직 보급 있지 않았다. 이 과목은 언어실력뿐만 아니라 컴퓨터 전문지식도 잘 파악해야 되므로 국내 대학에 담당할 수 있는 교육인력도 부족하다. 이런 문제를 해결하기 위해 MOOC 등 교육방식을 대체해서 개발이 가능하다. 중국 대학 간에 MOOC 사이트의 운영을 통해 CAT 교육을 인터넷 강의를 통해 이룰 수 있다. 서로 강의의 자원을 공유하며 인터넷 강의의 학점을 인증해주는 것을 현재로서 제일 쉽게 교육 전문 인력의 부족한 문제를 해결 할 수 있는 방안이다.

CATTI[35] 2020년부터 한국어 통번역 자격시험을 실시하므로 한·중 MTI 과정의 인지도가 더욱 높아질 것이며 시장 수요도 많아질 것이다. 이를 위해 한·중 CATTI 자격시험에 대비하여 한·중 MTI 과정에 통번

---

35) 전국번역전문자격(수평)시험(이하 "번역자격시험"이라 약칭)은 중국 국가 인력자원과 사회보장부의 위탁을 받아 중국 외문국에서 실시 및 관리하는 국가급 직업자격시험으로, 중국 국무원 직업자격시험목록에 수록되어 있다. 본 자격 시험의 설정 목적은 통번역업 관리 강화, 통번역 취업시장 규범, 통번역업 인재 양성, 객관적으로 번역 전문인력의 수준과 능력을 평가해 중국 통번역업계가 국제시장과 접목을 할 수 있도록 하기 위해서다. 중국통번역석사(MTI)가 반드시 참석해야 하는 시험이다. 중국 교육부의 관련 정책에 따르면 "통번역석사 전공 학위 대학원생은 입학 전 2급 또는 2급 이상의 통번역 전문 자격증을 취득하지 않았다면 재학 중 2급 통역이나 번역 전공 자격시험을 참석해야 한다". 통번역자격시험은 중국 통번역 석사전공 교육학위위원회가 번역석사학과 고등학교 교육관리 품질 모니터링 체계에 포함시켰고, 학생들이 2급 시험을 통과하는 상황도 고등학교 통번역전공 학업성과를 평가하는 주요 지표로 꼽혔다.

역자격증을 취득할 수 있는 능력을 양성하기 위해 대응되는 과목도 개발하여 국제적인 수요를 만족시킬 수 있는 통번역인재를 양성하는데 한 걸음 더 나아가야 할 것이다.

다. 다양한 통번역 모의 과목 개설

통번역 전공은 다른 전공과 달리 이론보다 실무가 더 중요하기 때문에 이런 이유로 통번역 교육과정에서 개설과목을 설정할 때 시장 수요를 채울 수 있게 실용적인 인재양성을 위주로 하고 있다. 이런 이유로 한국과 홍콩의 통번역 석사 전공 개설과목에 통번역 모의 과목도 많이 포함되어 있다. 고차원적이고 실용성과 전문성을 겸비한 한중 통번역 인재 양성을 목표로 둔 중국 한·중 MTI 과정의 개설과목에서 서술형 과목을 줄이고 통번역 모의과목을 늘려야 한다.

이런 통번역 모의 과목은 먼저 번역과 통역 과목들로 구성될 수 있다. 번역과목은 주로 각 분야의 서류의 실무 번역 훈련 교육이다. 통역과목은 주로 동시통역과 순차통역 두 가지로 나눌 수 있다. 동시통역과목은 각 분야의 모의 통역 훈련교육이고 순차통역과목은 레벨별로 초급, 중급, 고급 등 다양한 분야의 모의 순차통역 훈련교육이다. 그 중에 모의 회의통역 과목은 국제회의, 국내회의, 전화나 영상회의 등 모의 통역과목으로 나눌 수도 있다.

그 다음에 통번역 모의 과목은 참관 모의수업으로 대체될 수도 있다. 예를 들면 법정 참관 모의통역 및 의료 참관 모의통역 등과 같은 실무 교육과목이다. 법정 참관 모의 통역과 의료 참관 모의 통역 등의 특수성 때문에 학습자가 직접 통역하기 전에 견학이 필요하다. 참관 모의 수업을 통해 학습자는 통역의 기술뿐 아니라 심리적으로 자신의 감정을 어떻게 조절하여 어려움을 극복하고 갑작스러운 상황에 대처하는 방법을 배울 수 있다. 한중 통번역을 잘하는 실무인재를 양성하기 위해 중국 한·중 MTI 과정에서도 상술한 통번역 모의 훈련과목과 참관 모의 통역과목 등을 많이 개설해야 된다.

중국 대학 한·중 MTI 과정 개설과목의 과학성과 체계성을 더 명확하기 위해 상술한 개설과목 외에 중국 특색이 있는 과목들, 온라인 모의 실습 과목, 통번역의 역사, Note taking, shadowing 등 기술 보조 과목들, 통번역직업윤리, 제2외국어 등 과목들을 개설할 수 있다.

2.3. 한·중 MTI 과정의 실습과정 개선 방안

실습은 통번역 교육 중 중요한 일환으로 학습자의 통번역 실무 능력을 검증하고 향상시키는데 아주 중요한 역할을 담당하고 있다. 고차원적 능력, 실용성과 전문성을 겸비한 한중 통번역 인재를 양성하고자 하는 중국 대학 한·중 MTI 과정에서 실습기회와 실습기관의 부족 및 실습관리의 비효율성 등 문제부터 해결해야 된다. 이런 실습문제들도 설문조사 분석결과에서 나온 문제들과 일치하고 있다.

가. 학습자에게 더 많은 통번역 실습 기회를 제공

중국 한·중 MTI 과정 전공의 실습기회가 많지 않다는 문제는 보편적이지만 지방 대학의 경우는 더욱 그렇다. 따라서 사회적 자원과 대학의 자원을 동원해서 많은 실습장소를 확보함으로써 학습자에게 실습기회 제공하는 곳이 중요하다. 한국과 홍콩 통번역 석사과정의 경우에 통번역센터나 통번역 연구소를 설치하여 사회의 기업과 기관의 유료 통번역 업무를 받아 학습자의 수준에 맞게 배정해 줌으로써 실습기회를 제공해 준다. 아울러 학과의 동문회나 카페 등 조직을 활용해서 통번역 실습기회를 찾고 학습자에게 제공하는 것이다.

한국과 홍콩의 경험과 중국의 상황에 대비해서 중국 대학 한·중 MTI 과정의 실습에 있어서 먼저 교내의 자원부터 동원해야 된다. 현재 중국 대학에도 통번역센터, 취직지도센터 등 기관들이 설치돼 있다. 그러나 학교의 행정적인 한계가 있어서 센터와 학과가 협력하기 어려운 부분이 있다. 그러나 이와 같은 행정적인 한계를 타파하고 손을 잡고 서로 협력해서 학습자에게 많은 프로그램과 실습기회를 제공해 주는 것은 한·중 MTI 과정의 급선무이며. 그리고 한·중 MTI 과정에서 졸업생을 중심으로 한 동문회 같은 조직을 만들어서 카페, 밴드 등 운영함으로써 통번역 위탁업무 정보를 서로 공유할 수 있다. 학교뿐만 아니라 졸업하고 전공분야에서 활동하고 있는 졸업생의 자원을 같이 동원해서 학습자에게 실습 기회를 제공하는 것은 더 효과적이다.

그 다음에 한·중 MTI 과정도 직접으로 나서서 한중 통번역 수요가 있는 회사나 기관과 협력 관계를 맺어서 유료와 무료업무를 통해 학습자에게 한중 통번역 실습 기회를 제공해 줄 수 있다. 그 중에 한중 통번역 수요가 많은 회사나 기관을 중심으로 한중 통번역 실습기지도 만들 수 있다. 물론 이런 과정은 실습기회를 위한 것이지 실습장소나 실습기지만 만들기 위한 것이 아니다.

마지막으로 중국 대학 한·중 MTI 과정의 학습자는 스스로 기회를 찾아서 통번역 훈련을 해야 된다. 예를 들어 한국 유학생과 같이 세미나나 토론 등을 통해서 통번역 연습을 하거나 한국 통번역 석사과정을 잘 운영하는 대학에 가서 단기 과정을 통해서 통번역 훈련을 할 수 있다. 즉 한중 통번역 실습은 꼭 기업체 환경 아니더라도 일상생활 속에서도 할 수 있다.

나. 한중 통번역 실습 관리 강화

설문조사결과를 볼 때 한중/중한 통번역 석사과정 학습자 모두 통번역 전문가가 되고 싶어 하지 않는다는 결과가 나타났다. 그러나 통번역 실습을 통해 학습자가 다시 생각할 기회를 같이 제공할 가능성이 없지 않다. 그리하여 학습자의 통번역 능력과 학습동기유발을 위해 중국 대학 한·중 MTI 과정의 통번역 실습을 관리해야 한다.

먼저 통번역 실습의 내용을 명확히 할 필요가 있다. 중국 대학의 실습의 내용과 목표를 따라 한중 통역과 번역의 실무만으로 전공실습이라는 기준을 명확하게 밝혀야 한다. 이외에 일반적인 사무실습은 전공실습 분야에 포함시키지 않는다. 그리고 이런 통번역 실습내용에 관한 기준은 한·중 MTI 과정 인재 양성목표에 포함되어야 한다. 이 기준에 따라 실습 기회를 제공해준 기관이나 기업에 대해서도 심사해야 된다.

그 다음에 한·중 MTI 과정에서 기업이나 기관의 한중 통번역 업무를 위탁 받고 통번역 업무의 내용, 난이도 및 작업량 등을 판단한 후 이 업무를 완성할 수 있는 학습자를 배정해 주어야 된다. 그리고 이 과정에 통번역 학습의 동기유발과 일하는 성취감 등을 감안해서 한·중 MTI 과정의 전체 학습자를 상대로 골고루 공평하게 배정할 필요가 있다.

마지막으로 한·중 MTI 과정에서 학습자가 실습하는 과정을 감독 관리해야 한다. 한·중 MTI 과정에서 통번역 실습기관이나 기업의 실습 제도와 실습활동 책임자, 학습자의 통번역 능력 및 태도에 대한 평가, 지도교육인력의 지도, 실습 준비사항 및 통번역 실습 중에 나타난 문제 처리, 통번역 실습이 끝나면 실습 평가 및 보고서 제출 등을 검증, 감독, 관리해야 된다. 특히 학습자는 실습이 끝나면 학습자에게 실습증명서 및 평가검정서[36] 등 실습결과보고서를 받아야 된다. 이 실습결과보고 서에 학습자 실습기간에 통역의 난이도 등급, 시수 등의 내용이 들어 있어야 되고, 번역 실습인 경우는 번역의 난이도 등급, 글자 수 등을 상세하게 기재해야 된다.

다. 한중 통번역 실습 지도를 강화

설문조사 분석결과에서 학습자가 한중 통번역 실습에 대한 지도가 많이 필요하다는 결과가 나왔다. 그리고 선행연구에서도 통번역 실습에 지도가 필요하다는 지적도 많이 했다. 그래서 학습자가 한중 통번역을 실습하게 되면 한·중 MTI 과정에서 통번역 실습의 담당 교수를 배정해야 된다. 왜냐하면 실습하기 전에 기업과 합의, 학습자의 교육, 실습 도중에 학습자의 어려움과 질문 해결, 실습이 끝나고 실습한 기업에서 학습자의 능력 및 문제에 대해 피드백정리, 학습자 실습의 내용을 평가하기까지 모든 사항이 컨트롤타워가 필요하다. 그리고 실습하기 전에 업무와 실습기관이 어떤 기업인지 등 내용 및 배경을 소개를 해주

---

36) 전국 번역전문 학위 대학원생교육지도위원회, 중국번역협회, 전국 번역전문학위 대학원생교육 겸임교사 인증규범이다.

어야 된다. 즉 실습하는 학습자에게 정체성부터 키워줘야 된다.

그 다음 실습장소나 실습기관에서 통번역 실습자를 위해 실습 지도자를 한명 배정해 주어야 한다. 실습 지도자는 통번역 전문기술 2급 이상의 자격 및 전국통번역전문자격(수평) 시험2급자격증, 중국번역협회회원, 전국통번역과정학위 석사교육 겸임교수 인증을 받는 자격증의 소유자여야 한다. 실습 지도자는 기업에 대해, 구체적인 실습내용을 이끌어내고 실습활동이 더욱 수월하게 진행 할 수 있도록 지도해야 된다. 그리고 학습자는 정식 직원이 아니더라도 회사의 일원으로 책임감 있게 일할 수 있도록 인도자가 필요하다.

이외에 지도 교수가 워크북(workbook)을 작성해야 한다. 실습의 업무, 실습의 목표, 결과물의 평가 등 내용 모두 상세하게 세워야 한다. 학습자에게 실습 도중에 발생하는 돌발 상황에 대한 대응 방법을 알려주고, AIIC같이 국제적으로 인증하는 통번역 인재 양성기관에서 세워놓은 통번역사들이 지켜야 할 직업도덕윤리 등을 가르쳐 주어야 된다. 이와 같은 지도교수의 지도와 교육을 통해 학습자에게 힘을 실어주고 최대의 잠재력을 개발할 수 있다. 특히 설문조사 결과에 의하면 한중/중한 통번역의 학습자 중에 95%는 여성 학습자이다. 때문에 실습 장소에 한계가 있고, 교수의 도움이 더욱 필요한 상황이다. 중국 대학의 한·중 MTI 과정에서 교내의 부서, 동문회 등과 사회의 기업, 기관 등을 활용해서 학습자에게 더 많은 실습기회를 제공해 줄 수 있다. 학습자도 자기의 노력으로 더 많은 실습기회를 찾으면 공부에 훨씬 효과적이다. 실습의 효과를 위해 한·중 MTI 과정에서 한중 통번역 실습을 꾸준히 감독, 지도, 관리해야 된다. 이렇게 함으로써 직업정신, 학습동기유발, 성취감, 직업윤리 등을 키워 사회에 이로운 구성원으로 성장될 수 있다.

2.4. 한·중 MTI 과정의 CAT 교육의 활성화 방안

첨단과학기술의 발달에 따라서 현재의 컴퓨터 보조 번역(CAT) 교육은 벌써 전통적인 컴퓨터 보조 번역 이념에서 벗어나 더 많은 프로그램 및 현대화 수단을 활용해서 진행하고 있다. 그러나 선행연구에서 나온 것처럼 중국의 MTI 과정에서 CAT 기술은 어종에 따라 그의 발전 수준이나 속도가 다르고 그의 기술도 아직까지 개선할 필요가 많다. 그중에 한·중 MTI 과정에서 CAT 기술의 교육내용 개발, 교육인력 등이 부족해 제대로의 역할을 하기까지는 아직 갈 길이 멀다. 그러므로 한·중 MTI 과정에서 CAT에 대한 인식부터 교육인력, 프로그램 개발 등까지 많은 투자를 해야 한다.

가. CAT 교육의 중요성 인식 강화

먼저 한·중 MTI 과정에 컴퓨터 보조번역과정의 중요성을 강화시키며 공식을 이루어야 한다. 선행연구에서 중웨이허(仲伟合; 2019: 74)는 각 교육 기관이 광범위적인 한 학습, 심도 있는 학습, 평생학습 등 이념을 통합시켜 MOOC, 모의현실, 언어 실습실 등 기술시설 장비를 사용함으로써 인터넷 교육, 숫자화 교육, AI 지능 교육 등을 도입하고 실시하면 전통적인 학습모드의 한계에서 벗어날 수 있다. 그리고 교육용 말뭉치, 인터넷 학습 시스템, 인터넷 연수 시스템 등을 이용해서 통번역 전공 학습자의 학습 효율성을 향상시킬 수도 있다. 더불어 통번역가들은 MRI, 말뭉치 분석 앱, 어휘 사용빈도수 분석 앱, 음성 전환 앱 등 첨단 기술도구를 이용해서 통번역 연구의 과학적인 발전을 진전시킬 수 있다. 즉, 컴퓨터 과학기술발전의 결과물로 통번역 교육 및 작업에 대해 깊이 영향을 끼쳐 향후 전공 발전의 방향을 될 수 있으니 한·중 MTI 과정에서 CAT 교육을 중요시해야 한다.

AI 시대가 다가오면서 CAT 등 현대화 기술을 적용해서 나온 통번역 결과물의 정확성에 대해 부정적인 생각도 바꿔야 한다. 특히 현대기술의 발전에 따라 기계번역의 정확성이 점점 높아지고 있다. 일반 컴퓨터의 어려운 소프트웨어, 프로그램 등에 대해 심리적인 부담을 줄이고 한국의 파파고 지니톡 등 핸드폰에 쓸 수 있는 앱을 활용해서 피드백을 받는다. 한국 A대학에서 CAT를 강의 하는 내용을 보면 다양한 앱을 사용해서 통번역을 하고 그의 통번역 결과물들을 같이 비교한다. 이런 평가를 통해 다양한 통번역 앱의 특징 및 정확성 등을 분석한다. 이렇게 패턴을 찾아서 평가하면 효율성을 높일 수 있으며 이와 같은 방식을 통해 더욱 효율적으로 앱을 활용해서 한중 통번역에 도움을 줄 수 있다.

나. CAT 교육 내용을 개발

설문조사 분석결과에 따르면 중국 대학의 한·중 MTI 과정에서 CAT 과목을 개설하지 않은 비율이 66%를 차지한다. 그리고 CAT 강의 내용에 적용하는 컴퓨터 소프트웨어도 영어위주라 영어 외의 언어전공 학습자들이 쉽게 적용할 수 있는 과목은 아니다. 그래서 한·중 MTI 과정에서 CAT 교육 내용을 개발해야 된다. 홍콩 대학의 경우에 CAT 교육에 쓰는 각종 앱을 자체적으로 개발해서 사용한다. 그러나 중국의 한·중 MTI 과정에서 여러 가지 제한으로 자체적이며 능동적인 개발보다는 이미 개발된 자원들을 활용해서 교육내용을 활용해서 강의하는 것이 더 적당하다. 즉 전통적인 컴퓨터 보조 번역 개발의 개념에서 벗어나 현재 시장에서 많이 사용한 앱을 테스트하고 사용해야 된다.

그 중에 한중 통번역과 관련된 앱에 있어서 한국에서 개발된 것이 많이 이용되고 있다. '파파고'는 한중 번역을 할 때 많이 활용된다. 한중 통역에는 '말랑말랑지니톡'이란 프로그램을 많이 쓰고 있다. 이 두 개 앱의 공통점은 통번역이 필요한 문장의 구조가 일반 순서대로 구성되어야 한다는 점이다. 입말 식으로 하면 결과 오류가 있다는 분석이 나왔다. 앱의 사용은 사용자의 언어구성능력이 필요하다. 언어 구성을 잘 할수록 통번역 결과물의 정확도도 높다. 그래서 통번역 결과물에 대한 정확성의 판단이 필요하다. 어떻게 해야 효율적으로 작업할 수 있을 지에 많은 노하우가 필요한 한중통번역 앱들이다. 한·중 MTI 과정에서 한국에서 개발된 파파고와 말랑말랑지니톡 등 앱을 CAT 교육에 도입해서 교육을 실시할 수 있다. 그리고 SDL Trados studio[37]를 활용하여 번역 작업하는 CAT 교육 프로그램도 있다. 이 외에 말뭉치를 이용해 개발한 한중 컴퓨터 보조 번역 교육 프로그램 등도 있다. 이런 이 앱이나 프로그램은 모두 한·중 MTI 과정의 CAT 교육용으로 활용할 가치가 있다.

한·중 MTI 과정에서 개설된 각종 컴퓨터 보조 번역 과목도 초급과 고급으로 나눌 수 있다. 초급의 교육내용은 주로 입문 기본 지식이다.

---

37) SDL Trados Studio 는 프로젝트 번역 및 리뷰를 진행하는 언어 전문가를 위한 사용자 친화적인 환경을 제공합니다. 강력한 번역 메모리 소프트웨어는 다시 사용할 수 있도록 번역된 텍스트를 저장하여 같은 문장의 재번역을 최소화합니다. Studio 라이선스에는 용어집과 기계 번역의 사용 및 추가에 필요한 옵션을 관리할 수 있는 도구가 간편한 올인원 데스크탑 어플리케이션으로 포함되어 있습니다. 250,000명 이상의 전문가들이 사용하는 Studio를 선택하여 세계 최대 규모 글로벌 번역 커뮤니티하고 있다.

고급의 교육내용이 한중 번역 소프트웨어의 자세히 설명이다. 사용 및 편집방법, 심지어 소프트웨어 프로그래밍을 교육하는 것을 모두 포함시켜야 된다.

다. CAT 교육과 연구를 위한 인력이 필요

한중 CAT의 교육과 연구를 위해 한·중 MTI 과정에서 전임 교육인력을 초빙해야 된다. 전임 교육인력의 초빙이 어려울 경우 이 분야의 겸임 교육인력을 초빙해도 가능하다. 하지만 여기의 교육인력은 언어전공이 아니라 컴퓨터 언어학이나 코퍼스 언어학 전공과 외국어 능력을 갖춘 인재를 가리킨다. 즉 능숙하게 한중 통번역을 하는데 필요한 다양한 소프트웨어와 앱 등 인터넷 자원을 사용할 수 있는 인재이다.

중국 대학의 제한으로 전임 교수를 초빙하기 어려울 경우에 한중 CAT 교육에 필요한 교육인력은 양성할 수도 있다. 언어학 출신의 교육인력을 선발하고 컴퓨터 보조 번역과 관련된 교육지식을 연수해서 합격되면 한중 CAT의 교육 과목을 개설하고 담당할 수도 있다.

그리고 「전국번역과정학위 석사교육 겸임교사 인증규범」에 따라서 겸임교수를 초빙할 수도 있다. 초빙요건은 5년 이상 통번역프로젝트 관리 및 통번역기술 관리를 담당한 실무자이거나, 5인 이상 통번역기술 관리경험과 통번역기술도구 개발하는데 조직, 관리한 경험이 있거나, 3가지 이상 통번역관리나 통번역기술도구를 능숙하게 사용할 수 있는 능력을 갖춘 자이어야 된다.[38] 위에 언급한 요건 중에 하나만 갖춰도

---

38) 전국 번역전문학위 대학원생교육지도위원회, 중국번역협회, 전국번역전문학위 대학원생교육 겸임교사 인증규범

CAT의 교육을 담당할 수 있다.

마지막으로 한·중 MTI 과정에서 한중 통번역 CAT 기술의 개발, 교육, 보급에 대한 연구도 필요하다. 최근 몇 년에 중국의 학자와 연구자들은 CAT에 대한 관심이 점점 많아지고 있다. 연구를 통해 많은 통번역 프로그램을 개발하고 교육에 활용했다. 한·중 MTI 과정의 교육인력도 이 분야에 관심을 돌리고 한중 통번역과 관련된 앱이나 프로그램이의 개발이나 교육에 관한 연구에 몰두할 필요가 있다.

3. 한·중 MTI 과정 교육 인프라의 개선 방안

교육 인프라는 크게는 교육인력과 교육시설 등 두 가지로 나누어 볼 수 있다. 교육을 주도하고 학습자를 인솔하는 자는 교육인력이다. 교육인력은 교육활동에서 가장 능동적인 인적 요소로 교육 인프라 중에 가장 중요하다. 선행연구에서 한·중 MTI 과정의 교육인력의 중요성을 모두 인정하면서도 지식구조의 불합리와 연구능력의 결여, 교육인력의 부족 등 문제들을 지적했다. 그리고 학습 효과를 향상 시킬 수 있는 도구는 교육시설이다. MTI 과정의 교육시설은 주로 각종 통번역실험실로 구성된다. 설문조사 분석 결과에서 나온 듯이 중국 대학의 한·중 MTI 과정에서 이런 통번역실험실이 아직까지 부족한 상황이다. 한·중 MTI 과정 교육의 특수성 때문에 전문적인 교육인력 및 효율적인 강의 시설이 더욱 중요하다. 그래서 고차원, 실용성과 전문성을 겸비한 한중 통번역 인재의 양성을 목표에 둔 한·중 MTI 과정의 교육 인프라의 개선을 위해 아래와 같은 개선방안을 제시하고자 한다.

3.1. 교육인력의 구조 및 능력 개선 방안

중국 대학의 MTI 과정의 설립은 오래되지 않아서 하나의 전공까지 성장하기가 아직 부족한 면이 많다. 그 중에 가장 큰 문제 중의 하나는 바로 교육인력 문제이다. 이것은 중국 고등교육의 보편적인 문제로 볼 수도 있다. 현재 중국 고등교육이 급속도로의 발전하면서 피할 수 없는 연구 및 교육인력이 부족한 시기를 겪고 있다. 그래서 이런 환경에서 기존에 있는 교육인력들은 어떻게 해야 빠른 시안에 시대요구에 맞는 전문적인 능력을 향상시킬 수박에 없다. 한·중 MTI 과정의 교육인력도 이런 큰 배경에서 벗어날 수 없어 대학과 국가의 도움 하에 자기의 노력으로 학위를 취득하고 각종 능력을 보완해야 된다. 이를 위해 아래와 같은 능력 개선 방안을 제안하고자 한다.

가. 전문지식을 갖춘 고학력의 전임 교육인력을 필요

설문조사 분석결과에서 한·중 MTI 과정 93%의 교육인력은 소속기관이 한국어학과이고 연구와 전공 분야도 통번역 분야가 아니다. 그래서 중국 대학 한·중 MTI 과정운영의 실제 상황을 보면 한중 통번역의 교육, 학습자 관리 및 논문지도 등을 담당하는 전임교수가 필요하다. 한국과 홍콩의 통번역 석사과정에서 전공별로 모두 전임교수가 배정되어 있어 모두 통번역 분야의 전문지식을 갖춘 박사 학위를 갖진 자들이다. 중국 대학 한·중 MTI 과정에도 한중통번역 분야의 전문지식을 갖춘 박사출신의 교육인력이 필요하다.

상술한 한·중 MTI 과정에 필요한 전임 교육인력의 확보는 먼저 전임 교육인력의 초빙에서 해결될 수 있다. 현재 중국 대학 한·중 MTI 과정의 전임교육인력 대거 부족한 상황 하에 공채로 한·중 MTI 과정에서 필요한 전문 교육인력을 확보하는 것은 가장 합리적이다. 그러나 중국 대학의 정규직 인원수의 제한으로 해결이 쉽지 않다. 그 다음에 소속 대학에서 한중 통번역 교육을 담당할 수 있는 교육인력을 한·중 MTI 과정에 배치하거나 타 대학이나 기관에서 근무한 전문 통번역인재를 한·중 MTI 과정의 교수로 전직 오는 것도 하나의 방법이다. 인원초빙과 전직을 통해서 한·중 MTI 과정 교육인력의 구조를 합리적으로 구성해 줄 수 있다. 여기서 초빙의 조건은 무엇보다 우수한 도덕적 성품을 갖추어야 된다. 중국 MTI 과정의 다양한 관리규정 중에 교육인력의 숭고한 이상 및 도덕성을 갖추는 것은 필수 요건으로 되어 있다.

그리고 한중 통번역에 필요한 전문지식과 고학력 확보를 위해 교수자 초빙 시 한중 통번역 전문지식과 박사학위의 소지 등을 필수 조건으로 설정할 수 있다. 한국과 홍콩의 전공 통번역 석사교육에서 교육을 담당하고 있는 인력은 모두 높은 학력을 가지고 있다. 평균 박사 학위 소지자들이며, 전공분야는 주로 언어, 통번역 등 분야이다. 또 중국의 〈통번역석사과정학위설치방안〉 내용에 따르면 통번역 석사학위 지도교수는 석사를 지도할 수 있는 정교수, 부교수가 주로 담당하며 공공기관과 기업의 고급전문기술직을 재직 중인 통번역사도 지도가능하다.[39]

39) 전국 번역전문학위 대학원생교육지도위원회의 '번역석사전공학위 설치방법'의 설명 p12. 전국번역전문학위 대학원지도위원회는 국무원 학위위원회, 교육부, 인적자원, 사회보장부 지도 하에있는 전국 번역전문학위이다. 전국 번역전문학위 대학원 교육의 개혁과 발전을 지도조율하고, 전문번역인재용인 부문과의 연계를 강화하며, 번역교육의 국제교류와 협력을 촉진하며, 우리나라 번역전문학위 대학원생의 교육수준을 지속적으로 향상시킨다는 취지다. 국가 관련 정책과 규정을 관철하고, 양성 방안의 수립을 지도하며, 교수요강과 교재, 사례 등을 작성하여 평가기준, 평가 절차와 방법

위에서 언급한 내용에 근거하여 한·중 MTI 과정 전공교육인력은 높은 학력을 갖춘 통역과 번역 관련된 전공자여야 된다. 그래서 새로운 교육 인력을 채용할 때 개설된 교육 과목의 필요성을 따라 통번역전공의 박사학위 소지자를 채용하는 것이 우선이다.

이 외에 전문지식을 갖춘 고학력 전임 교육인력을 확보하기 위해 현재의 교육인력은 국내외의 대학에서 박사과정을 하고 박사학위를 취득하거나 교육연수, 학술세미나 및 국제포럼 교류 등 학술 활동을 통해서 연구능력을 향상시켜야 된다. 또 박사학위를 소지한 교육인력이 한·중 MTI 과정 학습자의 논문을 지도할 수 있는 자격도 부여해 줘야 된다.

나. 통번역 실무경험이 풍부한 교육인력을 필요

한·중 MTI 과정 전공의 전문 교육인력은 풍부한 통번역 실무경험이 있어야 통번역 교육과정의 교육목표에 부합된다. 사실상, 한국과 홍콩의 통번역 석사과정에서 통번역 교육을 담당하는 대부분 교육인력은 풍부한 통역과 번역 경험이 있으며 국제사회에서 인증을 받는다. AIIC의 전문 통역사 양성과정에서 통번역 교육을 담당자는 반드시 통번역 실무 경험이 많은 통번역사여야 된다. 그러나 설문조사 분석결과, 학습자보다 교육인력이 자신의 한중 통번역 실무경험이 부족하다고 생각하는 경향이 있었다.

한·중 MTI 과정의 교육인력이 풍부한 통번역 실무경험을 가지려면 우선 교육인력을 모집할 때 풍부한 통번역 경험이 있는 자를 모집해야

을 수립하고, 평가 작업을 조직하고, 교사 교육을 강화한다.

된다. 이 해결책은 신규 모집하는 교육인력에게만 적용 가능하나, 현재 중국 대학의 한·중 MTI 과정의 경우 교육인력 정규직 자리가 거의 없어 실제 적용하기가 어려움이 많아 보인다.

그 다음에 전임 교육인력의 초빙을 떠나서 겸임 교육인력을 초빙할 때 풍부하고 전문적인 한중 통번역 실무경험을 초빙요건으로 제시하면 효과가 있을 거라고 본다. 최근 몇 년간에 한중 과계의 발전을 따라 중국 정부기관 및 연구기관에서 많은 한중 통번역 실무경험을 갖고 수준이 높은 전문 통역사와 번역사를 양성하였다. 이들 전문통역사와 번역사는 한·중 MTI 과정에 투입할 수 있는 중요한 교육인력 자원이다. 또 한·중 MTI 과정은 「전국 번역과정 학위 석사 교육 겸임교수 인정규범」에 근거하여 이들 통번역사를 모집하는 것이 가능하다. 이 외에 이런 기관과 협력관계를 맺어서 정기적으로 우수한 통번역사를 특강교수로 초청하여 대학에 와서 한중 통번역 사례 및 기술 등의 강의를 할 수도 있다.

마지막으로 현재 재직 중인 교육인력을 위해 한중 통번역 기회를 많이 제공함으로써 통번역 실무경험이 부족한 문제를 해결할 수도 있다. 한·중 MTI 과정에 재직 중인 교육인력은 소속 대학의 통번역센터, 사회의 기업과 기관에서 통번역 업무를 적극적으로 담당함으로써 통번역 실무 경험 및 능력을 제고해야 된다. 그리고 소속 대학에서 설립된 부서들을 활용하여 한중 통번역이나 통번역 분야의 전문가를 초청해서 다양한 통번역 세미나, 워크숍(workshop), 통번역 포럼 및 통번역 교육 연수 등 학술 활동을 통해서 교육인력의 통번역 실무능력 제고에 도움을 제공해야 된다. 즉 이런 학술활동을 통해 통번역 교육인력에게 통역과 번역 전공의 인지와 이해능력을 향상시키며 통역과 번역의 이론적인 측면에서의 재교육을 통해 통번역활동에 활용할 수 있도록 한다.

이 외에 현재의 제도와 정책을 바탕으로 해서 한중 통번역의 실습활동을 한·중 MTI 과정 교육인력의 진급평가에 적용함으로써 한중 통번역 활동에 대한 그들의 열정을 이끌어 낼 수 있어 통번역 실무경험 축적에도 도움이 된다.

다. 학술연구능력이 강한 교육인력을 필요

학술연구는 교육활동과 학문발전의 기초가 된다. 그러나 설문조사 분석결과, 한·중 MTI 과정 교육인력의 학술연구 능력이 부족하다는 결과가 나왔다. 한국과 홍콩의 경험을 통해 볼 때 중국 대학 한·중 MTI 과정의 교육인력이 노력해서 학술연구 실력을 향상시켜야 한중 통번역 전공의 발전이 있다. 때문에 다방면의 노력을 통해 중국 대학 한·중 MTI 과정의 교육인력의 학술연구 능력을 높여야 된다.

우선 한·중 MTI 과정에서 한중 통번역분야의 연구 및 학술활동에 적극적으로 격려해야 한다. 대학이나 통번역대학원의 규정이 허락한 범위 안에서 다양한 경력 방법과 정책을 통해 교육인력에게 학술연구 동기를 부여해 주어야 된다. 한중 통번역분야의 연구실적을 발표하거나 연구 프로젝트의 지원을 받은 교육인력에게 그의 등급을 따라 물심 양면으로 지원해 주어야 한다. 그리고 한·중 MTI 과정 학과 차원에서 대학의 과학연구 경력정책을 이용하여 국내외 통번역 학술회의에 참석하며 주제발표 및 논문 등재 등 학술활동을 위한 교육인력에게 도움을 제공해 줘야 한다. 이외에 소속 대학의 지원정책에 의해 한중 통번역 분야 의 연구 성과를 교육인력의 진급평가에 적용할 수 있도록 해야 된다.

그 다음에 한·중 MTI 과정 교육인력의 학술연구능력의 제고 있어서 지향성 있는 연구 교육 과정이 필요하다. 예를 들어 한·중 MTI 과정에서 교육인력의 실제 상황과 연구 수준에 따라 한·중 통번역 연구기관과 한중 통번역 공작방 등을 설립함으로써 연구교육을 실시할 수 있다. 그리고 국내외 통번역 전문가들 초청해서 정기적으로 통번역 분야의 학술 발전 동향, 학술연구 주제, 방법 등에 대한 연구지도 특강과 세미나를 개최할 수 있다. 구체적 방안은 연구 방향의 지도, 연구논문의 작성, 편집, 성과의 평가, 학술지 투고 설명 등에 관한 특강일 수 있고, 통번역실무 경험이 높은 교육인력과 연구 실적이 뛰어난 교육인력을 중심으로 한 세미나일 수도 있다.

또한 한·중 MTI 과정 교육인력은 협력 대학이나 통번역 교육을 담당하는 기관에 연수나 파견의 형식으로 가서 현지에서 한중 통번역 교육과 연구를 참여해서 현지 교수들과 교류하며 교육과 연구에 대해 토론하는 것은 자기의 연구에 도움이 될 수 있다. 상술한 학술활동을 통해 통번역분야의 다양한 전문가, 동료와 토론하고 교류함으로써 국내외 최신 통번역 전공의 이론 및 선진적인 통번역 기술, 통번역 분야의 발전 상황 등에 대해 더욱 빠르게 이해하고 배우며 연구의 깊이와 범위를 확장하며 학술의 시야를 넓히고 연구 실력을 향상시킬 수 있다.

3.2. 교육시설의 개선 방안

교육시설은 교육의 질을 높일 수 있는 중요한 인프라이다. 중국 대학의 MTI 과정은 그의 교육목표는 실용성과 전문성을 겸비한 통번역 인재를 양성하는데 있다. 이런 인재의 양성목표에 있어서 각종 교육시설이 필요하다. 현재 통번역 교육에 사용하는 교육시설은 주로 각종 통번역 실습실과 소프트웨어 등으로 구성된다. 선행연구에서 언급했듯 한국과 홍콩의 경우에 통번역 학습자를 위해 교육시설에 많은 투자를 했다. 그러나 중국 대학 한·중 MTI 과정에서 아직까지 통번역 전용실험실 등 시설들이 많지 않아 중국 정부의 요구와 통번역 교육의 잠재적 특성에 부합하지 않다. 소속 대학의 재정적 지원을 받아 한·중 MTI 과정에 많은 예산을 투입하며 한중 통번역교육에 필요한 시설 및 소프트웨어 등을 마련해야 된다.

가. 기본적인 교육시설의 확보

현재 중국 대학 한·중 MTI 과정 운영에 필요한 교육시설은 크게 두 가지로 나누어 볼 수 있다. 하나는 교육용 강의실, 행정사무실, 교수연구실, 학습자 활동실, 자습실, 전용도서관 등 교육활동에 필요한 일반적이고 기본적인 시설들이다. 한·중 MTI 과정의 역사가 오래가지 않아서 상술한 기본 시설들은 아직까지 많이 부족하다. 이런 시설들의 확보에 있어서 정부나 소속 대학의 재정적 지원이 없으면 어려워 보인다.

나. 통번역 교육에 따른 교육시설의 확보

한·중 통번역 교육에 있어서 각종 통번역 실험실이 필요하다. 그러나 대부분 한·중 MTI 과정에 통번역 실습실이 없다. 이런 상황은 설문조서 분석결과에서 학습자들이 통번역 실험실을 사용한 적이 많지 않다는 것을 통해서 알 수도 있다. 그래서 정부나 대학에서 투자해서 중국 국무원의 학위사무실에서 지정한 MTI 과정 운영의 필수 교육시설들을 먼저 갖추어야 된다. 학위사무실에서 나온 「새로 증설된 통번역(MTI)석사생 교육부서의 기본요건」에 의하면 첫째는 통번역 강의를 위해 많은 미디어 교육시설이 있어야 된다. 여기서 미디어 교육시설이란 주로 시청각 강의실, 다매체 강의실 등을 말한다. 현재 이런 교육시설들은 대부분 대학에서 제공할 수 있어 다른 학과와 공용할 수 있다. 둘째는 디지털화 음성실습실, 동시통역실습실, 번역실습실이 있어야 된다. 이 세 가지 시설은 투자가 많이 필요한 것으로 한·중 MTI 과정뿐만 아니라 그 소속 대학도 모두 갖추어져 있는 것은 아니다. 그러므로 소속 대학에서 학습자의 수에 따라 상술한 교육시설을 마련해서 한·중 MTI 과정에 제공해야 된다. 그러나 중요한 것은 한·중 MTI 과정 운영에 필요한 각종 통번역 실험실은 있다는 것보다는 그의 사용 보급화가 더 중요하다. 즉 이런 시설들은 전시용이 아니라 모든 학습자들이 필요할 때에 사용할 수 있어야 된다.

그리고 첨단 인터넷 등 과학기술의 발전에 따라 통번역 교육 기술도 크게 발전된다. 이에 상응하는 교육시설과 소프트웨어도 필요하다. 예를 들어서 모의 국제회의실이나 컴퓨터 보조 번역 실험실, 3D 통번역 실험실, 각종 온라인 한중 통번역 소프트웨어 등이다. 한·중 MTI 과정의 미래 발전을 위해 이런 첨단 교육시설의 도입해서 사용할 필요도 있다.

4. 소결

　본 장에서 설문조사를 통해 중국 대학 한·중 MTI 과정의 운영에서 나온 문제들에 대한 재조명했다. 설문조사의 분석결과에서 한·중 MTI 과정의 교육목표, 개설과목, 모의 통번역 교육과정, 교육인력, 컴퓨터 보조 번역교육 등에 나타난 문제들은 선행연구에서 나온 중국 MTI 과정 운영에서 나온 문제들과 거의 일치하였다. 이에 논문의 연구목적과 방법에 의해 본 장에서 제3장과 제4장에서 분석한 한국과 홍콩의 통번역 석사과정이나 한중 통번역 석사과정의 운영에 대조하면서 중국 정부의 규정과 정책들을 참고하여 한·중 MTI 과정의 운영 개선방안을 아래와 같이 제시하였다.

　1. 교육목표에 있어서 중국의 한·중 MTI 과정에서 한국과 홍콩의 경험을 참조해서 '만능형 인재'[40)]의 양성 목표를 포기하고 능동성과 특색을 갖고 학습자 언어실력과 교육인력 등에 의한 명확한 교육목표를 설정해야 된다. 이를 통해 특색이 있는 한중 통번역 인재의 양성에 도움을 제공하고자 한다.

　2. 개설과목에 있어서 고차원, 실용성과 전문성을 겸비한 한중 통번역 인재의 양성을 목표에 둔 중국 한·중 MTI 과정의 개설과목에 언어교육을 강화시킨 과목들이 들어 있어야 된다. 그리고 한·중 MTI 과정에서 자기의 학습자 능력과 교육 인프라 등에 따라 특색이 있는 일련의 과목들을 개설해야 된다. 또한 한·중 MTI 과정에서 서술형 과목을 줄이고 통번역 모의 과목을 늘려야 된다. 이렇게 해서 한·중 MTI 과정에

---

40) 여기서 언급한 "만능형 인재"는 중국 교육부 인재양성 목표중의 내용이다. 단일형 인재 아니라 다양한 방면 및 영역에 대해 지식을 갖추어 있는 인재를 가리키는 말이다.

서 개설과목의 과학성과 체계성을 확보할 수 있다.

3. 한중 통번역 실습에 있어서 중국 대학의 한·중 MTI 과정에서 교내의 부서, 동문회 등과 사회의 기업, 기관 등을 활용해서 학습자에게 더 많은 실습기회를 제공해 줄 수 있다. 그러나 학습자도 자신의 노력으로 적극적으로 실습기회를 찾으면 공부에 훨씬 효과적이다. 실습의 효과를 위해 한·중 MTI 과정에서 한중 통번역 실습을 꾸준히 감독, 지도, 관리가 필요하다.

4. CAT 교육에 있어서 중국의 한·중 MTI 과정에서 컴퓨터 보조번역 과정의 중요성을 먼저 강조해야 한다. 그리고 한·중 MTI 과정에서 여러 가지 제약으로 자체 개발보다는 이미 개발된 자원들을 활용해서 교육 내용을 개발해서 강의하는 것은 더 적당하다. 즉 전통적인 컴퓨터 보조 번역 개발 개념에서 벗어나 현재 시장에서 많이 사용한 앱을 테스트하고 사용해야 된다. 또한 한·중 MTI 과정에서 한중 통번역 CAT 기술의 개발, 교육, 보급에 대한 연구도 필요하다.

5. 교육인력에 있어서 중국의 한·중 MTI 과정에 한중통번역 분야의 전문지식을 갖춘 박사출신의 전임 교육인력이 필요하다. 또 교육인력은 풍부한 통번역 실무경험과 학술연구 능력을 갖추어야 된다. 그리고 소속대학이나 한·중 MTI 과정에서 다양한 혜택과 격려 정책을 마련함으로써 전임 교육인력의 초빙, 박사학위의 취득, 통번역 실무의 축적, 학술 연구 등을 물심양면으로 지원해야 된다.

6. 교육시설에 있어서 중국의 한·중 MTI 과정은 소속 대학의 재정적 지원을 받아 운영과 교육에 필요한 시설 및 소프트웨어 등을 확보해야 된다.

VII 결론

같은 아시아 문화권에 속한 한·중 양국은 그러나 언어 통사체계가 서로 다른 탓에 역사적으로도 양국 관계에서 통번역은 중요한 역할을 해 왔다. 특히 1992년 8월 한·중 두 나라 수교 후 정치외교, 경제무역, 문화, 교육, 과학 기술 등 분야에서 이룬 커다란 성과를 이끌어 낸 요인 중에 하나는 바로 한중 통번역활동이다. 21세기에 들어와서 한·중 두 나라의 외교관계가 전면적으로 전략파트너 관계로 격상함에 따라 한중 통번역활동이 더 날로 증가하고 있다. 따라서 고급 한중 통번역사에 대한 수요도 늘어나기 마련이다.

고급 한중 통번역사를 양성하기 위해 2009년부터 한국어 전공이 개설된 중국 국내 대학에서 전문 통번역사 양성과정인 '한·중 통번역 석사 전문학위 교육과정'이 생기면서 현재까지 총 15개의 대학에서 한·중 MTI 과정을 설립, 운영하고 있다. 지난 10여 년간 중국 대학의 한·

중 MTI 과정에서 많은 한중 통번역인재를 양성해서 한·중 양국의 관계 발전에 크게 기여했다. 또한 한·중 MTI 과정이 운영되면서 전공과 관련된 교육관리 경험도 많이 축적되었다. 중국의 통번역사들이 양국의 교류와 발전에 크게 이바지한 것은 사실이나 여전히 보완해야 할 부분이 과제로 남아 있으며, 이를 개선하면 한·중 양국 관계 발전에 또 다른 원동력이 될 것이다. 앞으로 전문적이고 실용적인 고급 한중 통번역 인재를 양성하려면 무엇보다 한·중 MTI 과정에 나타난 교육과정과 교육 인프라 등 문제 해결과 그 운영에 대한 전반적인 개선이 필요하다.

본 연구는 중국 국내 대학에서 우수한 한중 통번역인재의 양성과 한·중 MTI 과정의 발전을 위해 교육과정과 교육 인프라와 관련된 이론과 중국 정부의 교육정책 및 AIIC의 통역사 양성기준 등을 도입하면서 홍콩과 한국의 통번역석사과정을 비교 분석하고 설문조사를 이용하여 중국 국내 대학의 한·중 MTI 과정에서 나타난 문제의 해결에 합리적이고 과학적인 개선방안을 제시하는데 목적을 두고 있다. 이런 목적의 실현을 통해 한·중 양국 간의 교류에 필요한 고급 한중 통번역사의 양성에 도움이 되고자 한다.

본 논문의 연구목적을 따른 내용은 아래와 같다. 제1장에서 연구의 목적, 범위, 필요성, 방법과 이론 등에 관한 논의로 구성되었다. 그 중에 중요한 것은 연구의 필요성, 이론적 분석틀, 연구방법에 관한 논의들이다. 연구 필요성에 있어서 현실 필요성을 강조했다. 이론적 분석틀을 구성할 때 일반적인 교육학 이론뿐만 아니라 중국의 정책과 국제적인 경험 등을 같이 구성했다. 또한 연구방법에 있어서 질적인 연구방법뿐만 아니라 양적인 설문조사방법도 사용하였다.

제2장에서의 선행연구에서 중국과 한국 등 국가의 한중 통번역사 양성과정에 대한 검토만으로 국한되지 않고 통번역사의 양성과정에 대한 검토도 포함시켰다.

제3장에서 중국 대학의 한·중 MTI 과정에 관한 현황 검토로써 주로 개설과목, 실습, 컴퓨터 보조 번역 교육 등의 교육과정과 교육인력, 교육시설 등의 교육 인프라로 구성된다. 이것은 기본 현황에 대한 검토를 통해 장점과 문제점을 파악하고자 한 목적에서 비롯되었다. 제4장과 제5장도 이런 맥락에서 한국과 홍콩의 통번역 전문석사과정이나 한·중 MTI 과정에 대한 검토로 구성되었다.

제4장의 논의에서 1. 홍콩과 한국 대학의 통번역 과정은 그 교육목표가 모두 뚜렷하고 자신만의 특색을 가지고 있다. 2. 홍콩 대학의 개설과목은 통번역과정을 개설한 대학에 따라 풍부하고 다양한 자원을 이용해서 통번역 전공과목뿐만 아니라 언어학 분야와 인문사회학 분야의 과목들도 개설하고 있다. 국제적인 통번역 시장수요에 맞게 통번역의 이론과 실습을 병행하는 과목을 개설하고 있다. 한국 대학의 한·중 MTI 과정의 경우에 그의 과목개설은 교육이념을 잘 반영해서 홍콩보다 훨씬 단순하다. 이것은 홍콩 대학 통번역과정의 개설과목에 비하면 대조적이다. 한국 대학의 과목들은 절대다수가 한중통번역과 직접 연관이 있고, 다른 인문사회학 과목이 거의 없다. 3. 홍콩과 한국 대학의 통번역 과정 모두 통번역 실습교육을 중시하며 학습자를 위해 통번역 실습기회를 많이 제공하고자 한다. 4. 홍콩 대학과 한국 대학은 모두 CAT와 관련된 과목을 개설되어 있지만 홍콩 대학의 CAT 과목의 교육이 더 내실 있는 것처럼 보인다.

제5장의 논의에서 교육인력에 관해서 홍콩과 한국의 통번역석사과

정은 모두 통번역 교육에 충분한 전임교수 인원이 확보되어 있다. 이들 전문교육인력은 교수, 부교수, 시간강사, 외국인 강사 등으로 구성된다. 그리고 이들 교수들은 대부분은 박사학위를 갖고 통번역 실무능력이 풍부하고 통번역 분야의 연구를 많이 한 강사들이다. 교육시설에 있어서 홍콩과 한국의 통번역교육에 이용되는 교육시설은 홍콩과 한국의 경제발전 수준을 반영하고 있다. 특히 첨단기술을 기반으로 한 각종 통번역 교육용 미디어시설, 통번역 실험실, 모의 국제회의 실험실 등을 갖고 있어 학습자들에게 좋은 학습 환경을 제공하고 있다.

제6장에서 설문조사를 통해 중국 대학 한·중 MTI 과정의 운영에서 나온 문제들에 대해 재조명했다. 설문조사의 분석결과에서 한·중 MTI 과정의 교육목표, 개설과목, 모의 통번역 교육과정, 교육인력, 컴퓨터 보조 번역교육 등에 나타난 문제들은 선행연구에서 나온 중국 MTI 과정 운영에서 나온 문제들과 거의 일치한다. 따라서 논문의 연구목적과 방법에 의해 제6장에서 제3장과 제4장에서 분석한 한국과 홍콩의 통번역 석사과정이나 한중 통번역 석사과정의 운영에 대조하면서 중국 정부의 규정과 정책들을 참고하여 한·중 MTI 과정의 운영 개선방안을 아래와 같이 제시하였다.

1. 교육목표에 있어서 중국의 한·중 MTI 과정에서 한국과 홍콩의 경험을 참조해서 '만능형 인재'의 양성 목표를 포기하고, 능동성과 특색을 갖고 학습자 언어실력과 교육인력 등에 따른 명확한 교육목표를 설정해야 된다. 이를 통해 특색 있는 한중 통번역 인재의 양성에 도움을 제공하고자 한다.

2. 개설과목에 있어서 고차원적이고 실용성과 전문성을 겸비한 한중 통번역 인재의 양성을 목표로 둔 중국 한·중 MTI 과정의 개설과목에

언어교육을 강화시킨 과목들이 들어 있어야 된다. 한·중 MTI 과정에서 학습자의 능력과 교육 인프라 등을 따라 특색 있는 시리즈 과목들을 개설해야 된다. 또한 한·중 MTI 과정에서 서술형 과목을 줄이고 통번역 모의 과목을 늘려야 된다. 이렇게 하면 한·중 MTI 과정에서 개설과목의 과학성과 체계성을 확보할 수 있다.

3. 한중 통번역 실습에 있어서 중국 대학의 한·중 MTI 과정에서 교내 부서, 동문회 등과 사회의 기업, 기관 등을 활용해서 학습자에게 더 많은 실습기회를 제공해 줄 수 있다고 본다. 그러나 학습자도 자기의 노력으로 더 많은 실습기회를 찾으면 공부에 활씬 효과적이다. 실습의 효과를 위해 한·중 MTI 과정에서 한중 통번역 실습을 꾸준히 감독, 지도, 관리가 필요하다.

4. CAT 교육에 있어서 중국의 한·중 MTI 과정에서 컴퓨터 보조 번역과정의 중요성을 먼저 강화시키며 공식을 이루어야 한다. 그리고 한·중 MTI 과정에서 여러 가지 제한으로 자주 개발보다는 이미 개발된 자원들을 활용해서 교육 내용을 개발해서 강의하는 것이 더 적당하다. 즉 전통적인 컴퓨터 보조 번역 개발 개념에서 벗어나 현재 시장에서 많이 사용되는 앱을 테스트하고 사용해야 된다. 또한 한중 통번역 CAT 기술의 개발, 교육, 보급에 대한 연구도 필요하다.

5. 교육인력에 있어서 한중 통번역 분야의 전문지식을 갖춘 박사출신의 전임 교육인력이 필요하다. 또 교육인력은 풍부한 통번역 실무경험과 학술연구 능력을 갖추어야 된다. 그리고 소속대학이나 한·중 MTI 과정에 다양한 혜택과 격려 정책을 마련함으로써 전임 교육인력의 초빙, 박사학위의 취득, 통번역 실무의 축적, 학술 연구 등을 물심양면으로 지원해야 된다.

6. 교육시설에 있어서 소속 대학의 재정적 지원을 받아 운영과 교육에 필요한 시설 및 소프트웨어 등을 확보해야 된다.

본 논문의 결론은 중국 대학 한·중 MTI 과정에서 나타난 교육과정과 교육 인프라 등 분야의 문제점들을 해결하는데 도움을 제공해 줄 수 있어 중국의 한·중 통번역사의 양성에 있어서 의의가 있다. 하지만 본 논문 연구범위와 저자의 연구능력 등의 제한으로 문제 파악과 해결 방안의 제시 등에 관해서 아직까지 부족한 부분이 많으리라 생각된다. 그리고 중국 대학 한·중 MTI 과정에서 나타난 모든 문제에 대한 검토와 해결은 더더욱 불가능한 일이라고 생각된다. 이런 문제들은 앞으로의 연구를 통해 해결되기를 바란다.

▶ 참고문헌

강숙희(1997), "구성주의적 패러다임에 입각한 학습 환경으로서의 매체의 활용", 『교육 공학연구』 제13권 1호, pp. 117~131.

고효정(2015), "중국 대학 내 한국어 통·번역 학습자 요구분석", 『한어문교육』 제33집, pp. 59-90.

_____(2016), "중국인 학습자를 위한 한국어 통·번역 교육과정 연구", 고려대학교 국어국문학 박사논문.

곽중철·권상미(2015), "통·번역대학원의 영-한 동시통역 수업모형 개발을 위한 사례 연구 – 교과분석과 학습자 요구분석을 중심으로", 『통·번역학연구』 제19권 4호, pp. 1~21.

국순아(2010), "듀이의 실용주의적 지식 개념", 『철학논총』 제61권, pp. 137~155.

_____(2017), "듀이의 실용주의적인 의미 개념", 『법한철학』 제86권, pp. 387~419.

권상미(2017), "전략기반 통역수업의 교수요목 설계를 위한 실행연구 – 한-영 동시통역을 중심으로 –", 한국외국어대학교 통·번역대학원 박사논문.

길영숙(2006), "통역사에게 요구되는 언어능력에 관한 고찰", 『통·번역학연구』 제10권 1호, pp. 17~28.

김남희(2015), "유럽시장에서의 한-독 통역 및 교육과정에 대한 시사점: 통역 연구자의 관찰 및 AIIC 통계자료를 토대로", 『통·번역교육연구』 제13권 1호, pp. 5~28.

김세영(2011), "교육과정 분석 관점 고찰", 『통합교육과정연구』 제5권 1호, pp. 51~75.

김신곤(2003), "John Dewey의 직업교육론 연구", 『敎育思想研究』 제13권, pp. 1~13.

김월휘(2019), "중국 대학 한국어 관련 학과의 통·번역 교육과정에 대한 비판적 고찰", 『어문논총』 제35집, pp. 175~204.

김재건(2004), "듀이의 경험론에 기초한 교수–학습과정의 대안 모색", 『한독교육학연구』 제9권 1호, pp. 1~20.

김종수(2016), "타일러 교육과정개발이론에서의 교사의 역할과 위상에 관한 논고", 『교수진교육』 제32권 1호, pp. 61~80.

김종태(2006), "중한 번역 교육에 관한 몇 가지 문제 – 加强中韩翻译教学, 提高翻译教学的质量 –", 『한국(조선)어 교육연구』 제4호, pp. 515~524.

김종희(2016), "해외대학의 CAT(Computer Aided Translation)수업사례 분석을 통한 언

어 기반 융합수업 목형 연구", 『통·번역교육연구』 제14권 3호, pp. 25~43.

김진아, 강수정, 김유미, 박혜원(2014), "한국통·번역 교육의 과거, 현재와 미래 - GSIT를 통해 본 한국 통·번역교육의 발전사 -", 『통·번역학연구』 제18권 3호, pp. 315~340.

김창환(1995), "교육이론과 교육실습의 관계에 대한 헤르바르트의 이해", 『경희대 교육문제연구소 논문집』 제11권, pp. 1~17.

김한식(2002), "한일 통역 및 번역 강의에 대한 연구조사 - 통역번역대학원 재학생 및 교강사 대상 설문조사 결과를 중심으로 -", 『통·번역학연구』 제6권, pp. 21~51.

김해구·리영남(2017), "한국어 통·번역 석사과정교육과정에서 번역실습의 역할 - 광서사범대학의 경우를 중심으로 -", 『중국조선어문』 제209권, pp. 63~67.

김현민·전희주·박찬욱(2019), "구조방정식을 이용한 보험영업사원의 고객관계 형성 유형이 고객몰입에 미치는 영향 분석", 『보험금융연구』 제30권 제4호, pp. 87-112 재인용.

유양(2012), "요구 분석을 통한 학습자 중심 교수요목 설계 방안 - 중국 현지 평생교육원 학습자를 대상으로 -", 『한국어문화교육』 제6권 2호, pp. 89~113.

박소영(2015), "통·번역 학습자의 요구 분석에 관한 연구 - 통·번역대학원 한서과 학습자를 중심으로 -", 『통역과번역』 제17권 1호, pp. 39~63.

박애양(2016), "중국대학에서의 한국어 번역인재 양성 방안 연구", 『언어와문화』 제12권 4호, pp. 103~130.

박은숙(2018), "중국내 대학교 한국어과 번역 관련 교과목 및 교재에 대한 연구", 『한국인문학연구』 제58집, pp. 111~132.

박혜경(2018), "석사 과정의 기계번역 수업에 대한 소고: 한일번역 전공생의 포스트에디팅 사례를 통하여", 『번역학연구』 제19권 3호, pp. 163~193.

상우연(2019), "학습자 중심 통역 평가 교육을 위한 실행연구 - 자기평가 포트폴리오 모델을 중심으로 -", 이화여자대학교 통역번역대학원 박사논문.

성초림(2014), "국내 통역번역대학원의 한국어 교육-관찰과 제안", 『통·번역학연구』 제18권 3호, pp. 361~376.

송연석(2016), "통·번역대학원 번역수업 실태 파악을 위한 교수자 설문조사", 『통역과번역』 제18권 2호, pp. 47~71.

안인경(2007), "한국외국어대학교 통역번역대학원 교과과정에 대한 고찰 - 설문조사를 중심으로 -", 『통·번역학연구』 제10권 2호, pp. 85~102.

원종화(2013), "번역 수업과 번역 이론의 연계를 위한 실행 연구 - 통·번역대학원 번역입문 수업을 대상으로 -", 『통·번역학연구』 제17권 3호, pp. 292~293.

유정화(2011), "19세기 한,중,일 근대 통·번역 교육제도 비교 연구", 한국외국어대학교 통 · 번역대학원 박사논문.

이미경(2018), "교수의 교과교육학 지식과 전문번역 수업에 대한 소고", 『통 · 번역교육
　　　　연구』 제16권 2호, pp. 109~131.

이민우(2012), "외국어로서의 한국어 통 · 번역과정 개발 연구", 한국외국어대학교 한국
　　　　어문화교육원, pp. 233~259.

이상원(2013), "통 · 번역대학원의 이론 강좌 고찰: 신설 강좌 '통 · 번역 주제 강독'을
　　　　중심으로", 『통 · 번역학연구』 제17권 1호, pp. 159~176.

이주연(2019), "현장 실습과 국제회의 참관의 교육적 효과: 통역학습자의 관점", 『인문
　　　　사회21』 제10권 1호, pp. 539~554.

이지은 · 유효미 · 전양주 · 정희정(2014), "통 · 번역학 석사 교육과정 개정을 위한 졸업생
　　　　설문조사 - 이화여자대학교 통역번역대학원 사례연구 -", 『T&I review』
　　　　제4권, pp. 51~71.

이지혜(2008), "Expertise 이론과 번역교육", 『통 · 번역교육연구』 제6권 1호, pp. 19~35.

이　향(2018), "통 · 번역사의 직업윤리", 『통역과 번역』 제20권 2호, pp. 145~161.

임향옥(2003), "통역사의 세계", 『통역번역연구소 논문집』 제7집, pp. 159~169.

임형재 · 송은정(2015), "외국인을 위한 통 · 번역 목적 한국어 교육 연구 - 중국어 화자
　　　　의 한국어 통 · 번역 교육현황과 교육내용을 중심으로 -", 『외국어로서
　　　　의 한국어교육』 제42권, pp. 304~332.

임형재, "통 · 번역 목적 한국어교육을 위한 교육과정 개발 기초 연구 - 중, 일 학습자의
　　　　교육과정에 대한 평가를 중심으로 -", 『中韓語言文化研究』 第 10, pp.
　　　　125~155.

전양주(2014), "통 · 번역 교수자 특성 분석 및 교육니즈 연구 - 한일 전공 교수자 설문
　　　　조사 사례를 중심으로 -", 『日本語敎育』 제69권, pp. 49~62.

전정미(2019), "CAT 툴 활용을 통한 기계 번역 결과물 품질 향상에 관한 연구", 숙명여
　　　　자대학교 대학원 석사논문.

전희주, 오평석(2011), "비례오즈 로짓모형을 이용한 보험회사의 비대면 채널 성장성(활
　　　　용수준) 결정요인 분석", 『리스크관리연구』 제22권 제2호, pp. 77~99.

전현주(2017), "4차 산업혁명과 한국의 번역산업 현황 및 통 · 번역 교육의 미래", 『통 ·
　　　　번역교육연구』 제15권 3호, pp. 235~260.

정철자(2011), "통 · 번역 교육: 교육과정 개발을 중심으로", 『T&I review』 제1권, pp.
　　　　127~139.

_____(2012), "번역 교육과정 개발 평가 시장 수요 중심으로", 『번역학연구』 제13권
　　　　2호, pp. 265~282.

조태윤(2019), "헤르바르트 일반교육학의 교육과정적 함의", 『통합교육과정연구』 제13
　　　　권 1호, pp. 123~146.

최관경(2006), "듀이의 교육사상 - 교육목적론을 중심으로 -", 『교육사상연구』 제18집,

pp. 139~167.

崔素姬(1995), "한국에서의 통역교육과 통역시장", 『언어와 언어학』 제21집, pp. 39~65.

최소희(1999), "통역사·번역사 양성과 인증제도", 『통역과 번역』 제1권, pp. 163~185.

崔熔變, "헤르바르트 敎育學上의 敎育目的論에 대한 考察", 『교육연구』 제88집, pp. 1~30.

최정화(2004), "국제회의 통역사 협회의 목적과 역할 - 협회의 관점에서 -", 『통역번역 연구소 논문집』 제8집, pp. 195~214.

한승희(2016), "CAT툴 기반 다자수행 번역의 형태적 특징 연구 : 영한 번역의 문장길이 와 결속관계를 중심으로", 『통·번역학연구』 제20권 4호, pp. 167~188.

함채원(2016), "전문번역교육 수업 모델 설계와 적용에 관한 실행연구", 한국외국어대 학교 통·번역대학원 박사논문.

허 용(2008), "세종학당 교육과정 개발 연구", 『세종학당 논총』, 글누림.

_____(2010), "외국어로서의 한국어 교육에 대한 언어학적 접근", 『언어와 문화』 제6권 1호, pp. 285~307.

함희주(2016), "통·번역사를 위한 직업윤리 교육의 현황 및 인식: 국내 통·번역대학원 의 사례를 중심으로 한 예비적 고찰", 『통·번역학연구』, pp. 229~249.

홍혜련(2015), "태국 대학교 한국어 전공 교육과정 내용 연구", 한국외국어대학교 대학 원 박사논문.

황지연(2002), "중국대학의 통역교육에 관하여", 『JOURNAL of Interpretation & Translation Institue』 제6권, pp. 195~237.

Gi-Jeong Jeon(2009), "중국어 번역교육의 현황과 향후 교육방법", 『中國語文論譯叢刊』 24호, pp. 581~603.

Bennett, S.(1983), "Analysis of Survival Data by the Proportional Odds Model", *Statistics in Medicine* Vol.2 No.2, pp. 273-277.

McCullagh, P.(1980), "Regression Models for Ordinal Data," *Journal of the RoyalStatistical Society*, Series B. 42(2), pp. 109-142.

Nunnally, C. and H., Bernstein(1994), Psychometric theory (3rd ed.), NewYork, NY: McGraw-Hill.

Bobbitt, J. F.(1918), The curriculum, Boston: Houghton Mifflin.

Byeong-Kwu Kang·Yi-Rong Chen·Bao-Bao Chang(2006), "Computer Aided Translation of Chinese Technical Terms into Korean", 『중국언어연구』 23호, pp. 141~167.

Christopher, Thiery(1999), "A Brief Overview of AIIC", 『통역과 번역』 제1권, pp. 7~13.

Defeng Li, "Needs Assessment in Translation Teaching".

Making Translator Training

More Responsive to Social Needs*

Jin, Sil-Hee(2013), "Constraints and the Applicability of ICT in the Self‐Training of‐Conference Interpreting Students : Focused on Constraints related to the Spatial, Temporal, Authentic and Reflective Aspects of Learning", 『통·번역학연구』 제17권 2호, pp. 195~222.

PHAM HOA MAI(2019), "한-베 통·번역 과정 고찰 및 개선 방안 연구‐베트남 대학 내 과정을 중심으로‐", 한국 A대학교 KFL 대학원 외국어로서의 한국어 교육학과 석사논문.

Sun LEE·Mianjun Xu(2019), "한-중 동시통역의 예측에 대한 정량적 연구", 『한국A대학교 통·번역연구소 학술대회』 제2019권 7호, pp. 71~75.

Wang, Ching-Tung(2018), "대만에서의 한류와 현지 통·번역 특화 교육 방안 모색", 『통·번역학연구』 제22권 4호, pp. 117~136.

鲍川运(2009), "翻译师资培训：翻译教学成功的关键", 『翻译教学』 第2期, pp. 45~47.

曹莉(2012), "翻译硕士专业学位(MTI)研究生 教育的课程设置探讨 2012", 『学位与研究生教育』, pp. 33.

柴明颎(2012), "翻译硕士专业学位教育-上外高翻综合改革试点", 『上海理工大学学报(社会科学版)』 Vol.34 No.2, pp. 91~95.

程维·魏子杭(2015), "欧洲高校翻译人才多元化培养一窥", 『中国翻译』 第5期, pp.74~77.

崔启亮(2019), "翻译技术教学体系设计", 『中国翻译』 第5期, pp. 81~87.

董洪学·张晴(2015), "翻译硕士专业学位实习基地建设模式创新思考", 『外语电化教学』 No.162.

韩雪(2017), "浅析微博辅助中韩(韩中)翻译教学的实际应用", 『文教资料』 第30期, pp. 220.

贺显斌(2009), "欧盟笔译硕士对中国翻译教学的启示", 『上海翻译』 第1期, pp. 45-48.

何瑞清(2011), "对翻译硕士笔译方向课程设置的思考-以国外和台湾笔译硕士课程为参照", 『北京第二外国语学院学报』 第12期, pp. 37~41.

何心(2013), "中国内地与香港地区翻译专业本科课程设置比较与启示", 『语文建设』 第7期, pp. 79~80.

花亮(2016), "翻译专业教师发展研究", 『教育理论与实践』 第6期, pp. 37~39.

黄晓梅(2019), "大学生社会实践的国际比较及我国的改革与创新路径", 『重庆第二师范学院报』 第2期, pp. 102~106.

贾春杰(2012), "职业教育视阈下的社会实践教育途径研究", 『商业经济』 第4期, pp. 122~123.

贾一诚(2015), "译者能力与专硕翻译教学", 『西安外国语大学学报』 第4期, pp. 70~73.

矫红红(2016), "中韩两国高校翻译专业设置现状考察‐以中-韩翻译专业为中心", 『韩国语教学与研究2016』, pp. 122~123.

焦鹏帅(2018), "西方翻译教学研究及中国翻译教学成果国际化", 『上海翻译』 第6期, pp. 89~92.

金珍我(2015), "从GSIT看韩国当代口译的发展历史", 『东北亚外语研究』 第3期, pp. 82~87.

柯克尔(2003), "从口译实践到口译教学", 『中国翻译』 第2期, pp. 51~53.

柯平·鲍川运(2002), "世界各地高校的口笔译专业与翻译研究机构(上)", 『中国翻译』 第4

期, pp. 50~66.

___ · _____(2002), "世界各地高校的口笔译专业与翻译研究机构(中)",『中国翻译』第5
期, pp. 45~51.

___ · _____(2002), "世界各地高校的口笔译专业与翻译研究机构(下)",『中国翻译』第6
期, pp. 52~59.

李忠辉(2017), "汉至清代朝鲜语译员的设置及活动研究",『东疆学刊』第34卷第二期, pp. 8~13.

郎莉(2013), "大学生社会实践的理论基础及现实依据",『湖北科技学院报』第1期, pp. 192~194.

李德风 · 胡牧(2006), "学习者为中心的翻译课程设置, 上海外国语大学学报 第2期, pp. 59~65.

李海平 · 上官剑(2017), "自由教育、职业教育与通识教育",『教育研究』第8期, pp. 132~139.

李继民(2019), "翻译硕士课程设置存在问题与相应对策再研究",『山东科技大学学报(社会
科学版)』Vol.21 No.4, pp. 111.

李民(2014), "韩国大学高级翻译学院课程设置对我国MTI课程设置的启示",『外语教育与策
略』第6期, pp. 69~73.

连彩云 · 荆素蓉 · 于婕(2011), "创新翻译教学模式研究为地方经济发展培养应用型专业翻
译人才",『中国翻译』第4期, pp.37~41.

林继红 · 潘虹(2019), "翻译专业硕士(MTI)实习实践基地的建设与思考",『福建教育学院学
报』第4期, pp. 100~103.

刘靖之(2001), "香港的翻译口译教学",『中国翻译』第3期, pp. 37.

龙吉星 · 刘瑾(2018), "我国翻译师资建设的回顾与前瞻",『上海翻译』第5期, pp. 66~69.

吕金燕(2019), "师资口译能力培养研究",『翻译研究』第11期, pp. 235~236.

苗菊 · 高乾(2010), "构建MTI教育特色课程技术写作的理念与内容",『中国翻译』第2期, pp.
35~38.

苗菊 · 王少爽(2010), "翻译行业的职业趋向对翻译硕士专业(MTI)教育的启示",『外语与外
语教学』第3期, pp. 66~67.

穆雷(2008), "建设完整的翻译教学体系",『翻译教学』第1期, pp. 41~44.

穆雷 · 仲伟合(2017), "翻译博士专业学位的定位思考-从设置方案的修改论证谈起",『外语
界』第4期, pp. 27~34.

穆雷 · 杨冬敏(2012), "从翻译企事业员工的现状和市场需求看专业翻译人才的培养",『外
语与外语教学』第3期, pp. 57~60.

穆雷 · 李希希(2017), "MTI 口译教育：问题与对策",『外国语言与文化』第2期, pp. 109~119.

穆雷 · 王巍巍(2011), "翻译硕士专业学位教育的特色培养模式",『翻译教学』第2期, pp. 30.

穆雷 · 许钧(2017), "关于翻译实践与翻译研究的互动关系",『外语与外语教学』第1期, pp.
57~59.

平洪(2016), "对我国翻译硕士专业学位教育发展的反思",『中国翻译』第5期, pp. 49~53.

钱多秀 · 唐璐(2013), "国内翻译硕士专业学位教育研究十年分析",『北京科技大学学报』第
5期, pp. 108~109.

钱多秀·杨英姿(2013), "北京地区翻译硕士学位(MTI)教育：经验、反思与建议", 『中国翻译』第2期, pp. 72~74.

邱伟平(2010), "翻译硕士课程的设计与教学‐以香港浸会大学为例", 『东方翻译』第6期, pp. 17~21.

单萍(2016), "翻译硕士专业学位教育：现状、问题与对策-以大连高校한중/중한 통·번역 석사과정为例", 『语言教育』第2期(总第13期), pp. 3.

邵璐(2013), "内地MTI与香港翻译学MA课程设置比较研究", 『外语教育研究』第1期, pp.39~44.

尚亚宁(2011) "我国高等翻译硕士专业发展：现状、问题与对策", 『现代教育科学』第4期, pp. 71~75.

宋扬(2018), "计算机辅助翻译在韩中新闻翻译方面的运用", 『现代交际』第21期, pp. 84.

谭载喜(2017), "翻译学：作为独立学科的发展回望与本质坚持", 『理论研究』第1期, pp. 5~10.

陶友兰(2007), "新形势下我国翻译专业师资建设的思考", 『外语界』第3期, pp. 30~34.

滕梅·张馨元(2013), "翻译行业产业和职业化背景下的翻译硕士(MTI)专业课程设置", 『山东外语教学』第4期, pp. 99.

王斌华·穆雷(2012), "外国专业口译教学的调研报告", 『外语界』第5期, pp.24~33.

王传英(2010), "本地化行业发展与MTI课程体系创新", 『外语教学』第4期, pp. 110~113.

王华树(2014), "MTI翻译项目管理课程构建", 『中国翻译』第4期, pp. 54~57.

王华树·李德凤·李丽青(2018), "翻译专业硕士(MTI)翻译技术教学研究：问题与对策", 『外语电化教学』No. 181 Jun. 2018.

王建国·彭云(2012), "MTI教育的问题与解决建议", 『外语界』第4期, pp. 44~51.

王京平(2008), "浅谈硕士翻译专业的课程框架", 『北京第二外国语学院学报』第2期, pp. 76~80.

文军·穆雷(2009), "翻译硕士(MTI)课程设置研究", 『外语教学』第4期, pp. 92~95.

文军·李红霞(2010), "以翻译能力为中心的翻译专业本科课程设置研究", 『外语界』第2期, pp. 2~7.

吴清月(2018), "香港中文大学翻译MA TRA 人才培养及其对我国MTI教育的启示", 『湖州师范学院报』第12期, pp. 34~40.

叶荣·邱林(2016), "基于MTI口译人才培养的同声传译实验室建设研究与实践", 『扬州大学学报』第4期, pp. 92~96.

于桂贤(2001), "教育与社会实践相结合的理论思考", 『中国高教研究』第6期, pp. 37~38.

张美芳(2001), "外语教学如何迎接21世纪的挑战?-香港高校的翻译教学给我们的启示-", 『外语与外语教学』第141期, pp. 42~44.

郑香兰(2019), "중한 번역석사전공 개혁에 관한 소고", 『韩国语教学与研究』, pp. 150~151.

郑杨(2017), "我国MTI(翻译硕士专业)建设的回顾与反思", 『教育理论研究』, pp. 183.

郑晔·穆雷(2007), "近50年中国翻译教学研究的发展与现状", 『广东外语外贸大学学报』Vol. 18 No. 5, pp. 61.

仲伟合(2007), "专业口译教学的原则与方法", 『广东外语外贸大学学报』第3期, pp. 5~7.

_____(2006), "翻译专业硕士(MTI)的设置", 『中国翻译』第1期, pp. 32~35.

_____(2007), "翻译硕士专业学位(MTI)及其对中国外语教学的挑战", 『中国外语』第4期, pp. 4~12.

_____(2011), "高等学校翻译专业本科教学要求", 『中国翻译』第3期, pp. 20~24.

_____(2013), "MTI教学研究专栏", 『外文研究』第2期, pp. 78~85.

_____(2014), "我国翻译专业教育的问题与对策", 『中国翻译』第4期, pp. 40~44.

_____(2019), "改革开放40年我国翻译专业教育：成就、挑战与发展", 『中国翻译』第1期, pp. 71~74.

仲文明(2018), "论我国翻译硕士专业学位教育质量保障体系的构建", 『外语与翻译』第3期, pp.74~78.

曾本友(2014), "教师专家化教育技术理论与实践路径研究", 『中国电化教育』第330期, pp. 46~50.

祝朝伟(2015), "基于翻译能力培养的MTI课程设置研究", 『外语界』第5期, pp. 61~69.

朱波(2016), "MTI教师的职业化", 『外语教学』第2期, pp. 105~108.

庄智象(2007), "关于我国翻译专业建议的几点思考", 『外语界』第3期, pp. 14~23.

_____(2007), "我国翻译专业建设问题与对策", 上海外国语大学英语语言文学, 博士论文.

Feigl, H. Principles and Problems of Theory Construction in Psychology.In W.Dennis(Ed.), Current Trends in Psychological Theory[M].Pittsburgh,PA:University of Pittsburgh Press, 1951.179-213, 1986, (Kerlinger).

Kerlinger, FN. Foundations of Behavioral Research(3rd ed.)[M].New York, NY:Holt,Rinehart, & Winston, 1986.9.

Jeremy Munday(2012), "Introducing Translation Studies: Theories and Applications", 期刊？

Hartley(2009), "Technology and translation", in Jeremy Munday (ed.) The Routledge Companion to Translation Studies, Abingdon and New York: Routlrdge, pp. 106-27.

▶ 저서

송향근 외(2012), 『한국어 교육 연구의 이해』, 부산외국대학교출판부.

杜威(2001), 『民主主义与教育』, 北京人民教育出版社.

杜威(2005), 『学校与社会·明日之学校』, 北京人民教育出版社.

杜威(2015), 『经验与教育』, 台北联经出版公司.

凯瑟琳·坎普·梅休(王承绪 외역 2007), 『杜威学校』, 北京教育科学出版社.

吕达 외(2008), 『杜威教文集』, 第四卷, 第五卷, 人民教育出版社.

F. A. W. Diesterweg(袁一安역, 2001), 『德国教师培养指南』, 北京人民教育出版社.

J. A. Comenius(任钟印역 2006), 『大教学论·教学法解析』, 人民教育出版社.

J. A. Comenius(傅任敢역 1999), 『大教学论』, 北京科学出版社.

J. A. Comenius(이숙종역 1995), 『分析教授學』, 교육과학사 출판.

김선아(2013), 『(한권으로 읽는)코메니우스: 교육학의 뿌리를 찾아서』, 한국학술정보.

김명광(2019), 『외국어로서의 한국어 교육과정론』, 소통 출판.

김호권(1995), 『教育과 教育課程』, 培英社.

김종서 외(1997), 『教育課程과 教育評價』, 교육과학사.

홍후조(2011), 『알기쉬운 교육과정』, 학지사 출판.

Richards, J. C(2001), 『Curriculum Development in Language Teaching』, Cambridge University Press.

Tyler, Ralph W.(1949), 『Basic principles of curriculum and instruction』, University of Chicago Press.

翻译硕士专业学位研究生教育指导性培养方案
全国翻译专业学位研究生教育指导委员会

(2011年 8月 修订)

为适应我国社会、经济、文化发展对翻译专门人才的迫切需求，完善翻译人才培养体系，创新翻译人才培养模式，提高翻译人才培养质量，特设置翻译硕士专业学位(英文名称：Master of Translation and Interpreting, 缩写：한·중 MTI 과정)。

一、培养目标

培养德、智、体全面发展、能适应全球经济一体化及提高国家国际竞争力的需要、适应国家社会、经济、文化建设需要的高层次、应用型、专业性口笔译人才。

二、招生对象及入学考试

招生对象一般为学士学位获得者，具有良好的双语基础；鼓励具有不同学科和专业背景的生源报考。考生参加每年全国研究生入学考试，择优录取，秋季入学。

三、学习年限

全日制学习方式：2-3 年

非全日制学习方式：3 年

四、培养方式

1、实行学分制。学生必须通过规定课程的考试，成绩合格方能取得该门课程的学分；修满规定的学分方能撰写学位论文；完成专业实习并通过学位论文答辩方能申请硕士学位。

2、采用实践研讨式、职场模拟式教学。口译课程可运用现代化电子信息技术如网络技术、口译实验室、多媒体教室等设备开展；笔译课程可采用项目式授课，将职业翻译工作内容引入课堂，运用笔译实验室或计算机辅助翻译实验室，加强翻译技能训练的真实感和实用性；要聘请有实践经验的高级译员为学生上课或开设讲座。

3、重视实践环节。强调翻译实践能力的培养和翻译案例的分析，翻译实践贯穿教学全过程，要求学生在学期间至少有15万字以上的笔译实践或不少于400磁带时的口译实践。

4、成立导师组，发挥集体培养的作用。导师组应以具有硕士研究生导师资格的正、副教授为主，并吸收企事业部门具有高级专业技术职务的译员参加；可以实行学校教师与有实际工作经验和研究水平的资深译员或专业人员共同指导研究生的双导师制。

五、课程设置

翻译硕士专业学位课程包括必修课和选修课，总学分不低于38学分。

1、 必修课(20 学分)

公共必修课

(1)政治理论3 学分

(2)中国语言文化3 学分

专业必修课

(1)翻译概论2 学分

(2)笔译理论与技巧2 学分

(3)口译理论与技巧2 学分

专业方向必修课

笔译方向：

(1)应用翻译4 学分

(2)文学翻译4 学分

口译方向：

(1)交替口译4 学分

(2)同声传译4 学分

2、 选修课(不少于18 学分)

综合类

第二外国语2 学分

中外翻译简史2 学分

翻译批评与赏析2 学分

跨文化交际2 学分

中外语言对比2 学分

计算机辅助翻译2 学分

......

口译类

视译2 学分

专题口译2 学分

国际会议传译2 学分

商务口译2 学分

法庭口译2 学分

外交/外事口译2 学分

口译观摩与赏析2 学分

口译工作坊2 学分

......

笔译类

专业技术文本写作2 学分

科技翻译2 学分

国际会议笔译2 学分

商务翻译2 学分

法律法规翻译2 学分

传媒翻译2 学分

中国典籍外译2 学分

笔译工作坊2 学分

翻译及本地化管理2 学分

......

各院校可根据本专业的培养目标和各院校的办学特色自行设置若干门特色课程，作为限定性选修课。

六、 专业实习

专业实习是翻译硕士专业学位教育的必要环节, 时间应不少于一学期。 各院校要根据本专业的培养目标精心组织学生到符合资质要求的政府部门和企事业单位实习, 派出指导教师, 确保学生获得规范、 有效的培训和实践, 提高翻译技能和职业操守。 实习结束后, 学生须将实习单位出具的实习鉴定交给学校, 作为完成实习的证明。 实习不得用课程学分替代。

七、 学位论文

学位论文写作时间一般为一个学期。 学位论文可以采用以下任何一种形式:

1、 翻译实习报告: 学生在导师的指导下参加口笔译实习, 并就实习的过程写出不少于15000 词的实习报告;

2、 翻译实践报告: 学生在导师的指导下选择中文或外文的文本进行原创性翻译, 字数不少于10000 汉字, 并就翻译的过程写出不少于5000 词的实践报告;

3、 翻译实验报告: 学生在导师的指导下就口译或笔译的某个环节展开实验, 并就实验结果进行分析, 写出不少于15000 词的实验报告;

4、 翻译研究论文: 学生在导师的指导下就翻译的某个问题进行研究, 写出不少于15000 词的研究论文。 无论采用上述任何形式, 学位论文都须用外语撰写, 理论与实践相结合, 行文格式符合学术规范。 学位论文采用匿名评审制。论文评阅人中至少有一位是校外专家。学位论文须经至少2 位论文评阅人评审通过后方能进入答辩程序。答辩委员会至少由3 人组成，其中必须有一位具有丰富的口译或笔译实践经验且具有高级专业技术职称的专家。

八、学位授予

按规定修满规定的课程学分，完成专业实习，通过学位论文答辩者，授予翻译硕士专业学位。

통번역 석사과정 학위 석사생 교육 지도방안[41]
전국 번역 전공학위 교육 지도위원회
(2011년 8월 수정)

중국의 사회, 경제, 문화 발전에 따른 통번역 전문인재에 대한 절실한 수요, 통번역인재 양성 시스템 개선, 통번역인재 양성유형의 혁신 및 통번역인재양성 품질 제고 등을 위해 통번역석사학위를 신설한다. (영문 : Master of Translation and Interpreting, 약자 : MTI)

1. 교육 목표

전면적인 발전을 통해 글로벌 경제사회에서 나라의 경쟁력을 향상을 시킬 수 있는 인재, 나라의 경재, 문화, 사회발전에 필요한 고차원적이고 능동적이며 전문성을 갖춘 통·번역인재를 양성하고자 한다.

2. 모집대상 및 입학시험

모집대상은 학사학위를 소지하고 있으며 우수한 언어기반을 갖춘 자이다. 다양한 전공배경의 학습자 신청을 격려한다. 시험 응시자는 매년 진행되는 전국대학원생 입학시험에 응시해야 하며, 이 중 우수한 자를 선발, 가을 학기 입학 자격을 부여한다.

---

41) 부록1,2,3의 내용모두 중국어 원본과 한국어 번역본 같이 제시하였다. 한국어 번역본은 모두 柳杨 본인이 직접 번역함. 여기서 또한 翻譯를 직역하면 번역을 가리키고 있지만 중국에서는 통역과 번역 모두 翻譯에 속한다. 구체적으로 구별하자면 통역은 口译 번역은 笔译라고 칭한다.

3. 학습기간

전일제 교육과정 : 2-3 년

비(非) 전일제 교육과정 : 3 년

4. 양성방식

4-1. 학점제도 실시. 학습자는 규정된 과정의 시험을 통과하여야 학점을 취득할 수 있다. 정해진 학점을 모두 이수하여야 논문을 작성할 자격이 주어지며 전공과정을 이수하고 논문심사 모두 통과하면 석사학위를 취득할 수 있다.

4-2. 실습적인 연구방식 및 현장 모의 교육 방식을 적용한다. 통역과정은 현대적인 전자정보기술을 활용하며 통역실습실, 멀티미디어 교실 등 장비시설을 갖추어야 한다. 번역은 프로젝트 방식으로 강의를 진행하고 전문 번역 내용을 수업에 적용한다. 또한, 번역 실습실과 전자기기보조번역 실습실을 활용하여 현장감과 실용성이 강화된 교육을 진행한다. 경험 많은 고급 통역사를 초빙하여 수업 또는 특강을 진행해야 한다.

4-3. 실습을 중시하는 단계로 통역실습능력의 양성강조하며 통역사례를 분석한다. 통역실습은 전 교육과정을 관통해야 한다. 학생들 학기 중 최소 15만자 이상의 번역 실습이나 400개의 테이프 분량에 해당되는 시간의 통역실습이 요구된다.

4-4. 지도교수 조를 구성해서 단체 양성의 작용을 발휘한다. 지도교수는 석사생의 지도교수 자격을 갖춘 정, 부교수 위주로 조를 이루게 한다. 그리고 기업 사업부문에서 전문 기술 자격을 갖춘 번역가도 참가할 수 있게 한다. 학교 교사와 실제근무경험이 있는 숙련된 통역사, 전공자들과 함께 석사생을 지도하는 두 명의 지도교수가 함께 지도하는 제도를 실행할 수 있다.

5. 과정설정

통번역석사학과 학위과정은 필수과목과 선택과목을 모두 포함하며 총 학점은 38학점 이상이어야 한다.

5-1. 필수과목(20 학점)
공공필수과목
(1) 정치이론 3 학점
(2) 중국언어문화 3 학점
전공필수과목
(1) 번역이론 2 학점
(2) 번역이론과 기술 2 학점
(3) 통역이론과 기술 2 학점
전공방향 필수과목
번역방향 :
(1) 응용번역 4 학점
(2) 문학번역 4 학점
통역방향 :

(1) 순차통역 4 학점

(2) 동시통역 4 학점

5-2. 교양과목(18 학점 이상)

종합 과목

제2외국어 2 학점

중외번역약사 2 학점

번역비평과 감상 2 학점

다문화 교제 2 학점

중외언어대조 2 학점

컴퓨터 보조 번역 2 학점

……

통역류

시역2 학점

주제 통역 2 학점

국제회의통역 2 학점

비즈니스통역 2 학점

법정통역 2 학점

외교/외사통역 2 학점

통역견학과 감상 2 학점

통역 실습 2 학점

……

번역류

전문기술문서작문 2 학점

과학기술번역 2 학점

국제회의번2 학점

비즈니스번역 2 학점

법율법규번역 2 학점

미디어 번역 2 학점

중국전적외역 2 학점

번역 실습 2 학점

번역 및 현지화관리 2 학점

……

각 학교는 본 전공의 양성목표와 설립특성을 근거로 하여 스스로 몇 과목을 설정하여 선택과목으로 정할 수 있다.

6. 전공실습

전공실습은 석사전공 학위교육의 필수적인 단계로 한 학기 이상의 사간 안배가 필요하다. 각 학교는 본 전공 양성목표에 따라 학생들의 자질 요건에 맞는 정부기관과 기업체에서 실습을 하도록 하며 지도 교사를 지정하고, 학생들이 규범을 따라 효율적인 실습을 이루어 통번역 기술 및 직업윤리를 강화시키도록 한다. 실습종료 후 학생은 실습기관에서 실습검정서를 받고 학교에 제출하여 실습증명을 완성한다. 실습은 과정 학점으로 대체해서는 안 된다.

7. 학위논문

학위논문작성시간은 한학기다. 학위논문은 아래와 같은 형식을 사용할 수 있다.

7-1. 통번역 실습보고서: 학생은 지도교수의 지도로 통번역실습을 참가하여 실습의 과정에 대해 15000 단어 상당의 보고서를 작성해야 한다.

7-2. 통번역 실습보고: 학생은 지도교수의 지도 중국어 혹은 외국어의 문헌을 선택하여 번역하며, 글자 수는 중국어 기준 10,000자이다. 이외에도 실습과정에 대해 5,000자 분량의 실습보고서를 작성해야 한다.

7-3. 번역 실험보고서: 학생은 지도교수의 지도로 통역이나 번역의 어느 단계 실험상대로 삼고 실험결과를 분석하여 15,000자 분량 이상의 실험보고서를 작성해야 한다.

7-4. 통번역 연구논문: 학생은 지도교수의 지도로 어떤 문제에 대한 연구하여 15,000자 이상의 연구논문을 작성해야 한다. 위와 같은 어떤 형식을 선택하든 학위논문은 외국어로 작성되어야 하며 이론과 실습이 결합하여 문서작성양식이 학술규범에 부합되어야 한다. 학위논문은 익명심사제를 채택한다. 논문심사위원 중 적어도 한 명은 교외전문가여야 한다. 학위논문은 최소2명의 논문심사위원 심사를 거쳐 질의응답 절차에 들어갈 수 있다. 논문 심사평가 위원회는 최소 3명으로 구성되며, 그 중 한명은 통역이나 필기번역 실습경험이 풍부하고 고급 전문기술직함을 가진 전문가여야 한다.

8. 학위수여

규정에 따라 정해진 학점을 이수하고, 전공실습을 완성하였으며, 학위논문심사를 통과한자에게 통번역석사전공 학위를 수여할 수 있다.

申请新增翻译硕士(MTI)培养单位的基本条件

学位办〔2008〕44号

一、学科基础要求

具有外国语言文学一级学科硕士学位授权点，或者具有二级学科博士学位授权点，至少有一届研究生毕业并已授予学位，并已开设"翻译"相关专业方向。

二、师资要求

1. 教师数量

MTI专职教师不少于10名，并有一定数量的兼职教师(特别是来自实际部门的资深译员/译者)；MTI核心课程及重要必修课程应配备2名或2名以上教师授课。

2. 教师结构

教师队伍应具有合理的学科知识结构，体现MTI的职业化特点；MTI专业课程的授课教师一般应具有硕士或博士学位；三年内具有博士学位的教师应占20%以上。

3. 教学经验

担任MTI核心课程和重要必修课程教学的教师一般应具有较丰富的教学经

验，其中高级职称者占任课教师总数的40%以上。

4. 实践经验

MTI核心课程和重要必修课程的教师中，具有口译和笔译实践经验者的比例不低于50%。口译教师应有证明承担过20场次以上高规格的口译，笔译教师应出版过20万字以上的译著。

5. 师资培训

MTI核心课程教师平均每人参加过1次以上进修、培训、学术研讨或校际课程研讨活动，每年定期组织MTI核心课程和重要必修课程的教师开展教学研究活动。

三、教学条件要求

1. 多媒体教学条件

50%以上的MTI核心课程使用多媒体教学设施进行教学。

2. 同声传译实验室

承担口译教学的单位应拥有数字化语音实验室和同声传译实验室。

3. 图书资料

有足够数量的翻译专业图书资料可供MTI学生使用，最好设立相应学科的图书分馆或资料室。

4. 网络和计算机

为所有MTI学生提供使用校园网以及使用计算机的条件。承担笔译教学的单位应有专用笔译实验室。

四、教学组织与管理

1. 教学管理机构与人员

必须成立专门的MTI教学管理机构(如MTI教育中心等)，配备专职MTI教学秘书，负责MTI学生的日常管理与服务。

2. 教学服务与激励

为MTI教师的教学科研活动提供必要的财力支持，用于计算机、教学软件、图书资料购买、复印等方面的开支。

3. 教学管理制度及文件管理

建立比较完善的MTI教学管理制度(任课教师责任、学生考勤、考试、论文选题与指导、论文答辩、教学质量评估等方面的制度)；学籍档案管理严格和规范，教学大纲、考勤表、成绩登记表、学籍总表、核心课程期末考卷和答卷、教学评价表等教学文件保存完好，管理有序。

새로 증설된 통번역(MTI)석사생교육부서의 기본조건
학위판(学位办, 2008〕 44号

1. 학과 기초 요구사항

외국언어문학1급학과 석사학위 수여할 수 있거나 2급학과 박사 학위를 수여할 수 있는 권한이 있어야 한다. 적어도 한 학번의 대학원 졸업생 및 학위를 취득했으며 '통번역' 관련 전공 방향을 개설되어 있어야 한다.

2. 교사인력의 자질 요건

1) 교사 수량

MTI 전임교사는 10명이상이어야 하고 일정 수의 겸임교사(특히 실제 부서에서 온 숙련된 통역사/ 번역가)가 있고, MTI 핵심 과정 및 중요 필수과목에는 2명 또는 2명 이상의 교사가 배치되어 수업을 진행해야 한다.

2) 교수 구성

교수진은 합리적 학문적 지식구조를 갖고 MTI의 직업화 특성을 구현해야 하며, MTI 전공과정의 교수는 석사나 박사학위 소지자여야 하며, 또는 3년 이내에 박사학위 소지자가 20% 이상 차지해야 한다.

3) 교육경험

MTI 핵심과정과 중요한 필수과목을 담당하는 교사는 비교적 풍부한 교육 경험을 갖춰야 하며, 수업 담당하는 교수 중 고급 직위자가 40%

이상을 차지한다.

4) 실습경험

MTI 핵심과정과 중요 필수과목의 교사 중 통역과 번역 실무경험을 가진 자의 비율은 50% 이상이어야 한다. 통역교수는 높은 수준의 통역을 20회 이상 담당했다는 증명이 있어야 하며, 번역 교수자는 20만 자이상의 번역저서를 출판해야 한다.

5) 교사진연수

MTI 핵심과정 교사는 1인당 평균 1회 이상 연수, 교육, 학술 세미나 또는 학교 간 커리큘럼 포럼 활동에 참가하여 매년 정기적으로 MTI 핵심과정과 중요한 필수 과목의 교사를 구성하여 교육 연구 활동을 만들어야 한다.

3. 교육시설 요구사항

1) 멀티미디어 교육조건

50% 이상의 MTI핵심과정은 멀티미디어교육시설을 사용해서 교육을 실시한다.

2) 동시통역실습실

통역교육을 실시하는 기관은 디지털음향실험실과 동시통역 실습실이 있어야 한다.

3) 도서자료

충분한 통번역 전문적인 도서자료를 갖추고 MT학습자에게 제공할 수 있어야 한다. 해당 학과에 도서분관 또는 자료실을 설치하는 것이 바람직하다.

4) 인터넷과 컴퓨터

모든 MTI 학생을 위해 인터넷 및 컴퓨터사용할 수 있게 제공해줘야 하고 번역 교육을 담당하는 부서에는 전용 번역 실험실이 있어야 한다.

4. 교육행정 및 관리

1) 교육관리기관과 인원

전문적인 MTI 교육관리기관을 설립해야 한다 (예: MTI교육센터 등), 전임 MTI 교육비서를 배치해 MTI 학생들의 일상관리와 서비스를 담당 한다.

2) 교육서비스 및 격려

MTI 교육인력을 위한 교육연구 활동은 필요한 재정을 지원하여 컴퓨터, 교육 소프트웨어, 도서 자료 구입, 복사 등에 지출한다.

3) 교과관리제도 및 문서관리

비교적 완벽한 MTI 교육 관리제도(수업담당 교사의 책임, 학습자출석, 시험, 논문주제선정 및 지도, 논문심사, 교육의 질적 평가 등방면의 제도)를 설립해야 한다. 학적부 관리는 엄격함과 규범, 교육요강, 출석표, 성적 등록표, 학적 총표, 핵심과정 기말고사 시험지와 답안지, 교과 평가표 등 교육서류를 잘 보존하고 관리해야 한다.

翻译硕士专业学位 基本要求

1. 概述

2007 年经国务院学位委员会第23 次会议批准设置的一个专业学位类别。翻译硕士专业学位借鉴、吸收国外高层次翻译专门人才培养的有益经验，紧密结合我国国情，特别是结合我国翻译实践领域和语言服务行业的需求和发展，培养具有宽阔的国际视野、深厚的人文素养和良好的职业道德，具备较强的双语能力、跨文化能力、口笔译能力、思辨能力和创新能力的高层次、应用型、专业化的翻译人才。

翻译硕士专业学位以口译和笔译为主要类型，以汉语与英语、法语、日语、俄语、德语、朝鲜语等外语组成不同的互译语对，以商务、科技、法律、教育、政治外交(外事)、文学文化等为主要翻译活动领域。

根据不同的翻译类型、语对或翻译领域，翻译硕士专业学位可设不同专业方向，如翻译硕士(英汉口译)、翻译硕士(英汉笔译)、翻译硕士(法汉口译)、翻译硕士(法汉笔译)、翻译硕士(国际会议传译)和翻译硕士(文学翻译)等。

2. 专业内涵

翻译是以跨语言、跨文化信息传播与知识迁移为核心内涵的新兴专业领域。翻译硕士专业学位借鉴语言学及应用语言学、比较文学、跨文化交际学、对外传播学等理论，考察和研究中文和外国语言的口、笔译活动及其规律，考察和研究文学和文化跨越语言、跨越民族、跨越国界的传播、接受和交流的规律及相关应用问题，包括口笔译实践能力、语言服务能力、口笔译过程研究、口笔译产品研究、翻译教育、翻译理论、翻译史、翻译批评、机器辅助翻译、中华文化对外传播等领域。

本专业研究口译或笔译的过程和译语或译文的产生，探讨提高译语或译文质量和功能的途径。本专业重视专业实践能力，不断提高应用型翻译专业人才的培养质量。

随着语言服务业的兴起，本专业领域从传统的语言转换和跨文化交流扩大到翻译与本地化管理、语言技术工具开发与应用、语言服务与企业国际化、语言服务业人才培养、多语言会议的组织与管理等应用范畴。

3. 服务领域

翻译是一门跨学科、跨文化的应用型专业，其服务领域十分广泛，涵盖需要进行跨语言、跨文化交际的各个领域。翻译以尊重文化多样性、达成交流互通为己任，在国际文化互通与传承，国际学术交流、经济、科技、教育合作等方面成为沟通的桥梁和国家软实力的重要组成部分，在国民经济发展的各个领域具有广泛的应用价值。

4. 发展趋势

在全球化和信息化快速发展的背景下，语言服务业逐步成为我国文化走出去的战略性行业和现代服务外包业发展的基础性行业。翻译作为语言服务业的核心组成部分，在我国政治、经济、外交、文化、教育、科技等领域中发挥越来越重要的作用，是国家经济创新驱动发展的助推器、国家软实力提升的发动机。国家对高质量、专业化、多语种的语言服务人才的需求与日俱增。

5. 获本专业学位应具备的基本能力

要求具备以下基本能力：语言能力、翻译能力、跨文化交际能力、百科知识获取能力、团队协作能力等。

1) 语言能力

翻译既要通过语言获取信息，又要通过语言传递信息。本专业硕士生应熟练掌握母语和至少一门外语，掌握两种语言的语音、语法、词法和句法，形成两种语言的良好语感，娴熟地运用两种语言进行口头和书面交际。

2) 翻译能力

翻译能力是本专业学位教育通过职业翻译技能训练，培养学生发展形成的主要能力。专业翻译能力可分为笔译能力和口译能力。笔译能力包括双语转换能力、双语文本能力、双语体裁能力、笔译策略能力、译前准备能力等。口译能力包括双语口头转换能力、记忆能力、笔记能力、口译策略能力、心理生理调节能力、译前准备能力等。

3) 跨文化交际能力

翻译是一项跨文化交际活动，译者是文化传播的使者。获本专业学位者应具备较强的跨文化交际意识，并能够充分地将这种跨文化交际意识贯穿翻译过程的始终，使得自己的译语或译文能够充分地传递出原文中所负载的文化信息，成为中外文化传播的使者。

4) 百科知识获取能力

翻译能力与译者的相关知识能力密切相关，译者的知识面越宽，翻译能力就越强。本专业硕士生应具备在日常生活和工作中不断吸取知识和扩大知识面的能力，并具备在具体的翻译实践中强化某一相关领域知识的能力。

5）团队协作能力

在语言服务行业中，翻译是一项需要沟通协作完成的工作。本专业硕士生应具备较强的团队协作能力，　包括商务沟通、人力资源管理、质量管理、时间管理、成本管理等方面的项目管理能力。

통번역 석사과정학위 기본요구

1. 개요

2007년 국무원 학위위원회 제23차 회의 승인을 거쳐 설치된 전문 학위 종류다. 번역 석사 과정 학위는 해외의 고급 번역 전문 인력 양성 관련 경험을 받아들여, 자국의 국정과 결합시켜야 하며, 특히 국가 번역 실습영역과 언어서비스업계의 수요와 발전을 종합하여 넓은 국제적 시야를 가지고 두터운 인문적 소양과 우수한 직업윤리를 함양하고, 강한 이중언어능력, 다문화능력, 통번역능력, 사고능력과 창신 능력을 갖춘 고차원, 응용형, 전문적인 통번역인재다.

통역석사전공학위는 통역과 번역이 주된 유형이며 중국어는 영어, 프랑스어, 일본어, 러시아어, 독일어, 한국어 등 외국어를 통역 또는 번역한다. 비즈니스, 과학기술, 법률, 교육, 정치외교, 문학 문화등 영역을 다룬다.

각 통번역유형, 언어 및 통번역 영역등 통번역 분야에 따라 다양한 전공 방향이 설정 가능하다. 예: 통번역석사(영중통역), 통번역석사(영중번역), 통번역석사(프중통역), 통번역석사(프중번역), 통번역석사(국제회의통역), 통번역석사(문학번역).

2. 전문적성에 관하여

통번역은 언어를 넘고, 문화의 전파와 지식의 이동을 핵심이 되는 신흥 전문분야이다. 통번역석사 전공학위는 언어학과 응용언어학, 비교문학, 다문화 교류학, 대외 전파학 등 이론을 참고하여 중국어와 외국어의 통역과 번역에 대한 고찰 및 연구 필기 번역활동과 그 규율, 문화

답사 및 연구, 언어와 민족을 초월한 전파와 연관되어있다. 또한 연구하며 문학과 문화가 언어, 민족, 국경을 초월하여 전파되고, 상호 교류의 법칙 및 관련 문제를 고찰하고 연구하는 것으로 이어진다. 이밖에 통번역석사 전공에는 통역실습능력, 언어서비스능력, 통번역과정연구, 통번역제품연구, 번역교육, 번역이론, 번역사, 번역비평, 기계보조번역, 중화문화대외전파 등의 분야가 포함되어 있다.

본 전공에서는 통역이나 번역의 과정과 역어나 역문의 생산을 연구하고 역어나 역문의 질과 기능을 향상시키기 위해 고찰한다. 본전공은 전공실습능력을 중시하고 끊임없이 전문화된 통번역 전문 인재 양성의 질을 향성 시키는데 기여한다..

언어서비스업의 발전에 따라, 본 전통적인 언어전환과 다문화교류에서 통번역과 현지화관리, 언어기술도구 개발과 응용, 언어서비스와 기업의 국제화, 언어서비스업의 인재양성, 다언어회의의 조직과 관리 등 응용범위로까지 확대된다.

3. 서비스 영역

통번역은 전공과 문화를 넘나드는 응용형 전공으로, 서비스 분야가 매우 광범위하며, 언어와 문화교류가 필요한 여러 분야를 포괄한다. 통번역은 문화적 다양성을 존중하고 교류의 상호 소통을 달성함으로 국제문화교류와 전승, 국제학술교류, 경제, 과학이술, 교육협력 등 방면에서 소통의 기반과 국가 소프트 파워의 중요한 구성부분으로 국민경제 발전의 각 분야에서 광범한 응용가치가 있다.

4. 발전 추세

빠른 속도로 발전하고 있는 글로벌화와 정보화 시대에서 언어 서비스업은 점차 우리 문화 전파에 있어 전략성 업종과 현대화서비스 외주업종 종 기초업종이다. 통번역은 언어 서비스의 핵심구성부분으로 정치, 경제, 외교, 문화, 교육, 과학 기술 등의 분야에 갈수록 중요한 역할을 하고 있으며 국가경제의 혁신적인 발전을 위한 동기를 부여하는국가 소프트 파워향상의 발전기다. 높은 품질, 전문성, 다국어의 언어 서비스 인재에 대한 국가의 수요가 날로 증가하고 있다.

5. 통번역 석사전공학위 획득자 갖춰야 할 기본 능력

본 전공 학위를 획득하려면 갖추어야 할 기본 능력은 언어능력, 통번역능역, 다문화교제능력, 백과지식취득능력, 팀워크 등 기본능력을 갖출 것을 요구한다.

1) 언어능력

통번역은 언어를 통해서 정보는 얻고 정보를 전달해야 한다. 본 전공 석사생은 모국어를 능숙하게 구사하고 다른 외국어나 습득해야 한다. 두 가지 언어의 음성, 문법, 어휘를 익히고 두 언어의 좋은 어감을 형성하고, 능숙하게 구사하여 구두 및 서면으로 전환할 수 있어야 한다.

2) 통번역 능력

통번역능력은 본 전공학위 교육은 직업 통번역 기능훈련을 통해 학생들이 발전하여 형성할 수 있는 주요 능력이다. 전문 통번역능력은 통역능력과 번역능력으로 구분된다. 번역능력은 이중언어의 전환 능력, 이중언어의 텍스트 분석 능력, 이중언어표현 능력, 번역전략 능력, 사전 준비능력 등이 포함되어 있다. 통역능력은 이중언어의 전환 능력, 기억능력, 필기능력, 통역전략능력, 심적 및 신체적 조절 능력, 사전 준비능력 등이 포함한다.

3) 다문화교류 능력

통번역은 다문화교류활동이다. 번역자는 문화전파의 사자다. 본 전공학위를 획득한자는 비교적 강한 다문화 교류 의식이 가지고 있으며. 이러한 다문화 교류 능력이 통번역 과정 전반에 나타난다. 자신의 역어나 역문이 원문에 실려 있는 문화정보를 충분히 전달할 수 있도록 하여 중외문화전파의 사자가 된다.

4) 백과지식습득능력

통번역능력은 역자의 지식능력과 밀접하게 연관되어 있으며, 역자의 지식이 넓을수록 통번역능력은 더욱 강하다. 본 전공 석사 과정 학습자는 일상생활, 업무에서 끊임없이 지식을 습득하고 지식측면을 넓히는 능력을 갖추어야하며, 구체적으로 통번역 실습에서 해당 분야의 지식을 강화할 수 있는 능력을 갖추어야 한다.

5) 팀워크 능력

언어서비스업계에서 통번역은 의사소통 협력이 필요한 직업이다. 본 전공 석사 과정 학습자는 비교적 강한 팀워크 협력능력을 갖추어야 한다. 비즈니스 커뮤니케이션, 인력자원관리, 품질관리, 시간관리, 원가관리들의 측면에서의 프로젝트 관리능력이 포함된다.

국제회의통역사협회(AIIC) 통역교육의 기준[42]

1. Applicants to courses in conference interpreting should have a university degree or equivalent (e.g. professional experience) and be required to pass an entrance test. 현 통역대학원에서 요구하는 기준과 같이 학사 이상의 학위를 가진 자가 입학시험에 응시해야 한다.

2. The purpose of the test is to ascertain;

A) the applicant's proficiency in languages offered, admission to the course being at the level of linguistic competence necessary for professional practice;

B) the applicant's ability to analyse and construe meaning;

C) the applicant's general knowledge and cultural background. 입학시험에 평가하고자 하는 것은 언어지식은 물론 분석종합능력, 일반 상식 및 제반 주제지식이다.

3. The course leader shall be a practising conference interpreter of international repute. 통역교육 책임자는 국제적인 명성을 갖고 있으며 현재 활동중인 국제회의 통역사이어야 한다.

---

42) 崔素姬(1995)국제회의통역사협회(AIIC)가 제시하는 통역교육의 기준을 살펴보면서 통역대학원 통역교육현황을 점검해 보기로 한다.

4. The course syllabus and curriculum as well as language combinations offered should reflect the requirements of the market for conference interpretation. 교과과정, 수업진행, 언어배합은 국제회의 통역시장의 요구를 반영해야 한다.

5. Training in both consecutive and simultaneous interpretation should be included in the program. 순차 · 동시통역이 교과과정에 반드시 포함되어야 하다.

6. The syllabus shall include professional ethics and practice. 수업시간중 직업윤리와 실제 통역수행조건에 대해서도 다루어야 한다.

7. The syllabus for consecutive and simultaneous interpretation should be designed and taught by practising conference interprets, preferably by AIIC members. 순차 · 동시통역수업은 활동하고 있는 국제회의 통역사에 의해 구성되고 진행되어야 한다.

8. At the final examination, failure to pass any one of the simultaneous or consecutive interpretation tests should be eliminatory. 졸업시험에서 순차통역이나 동시통역 둘 중 하나라도 통과하지 못한 경우 졸업하지 못한다. 즉 두 통역방식 모두에서 우수해야 하며 본 통역대학원에서도 단 한 과목이라도 과락이면 졸업하지 못한다.

9. The final examination board should be made up of both of the

professional interpreters who have taught on the course as well as professional interpreters from outside the school, who serve as external examiners. The letter should be also have the right to vote. 졸업시험 심사위원단에는 교육을 맡았던 교내 국제회의 통역사뿐만 아니라 교외 전문통역사도 포함시키도록 한다. 통역대학원에서는 그 동안 교육을 담당했던 교수위주의 심사방식에서 통역사도 참여하는 심사방식으로 전환하는 과도기에 와 있다.

10. The conference interpreter's certificate must clearly state the language combination of the successful candidate, i,e. the active language(s) and the passive languages. 졸업장에 반드시 언어배합을 명시해야 한다. 즉, 어느 언어가 능동언어이고 수동언어인지 명시해야 한다.

▶ **부록5**

설문지 인사말:

안녕하세요?

본 설문지는 중국 대학에서의 한·중 MTI 과정에 대한 연구를 위한 것입니다. 중국 대학에 개설된 한·중 MTI 과정 학습자들을 교육하고 계신 교수님들의 객관적인 응답이 앞으로 중국에서 한·중 MTI 과정 설계에 많은 도움이 되리라 생각됩니다. 설문조사 결과는 연구 이외의 목적으로 사용하지 않겠습니다. 귀한 시간 내주셔서 진심으로 감사드립니다.

연구자 유 양

설문 시작:

<표 1> 교수진 문제

번호	문항	비동의 → 동의				
1	강의하는 과목이 본인 전공과 일치합니까?	1	2	3	4	5
2	교수진의 한·중 통·번역 실무 경험이 많다고 생각하십니까?	1	2	3	4	5
3	귀 교의 한·중 MTI 과정의 전임교수 인원수가 충분하다고 생각하십니까?	1	2	3	4	5
4	강의를 담당하고 있는 교수진이 적절히 배정되었다고 생각하십니까?	1	2	3	4	5
5	교수진의 연구 분야가 한·중 통·번역이라고 판단합니까?	1	2	3	4	5
6	강의하는 내용과 교과목의 교육목표가 서로 부합됩니까?	1	2	3	4	5
7	학습자들의 한·중 MTI 과정 강의에 대한 이해도는 어떻습니까?	1	2	3	4	5
8	교육을 담당하고 있는 교수진이 한·중 MTI 과정의 개정 및 수정에 관여하고 계십니까?	1	2	3	4	5
9	교수진의 한·중 MTI 과정의 강의 경력이 충분하다고 생각하십니까?	1	2	3	4	5
10	교수진의 한·중 통번역 전공 능력향상이 필요하다고 생각하십니까?	1	2	3	4	5

번호	문항	비동의 → 동의				
1	귀교의 한·중 MTI 교육과정의 교과목이 통·번역 전공자에게 적합하다고 생각하십니까?	1	2	3	4	5
2	귀교에 개설되어 있는 과목이 한·중 MTI 과정의 교육목표에 적절하다고 생각하십니까?	1	2	3	4	5
3	통·번역 전문가 자격증이 필요하다고 생각하십니까?	1	2	3	4	5
4	귀교에서 통·번역의 직업윤리교육이 이루어지고 있습니까?	1	2	3	4	5
5	학교에서 배운 내용이 실무 실습하는데 도움이 되었습니까?	1	2	3	4	5
6	학습자들이 공부하고 싶은 과목은 선택하여 수강할 수 있습니까?	1	2	3	4	5
7	학습자들이 졸업 후의 진로로 한·중 MTI 전공과 관련된 업무를 원합니까?	1	2	3	4	5
8	통·번역 전공을 떠나서 한국어 실력을 향상시키는 강의가 필요하다고 생각하십니까?	1	2	3	4	5
9	경제, 의료, 문화, 법률 등 각 영역별 강의가 필요하다고 생각하십니까?	1	2	3	4	5
10	다른 통·번역 전문가들의 특강이 필요하다고 생각하십니까?	1	2	3	4	5

<표 3> 실습교육 문제

번호	문항	비동의 → 동의				
1	한·중 MTI 과정에 실습교육이 필요합니까?	1	2	3	4	5
2	귀교의 한·중 MTI 과정에 실습교육이 포함되어 있습니까?	1	2	3	4	5
3	실습 기간이 충분하다고 생각하십니까?	1	2	3	4	5
4	실습하는 업무가 한·중 MTI 전공 분야와 관련이 있습니까?	1	2	3	4	5
5	실습하는 과정이 학습자들의 한·중 통번역 실력 향상에 도움을 주었다고 생각하십니까?	1	2	3	4	5
6	실습하는 과정에서 교수님께서 직접 지도를 하십니까?	1	2	3	4	5
7	실습하기 전에 근무처에서 실습 업무교육이 이루어지고 있습니까?	1	2	3	4	5
8	실습 기회가 충분하다고 생각하십니까?	1	2	3	4	5
9	실습기관은 학교나 전공학과에서 연결시켜줍니까?	1	2	3	4	5
10	학교에서 실습할 공간과 시설을 만들 필요가 있다고 생각하십니까?	1	2	3	4	5

<표 4> 컴퓨터 보조 번역교육 문제

번호	문항	비동의 → 동의				
1	한·중 MTI 과정에 컴퓨터 보조 번역 과목이 필요하다고 생각하십니까?	1	2	3	4	5
2	귀교의 한·중 MTI 과정에 컴퓨터 보조 번역 과목이 개설되어있습니까?	개설			미 개설	
3	컴퓨터 보조 번역 강의를 하고 있는 교수진이 이 분야의 전문가라고 생각하십니까?	1	2	3	4	5
4	귀교에서 하고 있는 컴퓨터 보조 번역 강의 내용이 교육목표에 적절하다고 생각하십니까?	1	2	3	4	5
5	컴퓨터, 앱, 소프트웨어를 사용해서 한·중 통역이나 번역을 해본 경험이 있습니까?	1	2	3	4	5
6	컴퓨터, 앱, 소프트웨어를 사용한 통번역이 효과가 있다고 생각하십니까?	1	2	3	4	5
7	학교에 컴퓨터 보조 번역 강의를 할 수 있는 디지털 강의실이 필요하다고 생각하십니까?	1	2	3	4	5
8	한·중 MTI 과정 컴퓨터 보조 번역기 개발이 필요하다고 생각하십니까?	1	2	3	4	5
9	온라인강의를 통해 컴퓨터 보조 번역교육을 실시할 수 있다고 생각하십니까?	1	2	3	4	5
10	한·중 MTI 과정이 통번역의 미래 발전과 컴퓨터 보조 번역 교육과 밀접한 관계가 있다고 생각하십니까?	1	2	3	4	5

<표 5> 전반적인 종합 의견

번호	문항	비동의 → 동의				
1	귀하는 귀하가 근무하는 한·중 MTI 과정에 대해 전체적으로 만족하십니까?	1	2	3	4	5
2	귀하는 귀하가 근무하거나 다니는 한·중 통번역 석사과정이 현재의 교육과정을 그대로 유지할 경우 미래에도 발전가능하다고 생각하십니까?	1	2	3	4	5
3	한·중 MTI 과정과 관련하여 기타 의견이 있으시면 적어주십시오.					

<표 6> 교수인력 응답

한·중 MTI 과정 교수진만 응답하십시오.

1. 교수님의 성별
① 남 (   )   ② 여 (   )

2. 교수님의 국적은 어디입니까?
① 중국인 (   )   ② 한국인 (   )   ③ 기타 (   )

3. 교수님의 연령
① 20대 (   ) ② 30대 (   ) ③ 40대 (   ) ④ 50대 (   ) ⑤ 60대 (   )

4. 교수님께서 재직하고 계시는 대학교 및 소속 학과는 어디십니까?
학교 : _____ 과 : _____

5. 교수님께서 재직하고 계신 대학교 한중 통·번역 석사과정 교수는 모두 몇 명입니까?
총 인원수 (   )명 (중국인 교수   명, 한국인 교수   명, 기타   명)

6. 교수님 대학교의 전체강의경력은 얼마나 되었습니까?
① 6개월~1년 (   )   ② 1년~2년 (   )
③ 2년~3년   (   )   ④ 3년~4년 (   )

6-1. 통·번역 강의 경력은 얼마나 되셨습니까?
① 6개월~1년 (   )   ② 1년~2년 (   )
③ 2년~3년   (   )   ④ 3년~4년 (   )

6-2. 주로 어떤 강의를 담당 하셨습니까?

7. 교수님의 최종 학력이 무엇입니까?

8. 교수님의 전공은 무엇입니까? (최종 학력 기준)

〈표 7〉 학습자 응답

한·중 MTI 과정 학습자만 응답하십시오.

1. 귀하의 성별
① 남 (   )   ② 여 (   )

2. 귀하의 국적은 어디입니까?
① 중국인 (   )   ② 한국인 (   )   ③ 기타 (   )

3. 지금 한중 통·번역 석사 몇 학기입니까?
① 1학기 (   ) ② 2학기 (   ) ③ 3학기 (   ) ④ 4학기 (   ) ⑤ 졸업생 (   )

4. 귀하가 재학 중인 대학교 및 학과는 어디입니까?
학교 : _____   과 : _____

5. 귀하가 재학 중인 대학교의 한중 통·번역 석사과정 학습자 인원수는 모두 몇 명입니까?
총 인원수 (   )명 (중국인 학습자   명, 한국인 학습자   명, 기타   명)

6. 현재 일을 하고 있다면 한중 통·번역 전공과 관련이 있습니까?
① 예   (   )
② 아니오 (6-1 이동)

6-1. (아니오 선택 시) 이유는 무엇입니까?
① 담당업무에서 배제 되어서 (   )   ② 한국어 실력이 낮아서 (   )   ③ 모르겠다 (   )
④ 기타 (   )

7. 현재 한국어능력은 어느 정도 입니까? (TOPIK기준으로)
① 상 (   ) ② 중 (   ) ③ 하 (   )

8. 한중/중한 통·번역 석사과정을 선택한 목적이 무엇입니까?
① 한국어 교사가 되려고 (   )
② 한국어 통역사가 되기 위해 (   )
③ 한국어 번역가가 되기 위해 (   )
④ 한국 관련 회사에 취직하기 위해 (   )
⑤ 기타 (   )

▶ 참고 누리집

중국 교육부

http://www.moe.gov.cn/srcsite/A22/moe_833/200703/t20070330_82704.html

전국 번역전공학위 석사생 교육지도 위원회 https://cnti.gdufs.edu.cn/

중국 석사생 모집 정보 https://yz.chsi.com.cn/

홍콩 대학

홍콩중문대학교 http://traserver.tra.cuhk.edu.hk/en/

홍콩시티대학교 http://lt.cityu.edu.hk/

홍콩이공대학교 http://www51.polyu.edu.hk/eprospectus/tpg/2020/72017-tif-ti

홍콩침례대학교 http://tran.hkbu.edu.hk/

한국 대학

한국외국어대학교 http://gsit.hufs.ac.kr/

이화여자대학교 http://www.ewha.ac.kr/ewha/academics/gsti.do

중앙대학교 http://gsis.cau.ac.kr/

검색일(2018년7월~2019년7월)

저자 유양(柳杨)

부산외대 외국어로서의 한국어교육 전공 석사 및
한국외대 외국어로서의 한국어교육 전공 박사학위를 받았다.
주한중국문화원과 사이버한국외국어대학교에서 초빙교수로 재임했다.
순천향대학교 공자아카데미 대우교수로 재직했다.
현재 톈진외국어대학교 한국어과에서 재직하고 있으며 연구방향은 한국어교육, 한중통번
역이다.

중국 내 한·중 MTI 교육과정

초판인쇄 2021년 11월 01일
초판발행 2021년 11월 09일

저 자 유양(柳杨)
발 행 인 윤석현
책임편집 윤여남
발 행 처 도서출판 박문사
주 소 서울시 도봉구 우이천로 353, B1
전 화 (02) 992-3253(대)
전 송 (02) 991-1285
전자우편 bakmunsa@hanmail.net
홈페이지 http://jnc.jncbms.co.kr
등록번호 제2009-11호

ⓒ 유양(柳杨), 2021.
ISBN 979-11-89292-91-1　93700　　　　**정가** 18,000원